Julia Peirano

SOS in der Liebe

Julia Peirano

SOS in der Liebe

... und wie man trotzdem
glücklich wird

KREUZ

MIX
Papier aus verantwor-
tungsvollen Quellen
FSC® C106847

© KREUZ VERLAG
in der Verlag Herder GmbH, Freiburg im Breisgau 2013
Alle Rechte vorbehalten
www.kreuz-verlag.de

Umschlaggestaltung: Vogelsang Design
Umschlagmotiv: © by-studio – Fotolia.com
Autorenfoto: © Kirsten Nijhof

Satz: de·te·pe, Aalen
Herstellung: fgb · freiburger graphische betriebe
www.fgb.de

Printed in Germany

ISBN 978-3-451-61164-3

Inhalt

Einführung 11
Über mich und über den Tanz der Liebe 11
Einleitung 13
Darf ich vorstellen: Die Liebenden 16

Kapitel 1
Die Geschichte der Liebe 22
Die Wiege der Mutter-Kind-Bindung 22
Die Geburtsstunde der Paarbindung 25
Die mütterliche Sippe der Steinzeit 28
Frauentausch und Frauenraub im Patriarchat 30
Die Ehe in der Antike 31
Das Christentum bringt Zucht und Ordnung – oder nicht? 33
Das Ideal der romantischen Liebe 36
Die Liebe im Zeitalter der Weltkriege 37
Klare Formen für die Liebe in den 1950er Jahren 38
Die 1960er und 70er bringen Veränderungen für die Liebe 40
Das Wichtigste in Kürze 42

Kapitel 2
Moderne Beziehungen: Der Fluch der Freiheit 43
Die Befreiung der Frauen aus der Hausfrauenrolle schafft eine neue Unordnung 43
Die sexuellen Umgangsformen lockern sich 46
Willkommen auf dem Höhepunkt der romantischen Liebe! 48
Die Ware Liebe 50
Maybe, Baby 52

Zu viele Verflossene 56
Das Wichtigste in Kürze 57

Kapitel 3
Erwartungen: Die Wurzeln des Leidens 58
Wonach wir uns sehnen 58
Gedankenmuster 1: »Ich brauche einen Partner,
um glücklich zu sein« 62
Fragen: Ihre persönliche Liebesbilanz 63
*Fragen zu den Erwartungen an einen Partner
und eine Partnerschaft* 66
Gedankenmuster 2: »Ich suche einen Partner,
der für immer bei mir bleibt« 67
Fragen zu Ihrer Opferbereitschaft 69
Gedankenmuster 3: »Ich will Vertrautheit
und Leidenschaft mit Einem« 69
Das Wichtigste in Kürze 73

Kapitel 4
Die Liebe berauscht 75
Der Cocktail der Liebe 75
Das Verfallsdatum der leidenschaftlichen Liebe 80
Das Wichtigste in Kürze 82

Kapitel 5
Liebeskummer – einmal zur Hölle und zurück 83
Der Entzug im Gehirn 83
Der Körper leidet mit 86
Wann ist es endlich vorbei? 88
Die Gefühle im Keller 89
Das Wichtigste in Kürze 93

Kapitel 6
Hat das Leiden einen Sinn? 94
Von Mäusen und Schwänen 94
Liebeskummer als Signal 97
Meisterklasse 99
Ungeahnte Kräfte 100
Fragen: Welchen Sinn hatte mein Liebeskummer 101
Das Wichtigste in Kürze 102

Kapitel 7
Wie der Tanz der Liebe doch noch gelingt 103
Ist die Liebe wie ein Tango? 104
Was uns der Tango zeigt: Sehen Sie den Film 105

Technik 1: In der eigenen Achse bleiben 106
Die Achse der Liebe 107
Fragen: Wie gut stehen Sie auf eigenen Beinen? 111
Fragen: Wie stark bewegen Sie sich in der Achse Ihres Partners? 112
Tipps zum Verbessern der eigenen Achse 113

Technik 2: Gehen Sie über Null 113
Der Nullschritt in der Liebe 114
Wie lernt man, sich selbst ein guter Freund zu sein? 118
Tipps und Übungen: So lernen Sie den Nullschritt 119

Technik 3: Auf die Umarmung kommt es an 121
Liebe geht durch den Körper 122
Halt mich fest in deinen Armen 124
Fragen und Übungen zur Umarmung 125

Technik 4: Beherrschen Sie Nähe *und* Distanz 128
Distanz und Nähe in der Liebe 128
Von Kopf bis Fuß auf Nähe eingestellt 130
Das Reißverschlussprinzip 132
Exkurs Bindungsstörung 133

Technik 5: Entspannt tanzt man besser	135
Entspannt lieben	135
Entspannt ohne Partner sein	137
Hinweise und Tipps: Wie macht man sich locker?	138
Technik 6: Ein Schritt zur Zeit	142
Die Stundenblumen der Partnerschaft	142
Technik 7: Das Leben umarmen	144
Von einem Arm zum nächsten	144
Perfekte Freundinnen?	145
Der platonische Harem	147
Fragen und Tipps zu Ihrem sozialen Netz	149
Das Wichtigste in Kürze	150

Kapitel 8
Soll ich bleiben, soll ich gehen?

Soll ich bleiben, soll ich gehen?	151
Pistole auf der Brust	151
Die Ambivalenzschaukel	152
K.O.-Kriterien	155
Kriterien, die zeigen, dass Ihre Beziehung Substanz besitzt	158
Entscheidungshilfen	159
Visualisierungsübung: Reise in die Zukunft	159
Wer von unseren Paaren sollte sich trennen?	160
Schon fünf vor zwölf?	164
Die Beziehung retten: Mögliche Schritte	165
Übung: Ich sollte gehen, aber ich kann nicht!	166
Das Wichtigste in Kürze	168

Kapitel 9
Ein Ende mit Anstand

Ein Ende mit Anstand	169
Professionelle Unterstützung	169
Scheidungskinder – unglückliche Kinder?	172
Empfehlungen	174
Das Wichtigste in Kürze	177

Kapitel 10
SOS-Soforthilfe bei einer Trennung — 178
Der erste Schock — 178
In der Achterbahn der Gefühle — 180
Über den Berg kommen — 181
Lassen Sie sich Zeit 181 · Nur das nötigste Gepäck 182 · Rast machen 183 · Unterstützen Sie sich mit Medikamenten 184 · Den Körper versorgen 185 · Lassen Sie sich berühren 188 · Nehmen Sie Haltung an 190 · Geben Sie sich Struktur 191 · In guter Gesellschaft aufgehoben 192 · Nehmen Sie sich Zeit für Ihre eigenen Gefühle 193 · Übung: Mein Zufluchtsort 194
Gefühle erkennen, Gefühle benennen — 195
Spielen Sie Ihre Trümpfe aus — 198
Übung: Die Trümpfe in meiner Hand — 198
Der Nächste, bitte? — 199
Das Wichtigste in Kürze — 201

Kapitel 11
Der Umgang mit meinem Expartner — 202
Situation 1. Ich möchte meinen Expartner um jeden Preis zurück: Was muss ich tun? — 202
Situation 2. Ich habe meinen Partner verlassen – und habe Zweifel an dieser Entscheidung — 204
Situation 3. Ich komme einfach nicht von diesem Menschen los: Was kann ich tun? — 206
Situation 4. Ich brauche einen richtigen Abschied: Doch wie geht das, wenn der andere nicht bereit ist? — 207
Gut aufgeräumt — 210
Was von der Liebe bleibt — 211
Der Hölle Rache kocht in meinem Herzen — 212
Dem Expartner begegnen – aber wie? — 214

Happy End	216
Anmerkungen	218
Weiterführende Literatur	219

Einführung

Über mich und über den Tanz der Liebe

Liebe Leserinnen und Leser,
mein Interesse an der Liebe erwachte bereits in der sechsten Klasse, als der intensive Blickwechsel mit meinem damaligen Schwarm mich so beschäftigte, dass ich nicht ein einziges Wort vom Unterricht mitbekam. Diese schöne Erfahrung war nur die erste, es folgten in meinem Leben viele weitere, sowohl glückliche als auch sehr schmerzhafte. Auch wenn es nicht immer leicht war, übte die Liebe immer eine große Faszination auf mich aus, sowohl privat als auch beruflich.

Deshalb sagte ich auch ohne einen Moment zu zögern zu, als mir im Jahre 2005 der Persönlichkeitsforscher Prof. Burghard Andresen anbot, mich wissenschaftlich mit der Beziehungspersönlichkeit zu beschäftigen. Ich forsche drei Jahre lang an der Frage, wie sich Menschen in ihrer Beziehungspersönlichkeit, also in ihren Sehnsüchten, Verhaltensweisen und Vorlieben in Bezug auf eine Partnerschaft unterscheiden und wie diese Unterschiede mit dem Glück in ihrer Partnerschaft zusammenhängen. Meine Ergebnisse waren spannend: Unter anderem errechnete ich eine »Glücksformel«, die fast die Hälfte des Glücks in einer Beziehung durch drei Eigenschaften erklären kann. Die Erkenntnisse meiner Doktorarbeit veröffentlichte ich in meinem Buch »Der Geheime Code der Liebe«, das seit seinem Erscheinen im Jahre 2011 viele Tausende Menschen erreicht hat. Damit kam ein Stein ins Rollen: In meiner verhaltenstherapeutischen Praxis meldeten sich immer mehr Menschen zu meinem speziellen Liebescoaching an, einige reisten dafür extra aus anderen Städten oder gar aus dem Ausland an. Ihr Leidensdruck war groß und sie wollten Antworten auf ihre Fragen finden: Warum suche ich mir immer die falschen Partner aus? Weshalb halten meine Beziehungen nicht? Wieso hat mein Partner sich von mir getrennt? Hat meine Beziehung noch Bestand – oder soll ich mich trennen? Oder: Wie gehe ich mit den Problemen in meiner Beziehung um?

Natürlich kamen zu mir als Therapeutin vor allem Menschen, die gerade an der Liebe litten oder die sich in unmögliche oder schädliche Beziehungen geflüchtet hatten, um nicht alleine zu sein. Die Gespräche mit ihnen zeigten mir die Schattenseiten der Liebe deutlich auf. Ich bekam vor Augen geführt, dass die Liebe manchmal wie ein heftiges Unwetter ist, das einen in Seenot bringt, und dass eine Trennung oft so erschütternd ist wie ein tragischer Unfall. Diese dunklen Seiten der Liebe sind mit dem Titel »SOS in der Liebe« gemeint. Ich habe mit meinen Patienten in Einzelgesprächen daran gearbeitet, dass sie stabiler wurden und klarer auf sich, ihre Beziehungspersönlichkeit und ihr Problem mit der Liebe oder ihrem Partner schauen konnten. Und vor allem ging es darum, dass sie einen Weg erarbeiten konnten, um sich aus ihrer Not zu befreien. Ich möchte die Erfahrungen, die ich bei der »Bergung« von Menschen gemacht habe, die an der Liebe litten, mit Ihnen als Leser teilen.

Warum ist die Liebe grundsätzlich ein so schwieriges Unterfangen? Diese Frage ist zentral in diesem Buch, und auf einem Spaziergang durch die Urgeschichte der Menschen, durch einen soziologischen Blick auf die Rahmenbedingungen der Ehe und Partnerschaft heute und einen Blick in das verliebte Gehirn sowie auf dessen Zustand kurz nach einer Trennung bekommen Sie Antworten darauf.

Anschließend gehen wir weiter zu den Fragen, mit denen Sie sich womöglich gerade aus aktuellem Anlass befassen: Hat das Leiden einen Sinn? Soll ich gehen oder bleiben? Und wenn ja, wie kann ich meine Beziehung verbessern, wenn ich bleibe? Oder: Wie trenne ich mich von meinem Partner, ohne unnötig Porzellan zu zerschlagen? Ich nenne Ihnen dann konkrete Maßnahmen, die Sie nach einer Trennung wieder auf die Beine bringen können, wie Sie mit Ihrem Expartner umgehen, und mache auch Vorschläge, wie Sie nach einer Trennung aufräumen oder was Sie zum Beispiel mit Ihrem Ehering anstellen können.

Es geht aber nicht nur um Notfälle, Trennungen und Katastrophen in der Liebe. Ich habe viel darüber nachgedacht, wie man trotz aller Widrigkeiten eine stabile Haltung der Liebe gegenüber einnehmen kann und sich mit Mut und Verstand auf sie einlassen kann. Diese Antwort gebe ich Ihnen im Kapitel »Wie der Tanz der Liebe doch noch gelingt« im Bild des leidenschaftlichen argentinischen Tangos: Lassen Sie sich überraschen – Sie sind herzlich eingeladen mitzutanzen.

Einleitung

Steffi feiert ihren 43. Geburtstag, ihre Familie ist versammelt. Auf dem festlich gedeckten Tisch stehen die Reste der Torte und kuchenverschmierte Teller. Ihr Vater, ihr Bruder und ihr 14-jähriger Sohn sind in den Garten verschwunden, die Frauen sind ganz unter sich. Es sind vier Generationen: Steffi, dazu ihre 88-jährige Großmutter Margarethe, die geistig nichts von ihrer Klarheit eingebüßt hat, und Ulla, Steffis 68-jährige Mutter. Steffis Tochter Lene, 16, ist in ihrem Zimmer und hält auf Facebook Kontakt zu ihren Freunden.

Margarethe fragt ihre Enkelin Steffi: »Wie läuft es denn mit dir und Martin? Ist es wieder besser?«

Steffi: »Sieht gerade nicht gut aus. Ich weiß ehrlich gesagt nicht, wie lange ich das noch aushalte.«

Margarethe: »Du Arme, das tut mir wirklich leid für dich. Es ist auch ein Kreuz mit der Ehe.« Sie schüttelt den Kopf.

Da schaltet sich *Ulla* ein: »Das kann man so auch nicht

sagen. Ich habe großes Glück gehabt, dass ich zwei Drittel meines Lebens mit Frank verbringen durfte.«

Die Frauen schweigen, denn vor drei Monaten ist Frank nach einem jahrelangen Kampf gegen seine Krebserkrankung gestorben, vier Jahre vor der goldenen Hochzeit. Ulla steht mit 68 Jahren zum ersten Mal in ihrem Leben ohne einen Mann an ihrer Seite da, und das macht ihr schwer zu schaffen.

Steffi: »Aber es ist doch Mist. Wenn man uns mal anschaut: Oma Margarethe stand jahrelang unter Opas Fuchtel, und sie war ständig in Aufregung wegen seiner Frauengeschichten. Ich bin verheiratet, aber Martin und ich leben nebeneinander her und wären wahrscheinlich ohne einander viel besser dran. Und du, Mama, warst immer das leuchtende Beispiel, und dann nimmt dir die Krankheit deinen Mann. Gerade jetzt, wo ihr so viel Zeit füreinander gehabt hättet.«

Margarethe mischt sich ein: »Ich habe es immer gesagt, auf die Liebe kann man nicht bauen.«

Ulla fragt: »Worauf soll man denn sonst bauen? Das frage ich mich gerade jeden Tag.«

Da kommt *Lene* rein, wirft sich ihre Lederjacke über die Schulter und sagt strahlend in die Runde: »Ciao, ihr Lieben, ich muss noch mal weg, macht es gut.«

Als Lene das Haus verlassen hat, zwinkern sich die Frauen zu, denn draußen hört man den Motor eines Motorrads aufheulen. Steffi sagt: »Ich wette, das ist Moritz, der auf sie wartet. Er ist der Schwarm aller Mädchen. Vor ein paar Wochen war es Frederic, und morgen sicher wieder ein anderer. Was wird die Kleine wohl alles noch erleben?«

Überlassen wir Steffi und ihre Familie ihrem Gespräch, wir werden ihnen im Buch immer wieder begegnen und noch mehr über sie erfahren. Beschäftigen wir uns damit, dass es so oder ähnlich wie in Steffis Familie in vielen Familien aussieht. Vier Generationen SOS in der Liebe! Die Liebe ist wirklich kein einfaches Spiel. Ich verspreche Ihnen jedoch, dass Sie in diesem Buch eine Antwort auf die Frage erhalten, wie man sein Leben glücklich ausrichten kann, gerade wenn es mit der Liebe oft so schwierig ist.

Ein Paradox der heutigen Zeit ist, dass sich mehr als 90 Prozent aller Männer und Frauen eine erfüllte Partnerschaft wünschen, dabei aber die Chancen für eine lebenslange Beziehung schlechter stehen als je zuvor. Schon Mitte der 1950er Jahre konstatierte der Psychoanalytiker Erich Fromm: »Es gibt kaum eine Aktivität, kaum ein Unterfangen, das mit so großen Hoffnungen und Erwartungen begonnen wird und das mit einer solchen Regelmäßigkeit fehlschlägt wie die Liebe.«[1] Durchschnittlich gehen vier von zehn Ehen kaputt, und jedes Jahr lassen sich in Deutschland fast 190 000 Paare scheiden. Wie lange sie vorher unglücklich gewesen sind, ist nicht erfasst, ebenso wenig, wie viele Paare ohne Trauschein sich trennen oder wie viele Paare unglücklich zusammenbleiben, obwohl sie sich gerne trennen würden.

Wer sich die eigenen Liebeserfahrungen oder die seines Umfelds einmal unverblümt anschaut, erlebt den ernüchternden Kassensturz. Liebeskummer betrifft uns alle. Fast jeder hat in seinem Leben Phasen von Liebesleid ertragen müssen. Die persönliche Liebesbilanz vieler Menschen verhält sich so wie mein Girokonto zu Studentenzeiten: Es sah meistens schlecht aus und stand oft deutlich im Minus. Auf jede glückliche Liebe kommen einige deprimierende Liebeserfahrungen, die das Selbstwertgefühl des Betroffenen schwer anknacksen können und Narben hinterlassen. Viele Menschen sind deshalb von der Liebe so traumatisiert, dass sie sich kaum noch mit offenem Herzen und Vertrauen auf einen neuen Partner einlassen können.

Das Leid kann die unterschiedlichsten Formen annehmen: *Akut* ist es, wenn unser Partner uns betrügt, uns verletzt, uns abwertet oder uns sogar misshandelt oder uns nach einer langen Beziehung von einem Tag auf den anderen verlässt. Und es gibt den *chronischen* Schmerz, der aus einem Mangel entsteht: Mangel an Aufmerksamkeit und Zuwendung, Mangel an Leidenschaft, Mangel an Abwechslung. In solchen lieblosen Beziehungen fühlen wir uns wie lebendig begraben, als wären unsere Liebesgefühle und unsere Lebendigkeit in eine Kiste geräumt, die auf dem Dachboden verstaubt.

Die positiven Seiten und Phasen der Liebe erleben wir selten, jedenfalls auf Dauer betrachtet. Die meisten Menschen praktizieren serielle Monogamie, das heißt, sie verlieben sich, führen eine Beziehung, sind nach einiger Zeit unzufrieden und trennen sich oder werden vom Partner verlassen. Dann begeben sie sich erneut auf die Partnersuche. Das ist alles andere als ein leichtes Unterfangen: Obwohl tausende von Menschen intensiv nach einem Partner suchen, finden sie keinen. Infolge davon sind sie verzweifelt, einsam oder sogar verbittert.

In diesem Buch möchte ich mit Ihnen zusammen einen klaren und unverzerrten Blick auf die Liebe werfen. Es ist mir ein Anliegen, Ihnen in diesem Buch Wege zu zeigen, wie Sie Ihre geistige, seelische, körperliche und soziale Balance in Ihrem Leben verbessern können, um *aus sich selbst heraus* stabil und zufrieden zu werden. Das wird Ihnen in jeder Beziehung, die Sie gerade führen, ungemein helfen. Und auch, wenn Sie gerade Single sind, kann es Ihnen helfen, ein glücklicher Single zu sein. Denn der einzige Mensch, der immer bei Ihnen sein wird, sind Sie selbst.

Ich wünsche Ihnen viel Spaß, erhellende Erkenntnisse und praktisch nutzbare Lösungen für Ihre eigenen Themen in der Liebe.

Darf ich vorstellen: Die Liebenden

»Alle glücklichen Familien gleichen einander. Jede unglückliche Familie ist auf ihre eigene Art unglücklich«, befand Tolstoi in *Anna Karenina*. Das trifft auch auf die Hauptpersonen dieses Buches zu, die ich Ihnen nun vorstellen möchte. Drei von ihnen, nämlich Margarethe, Ulla und Steffi, haben Sie bereits an der Kaffeetafel kennengelernt, hier erfahren Sie noch mehr über Ihre Geschichte. Die Hauptpersonen dieses Buches vereint, dass sich alle in einer verzwickten Lebenssituation befinden und sie ihren Frieden mit der Liebe noch nicht gefunden haben.

Diese Personen begleiten Sie von nun an durch das Buch. Sie sehen, wie sie sich voller Ängste verlieben, in ihren Beziehungen vor großen Problemen stehen, sich streiten oder über eine Trennung nachdenken. Die Getrennten in diesem Buch müssen durch eine anstrengende und belastende Trauerphase. Einige von ihnen werden Sie begleiten und dabei beobachten, was sie alles unternehmen, um wieder eine Balance in ihren Gefühlen und Zufriedenheit mit ihrem Leben zu finden

Garantiert kommt Ihnen die eine oder andere Person bekannt vor und Sie erkennen Züge von sich selbst oder von Ihren Bekannten wieder. Seien Sie gespannt, welche Ähnlichkeiten Sie entdecken.

In einer Partnerschaft leiden:
Tamara, 40, Klavierlehrerin, und *David, 46, Gartenarchitekt, beide geschieden,* erlebten miteinander, was sie beide für die innigste Liebe ihres bisherigen Lebens hielten. In zahllosen E-Mails und Gesprächen vertrauten sie sich einander an, sie schliefen eng umschlungen, waren sehr zärtlich zueinander und holten so die Nähe nach, die sie in ihren jeweiligen Ehen nicht erlebt hatten. Doch mit den Jahren verstärkten sich bei David altbekannte Probleme. Durch eine zunehmende Auftragsflaute, an der er nicht unbeteiligt war, wuchsen seine Schulden, und auch seine verhaltensauffällige Tochter forderte ihm und Tamara enorme Energie ab. Für Tamara war es selbstverständlich, David zu helfen. Sie schleppte kiloweise Ratgeberliteratur an, die er nie las, lieh ihm Geld, das schnell aufgebraucht war, und redete stundenlang mit ihm über jedes

seiner Probleme. Doch je mehr *sie* sich anstrengte, desto schwächer und depressiver wurde *er*. Tamara denkt seit einiger Zeit öfters daran, sich zu trennen. Aber wird sie diesen Schritt auch wagen?

Bei *Ralf, 35, Industriemechaniker,* und *Katharina, 43, Verkäuferin,* geht es dramatisch zu. Katharina trinkt über die Jahre hinweg zunehmend mehr Alkohol, mittlerweile sind es ein bis zwei Flaschen Wein pro Abend. Mit jedem Schluck wird ihre Laune schwankender. Je mehr sie getrunken hat, desto überzeugter ist sie davon, dass Ralf die Schuld an ihrer Trinkerei trägt. Denn sie glaubt, dass er auf ihre Kosten lebt und sie betrügt. Die Fakten sprechen eine andere Sprache: Ralf hat seine eigene Wohnung aufgegeben und wohnt bei Katharina. Er trägt den Löwenanteil der Kosten und kümmert sich auch deutlich mehr um Katharinas Kinder (18 und 11) als sie. Was andere Frauen betrifft, ist er viel zu schüchtern, um sich ihnen auch nur zu nähern. Wenn Katharina sich in ihren Zorn hineingesteigert hat, setzt sie Ralf öfters mal mitsamt seinen Koffern vor die Tür und er muss tagelang betteln, bis er wieder einziehen darf. Ralf klammert sich an die Hoffnung, dass die Situation bald ruhiger wird. Katharina hat vor ein paar Monaten gefordert, dass er sie heiratet. Er ahnte, dass das keine gute Idee wäre, doch er wusste keinen Ausweg und gab nach ein paar schlaflosen Nächten nach.

Steffi, 43, Lehrerin, und *Martin, 47, Sachbearbeiter,* sind mit ihren sympathischen Kindern (Lene, 16, und Leo, 14), ihrer patenten Art und ihrem gemütlichen Bauernhaus eine Vorzeigefamilie. Bei Licht betrachtet entpuppt sich dieses Idyll aber seit sechs Jahren allenfalls als eine Laienschauspielbühne einer Daily Soap namens »Heile Familie«. Denn seit Jahren streichelt Martin sein Motorrad zärtlicher als Steffi und lebt seine eigene Version fairer Aufgabenteilung, was bewirkt, dass an Steffi sämtliche Pflichten hängen bleiben. Steffi ist frustriert und wird in regelmäßigen Abständen zu einer Furie, die mit Vorwürfen um sich schlägt. Martin findet, dass Sex das beste Mittel wäre, um sich einander anzunähern und wieder eine »richtige Ehe« zu führen. Doch schon bei dem bloßen Gedanken an Sex mit Martin packt Steffi das Grauen. Nach langem Nachdenken beschließt Steffi, diese Beziehung zu beenden.

Alleine leiden:
Ulla, Steffis Mutter, 68, Hausfrau, ist seit kurzem Witwe. Sie war fast 50 Jahre mit ihrer Jugendliebe Frank verheiratet – das größte Glück ihres Lebens. Sein Humor, seine Klugheit und seine Gutmütigkeit machten ihn zu einem Menschen, dem die Sympathien nur so zuflogen. Während er auf seinem Weinberg und beim Golf seine Erfüllung fand, kümmerte sich Ulla um die 3 Ks: Kinder, Küche und Konzerte. Ulla ruhte in sich selbst und gab ihrer Familie viel Halt. Als Frank kurz nach seiner Rente an Krebs erkrankte, unterstützte sie ihn tatkräftig und machte ihm Mut. Bis zu seinem Tod erlebten sie nochmals sieben liebevolle, intensive Jahre. Ulla reißt es den Boden unter ihren Füßen weg, dass Frank nicht mehr da ist, und sie empfindet tiefe Trauer um Frank.

Margarethe, 88, Hausfrau, Mutter von Ulla und Großmutter von Steffi, wurde mit 62 Jahren Witwe. Mit ihrer Ehe hatte sie bei Weitem nicht so ein Glück wie ihre Tochter. Ihr Mann Josef, Apotheker, setzte zwar alles dran, sie zu erobern, doch als er es geschafft hatte, zeigte er zu Hause seine tyrannische Seite. Wenn Margarethe nicht machte, was er wollte, strafte er sie mit Vorwürfen oder tagelangem Schweigen. Die wahre Hölle für Margarethe waren jedoch seine ständigen Affären, die auch vor Frauen aus ihrem engeren Bekanntenkreis nicht Halt machten. Josef hat einen unehelichen Sohn mit einer seiner Affären, mit dem er sich auch noch in seinem Freundeskreis brüstete. Da eine Trennung aus den gesellschaftlichen

Zwängen der damaligen Zeit nicht infrage kam, biss Margarethe die Zähne zusammen, bis Josef mit 62 Jahren bei einem Unfall starb. Danach fand sie zum ersten Mal Ruhe. Mit den Männern hat sie ein für alle Mal abgeschlossen.

Madeleine, 37, Assistentin in einem Versandhaus, sucht noch immer nach der großen Liebe. Wie er sein soll, weiß sie genau: wortgewandt, romantisch, mit hoher emotionaler Kompetenz. Jemand, der sie versteht und ein Fels in der Brandung ist und Ersatzpapa für ihre 8-jährige Tochter Carlotta. Madeleine hat einen Wunsch: in einer »richtigen« Familie leben und noch ein zweites Kind zu bekommen. Dann, so denkt sie, würde ihr Leben auch endlich leichter. Heute pfeift Madeleine hingegen oft auf dem letzten Loch: Sie arbeitet viel zu lange für ihr mickriges Gehalt und hetzt dann mit schlechtem Gewissen zu Carlotta. Alles kommt zu kurz, ihr Kind, die Arbeit, der Haushalt, und vor allem sie selbst.

Sarah, 33, Fotografin, ist eigentlich gerne Single, denn Single kann sie gut. Schon seit Jahren dauern ihre Affären selten länger als vier Monate, mittlerweile lässt sie sich gar nicht mehr richtig auf einen neuen Mann ein. Im Vergleich zu ihrem Traummann haben die realen Männer nicht zu tolerierende Fehler, und Sarah wartet nur auf einen Anlass, um wieder zu sagen: »Es ist vorbei.« An Angeboten mangelt es der attraktiven und lebenslustigen Sarah nicht, doch sie will sich noch Zeit lassen, bevor sie sich bindet. An ihrem 30. Geburtstag dämmerte ihr, dass das bei ihren hohen Erwartungen und ihrer niedrigen Kompromissbereitschaft möglicherweise schwierig wird. Sie will eigentlich Kinder, aber woher die dann kommen sollen, steht in den Sternen.

Philipp, 48, Inhaber einer Firma, zappelte vier Jahre im Netz von Dörthe, seiner Mitarbeiterin. Optisch entsprach sie fatalerweise genau seinem Beuteschema. Als sie nach einer Feier aus einer Laune heraus zu ihm gingen, erlebte er in ihren Armen intensive Nähe wie mit keinem Menschen je zuvor. Philipp wollte sie sofort und immer wieder sehen, doch sie war kühl und unverbindlich. Wie besessen kreisten seine Gedanken nur um sie, doch sie ließ ihn wochenlang abblitzen. Dann stand sie eines Abends vor seiner Tür, und wieder war es extrem nah und leidenschaftlich. Philipp setzte alles daran, um mit ihr zusammen zu sein und zu bleiben. Sie hingegen folgte ihren eigenen Gesetzen, mal war es leidenschaftlich, doch dann wieder schlug ihm eine Mauer aus Eis entgegen. Die Gründe ihrer Stimmungswechsel konnte er nie herausfinden. Es folgte über vier Jahre ein ständiges Wechselspiel der Gefühle, von heftigsten Verletzungen und Zurückweisungen bis zu leidenschaftlicher Annäherung, unterbrochen von einigen kürzeren Trennungen. Am Ende war Philipp völlig zermürbt, und bis heute kann er sich nicht erklären, warum er sich zum Spielball dieser Frau hat machen lassen.

Kapitel 1
Die Geschichte der Liebe

Jetzt wären wir eigentlich mittendrin: bei Ralf, Sarah, Philipp und all ihren Problemen mit der Liebe. Wir könnten nach Ursachen dafür suchen, warum sie sich auf Situationen eingelassen haben, die schwierig, unmöglich oder auch schrecklich sind. Und dann würden wir darüber nachdenken, was sie tun könnten, um erfolgreich und nachhaltig ihr Leid zu lindern.

Doch es ist noch zu früh dafür, um uns um das Schicksal einzelner Menschen zu kümmern.

Wir haben noch die hoch spannenden Grundlagen der Liebe zu erforschen, die Ihnen helfen werden, die Liebe viel tiefer und besser zu verstehen. (Wenn es bei Ihnen aber gerade »brennt«, weil Sie unter akutem Liebeskummer leiden und vor allem eine schnelle Linderung suchen, können Sie bis zum praktischen Teil vorblättern, der in Kapitel 7 beginnt.) In diesem Kapitel beginnen wir damit, wie die Liebe entstanden ist, wie sie von unseren Vorfahren gelebt wurde, wie sie »funktioniert« und welchen Unsinn sie bisweilen bewirkt. Die Erkenntnisse, die wir daraus gewinnen, sind unglaublich erhellend, denn sie zeigen uns auf, welche Widersprüche in der Liebe an sich stecken und warum sie es uns oft so schwer macht.

Die Wiege der Mutter-Kind-Bindung

Für uns Menschen ist die Liebe eine ganz normale Sache. Doch bei Weitem nicht jedes Wesen auf diesem Planeten hat eine ähnliche Auffassung von Liebe, Partnerschaft und Kindererziehung. Stellen Sie sich einmal, nur zum Spaß, folgende Szene vor: Eine Menschenfrau, die gerade auf ihr Kleinkind aufpasst, und ein Krokodilweibchen, das sich im Schlamm abkühlt, kommen am Ufer eines Flusses ins Gespräch über das, was sie so bewegt: das Leben, die Liebe und die Familie.

Frau: »Wie viele Kinder hast du?«

Krokodil: »Ich habe nicht genau gezählt, aber 20 bis 50 Eier werden es schon gewesen sein.«

Frau (staunt): »So viele? Auf einmal? Das würde ich nicht schaffen. Eine Freundin von mir hat Zwillinge gekriegt, und sie hat so viel zu tun. Allein die ganze Wäsche. Und ständig muss sie aufpassen, dass die Kleinen sich nicht verletzen. Jedes Kind braucht ja so viel Aufmerksamkeit« (seufzt).

Krokodil (verwirrt): »Aufmerksamkeit? Wie meinst du das?«

Frau (ebenfalls verwirrt): »Na ja, das ganze Programm. Kuscheln, Gute-Nacht-Geschichte vorlesen, zuhören, im Advent Plätzchen backen und basteln und so weiter.«

Krokodil: »Ehrlich gesagt – ich weiß überhaupt nicht, wo meine Kinder jetzt sind. Nachdem ich die Eier gelegt habe, habe ich das Gelege noch drei Monate lang bewacht, und als die Jungen geschlüpft sind, habe ich sie ins Wasser getragen. Dann bin ich noch ein paar Wochen in der Nähe geblieben und habe die Kinder beschützt, wenn sie gequakt haben. Aber ich vermute, sie sind längst flussabwärts geschwommen.«

Frau (diplomatisch): »Ja, das ist ja toll, wenn du bei der Erziehung so viel Wert auf Selbstständigkeit legst. Wow. Und was machst du jetzt – wollen dein Mann und du noch mehr Kinder?«

Krokodil: »Mann? Was für ein Mann?« (schüttelt verständnislos den Kopf und schwimmt davon).

Frau (für sich): »Rabenmutter.«

Zweifellos könnten die beiden Mütter kaum unterschiedlicher sein in ihren jeweilig selbstverständlichen Vorstellungen darüber, wie man Kinder aufzieht. Doch wenn die Frau der Krokodilmutter vorwirft, dass sie sich nicht richtig um ihre Brut kümmert, urteilt sie ungerecht. Das Krokodil hat alles getan, was man unter ihren Artgenossen tun muss, um seinem Nachwuchs die richtige Starthilfe zu geben. Im Reich der Reptilien ragen Krokodile aufgrund ihrer besonders intensiven und guten Brutpflege heraus, sie sind sozusagen die Glucken des Nils. Nur ist, wie das Gespräch zeigt, die Brutpflege der Reptilien und Insekten ungleich einfacher als die der Vögel, Säugetiere oder gar die der Menschen. Denken Sie bitte einmal an Vogeleltern, die im Frühling jeden Regenwurm einzeln heranfliegen, während ihr Partner rund um die Uhr die Jungen vor Nesträubern beschützt. Oder an Schafe, die geduldig in der Nähe ihrer Lämmer grasen, damit die Kleinen jederzeit trinken können, und die ihren Nachwuchs sogar am Klang des »Mää-ens« erkennen. Bei diesen Tierarten entsteht durch das Austragen der Ungeborenen im Mutterleib und durch das Stillen eine tiefe persönliche und natürliche Bindung zwischen Mutter und Kind: Die Tierjungen erkennen ihre eigene Mutter am Geruch und an der Stimme, und die Mutter kümmert sich in der Regel nur um ihre eigenen Jungen. Wahrscheinlich hält auch jede Schafmutter ihr eigenes Lamm für das niedlichste und klügste auf der ganzen Welt – vor allem, wenn man es mal, rein objektiv betrachtet, mit den hässlichen und ungezogenen Lämmern ihrer Gefährtinnen auf dem Deich vergleicht, den sogenannten schwarzen Schafen.

Dieses eng geknüpfte biologische Band zwischen Mutter und Kind ist im Tierreich etwas so Besonderes, dass der Verhaltensforscher Eibl-Eibesfeldt begeistert meinte, die Phase vor 150 Millionen Jahren, in denen sich diese Bindung entwickelte, sei eine »Sternstunde der Evolution«.[2]

Die Geburtsstunde der Paarbindung

Wir Menschen haben die Sternstunde der Evolution bedauerlicherweise nicht miterleben können, denn dieser Zeitpunkt lag lange vor der Entstehung von Homo Sapiens oder seiner affenähnlichen Vorfahren. Es sollte auch noch viele Millionen Jahre dauern, bis es erneut eine Sternstunde gab, in der sich nicht nur zwischen Mutter und Kind, sondern auch zwischen Mann und Frau ein Band der Liebe und Zugehörigkeit entwickelte.[3]

Vor etwa 4 Millionen Jahren war davon noch nichts zu erkennen. Damals lebte ein behaarter Menschenaffe, ein Vorfahr der Menschen (und auch der Schimpansen und Bonobos), in großen Gruppen von 80 bis 100 Mitgliedern in den afrikanischen Wäldern. In sexueller Hinsicht ging es in diesen Gruppen recht bunt und freizügig zu, ähnlich wie bei den Bonobos heute. Jedes Tier paarte sich mal hier und mal dort, und es verkehrten gerne auch mal zwei Weibchen oder zwei Männchen miteinander. Schließlich machte Sex richtig viel Spaß und man konnte so schön dabei entspannen. Darüber hinaus diente er als sozialer Kitt: Niemand stellte sich wegen ein bisschen Futterneid oder ein paar Aggressionen an, wenn man sich noch kurz zuvor gepaart hatte. Den so entstandenen Nachwuchs versorgten die Weibchen alleine oder mithilfe der anderen Weibchen, auch um ihren Nachwuchs besser zu schützen. Die Rolle des netten Stiefvaters war damals noch nicht verbreitet. Hätte ein Männchen an der Seite des Weibchens gelebt, das mit ihren Nachkommen nicht verwandt war, hätte er diese wahrscheinlich getötet. Doch vor etwa 3 Millionen Jahren kam langsam eine Veränderung in Gang. Aus Gründen, über die Wissenschaftler sich heute streiten, entwickelte unser Vorfahre, der Australopithecus, einen aufrechten Gang. Einige Theorien legen nahe, dass dieser kleinwüchsige Urmensch mit diesem Balanceakt mehr Überblick über das Geschehen in der Savanne haben und nahende Feinde früher erkennen wollte. Andere vermuten, dass er aufrecht schneller laufen konnte. Ungefähr in dieser Zeitspanne bildete sich auch die Körperbehaarung zurück, sodass die Jungen sich zunehmend schlechter am Fell ihrer Mütter festhalten konnten. Dazu kam noch eine weitere Veränderung: Die Gehirne wurden über die Generationen immer größer. Das war eigentlich eine feine Sache, doch sie hatte einen entscheidenden Nachteil: Die Köpfe der Ungeborenen wurden ebenfalls immer größer und deshalb konnten viele Mütter ihre Kinder nicht mehr gebären und starben bei der Geburt. Wahrscheinlich haben im Laufe der Evolution eher die Mütter überlebt, die ihren Nachwuchs besonders früh auf die Welt brachten, nämlich in einem Entwicklungsstadium, in dem deren Köpfchen noch durch den Geburtskanal passten. Infolge davon kamen die Kinder immer unreifer auf die Welt. Heutzutage sind die menschlichen Nachkommen mit Abstand die hilflosesten und unterentwickeltsten Geschöpfe auf unserem Planeten: Kein anderes Wesen benötigt so lange und intensive Brutpflege und Erziehung, bis es selbstständig ist. Ein Fohlen wagt schon wenige Augenblicke nach der Geburt die ersten Schritte und läuft schon nach wenigen Wochen mit der Herde mit. Ein Menschenjunges hingegen macht erst rund um seinen ersten Geburtstag die ersten unbeholfenen Schritte, bevor es wieder hinplumpst, und auch noch nach fünf Jahren braucht ein Erwachsener sämtliche Überredungskünste, um es zu einem längeren Spaziergang (man nennt es auch »Spazierenstehen«) zu motivieren. Dummerweise war vor einigen Millionen Jahren auch das Rad noch nicht erfunden, das heute in Form von Familienautos, Kinderwagen, Karre, Laufrad oder Roller den Kindertransport erheblich erleichtert. Wer schon einmal mit zwei kleinen Kindern auf dem Arm unter Zeitdruck durch ein Einkaufszentrum gelaufen ist, kann sich in etwa vorstellen, wie schwer es unsere Vorfahren hatten, ihre Kinder zu transportieren und gleichzeitig in der Savanne vor gefährlichen Raubtieren zu beschützen. Und als ich mit meinen Kindern auf Safari in Afrika war, mit brüllenden Löwen rund um das Zelt und freilaufenden wilden Tieren überall, wurde mir bewusst, wie bedrohlich das Leben für die Mütter unserer Vorfahren gewesen sein muss. Damals wie heute fehlten den Müttern mindestens zwei Arme, um sich und ihre Kinder zu versorgen und zu beschützen. Waren sie auf sich alleine gestellt, sah es für ihr Überleben nicht gerade rosig aus. Stellen Sie sich vor, dass die Mehrzahl aller Frauen viele Kinder gebar, von denen nicht ein einziges überlebte!

Da Frauen bekanntermaßen raffiniert sind, wussten sie sich in Bezug auf ihr Problem mit den zwei fehlenden Armen zu helfen. Einigen von ihnen muss es damals gelungen sein, einen Mann anzulocken und fest an sich zu binden, damit er sie und den gemeinsamen Nachwuchs beschützte und versorgte. Das kann man wirklich als eine Sternstunde der Liebe betrachten! Besonders weil im Tierreich die Bindung zwischen Weibchen und Männchen außerordentlich selten ist. Nur etwa 10 Prozent der Säugetiere sowie viele Vogelarten pflegen ihre Brut gemeinsam. Bei allen anderen Arten haben die Väter mit dem Decken des Weibchens ihren Anteil erfüllt. Haben Sie schon einmal einen Rammler gesehen, der saftigen Löwenzahn für seine Kaninchenjungen heranschleppt, oder kennen Sie einen Hammel, der dem Mutterschaf mal die Lämmer abnimmt, damit sie sich zum Mittagsschlaf hinlegen kann?

Die Menschen allerdings gingen Partnerschaften ein, was eine anspruchsvolle Aufgabe war. Sie mussten in der Lage sein, gemeinsam zu agieren, Konflikte zu lösen und ihr Verhalten aufeinander abzustimmen. Um diesen Prozess zu erleichtern, griff die erfinderische Mutter Natur in ihre Vorratskammer und mischte aus den chemischen Botenstoffen, die sie dort lagerte, eine sehr wirkungsvolle Substanz, die die Partner zusammenschweißte und ein Wohlgefühl auslöste (in Kapitel 4 schauen wir uns die Zusammensetzung genauer an). Die Verbindung hatte für beide Seiten Vorteile: Die Frau erhielt Essen, Schutz und Hilfe bei der Aufzucht ihrer Kinder,

der Mann hatte relativ unkomplizierten Zugriff auf Sex. Der Primatenforscher Frans de Waal bringt diesen Tausch auf eine einfache Formel: »Sex gegen Essen.«[4]

Die Frauen und ihr Nachwuchs, denen es erfolgreich gelungen war, durch dieses biochemische »Band der Liebe«, wie es die amerikanische Anthropologin Helen Fisher nennt, einen Mann an sich zu binden, hatten eine deutlich höhere Überlebenschance als alleinstehende Frauen und ihre Kinder. Im Laufe unzähliger Generationen geschah ein Selektionsprozess, bei dem die Nachfahren von Müttern und Vätern mit einer, sehr salopp ausgedrückt, »Bindungs-Neigung«[5] sich durchsetzten, und so setzte sich auch die Paarbindung durch. Die Paare blieben zusammen, jedenfalls für eine Weile, dann gingen sie auseinander, damals noch ohne traurige Briefe, ohne Zugewinnausgleich oder Streit um das Tafelsilber.

Die mütterliche Sippe der Steinzeit

Niemand kann mit Sicherheit sagen, wie unsere Vorfahren vor 100 000 Jahren gelebt haben. Jedoch wissen wir heute, dass in vielen Kulturen der Steinzeit Frauen mit ihren Kindern in Großfamilien gelebt haben. Der Grund für dieses Arrangement war ein ökonomischer: Wie wir aus Tierfilmen wissen, legen die Herden der wildlebenden Tiere auf der Suche nach Nahrung und Wasser lange Strecken zurück. Die männlichen Jagdgemeinschaften, die sich auf größere Beutetiere spezialisiert hatten, mussten diesen zwangsläufig auf ihren Streifzügen folgen und waren deshalb über längere Zeiten abwesend. Den Frauen blieb nichts anderes übrig, als sich selbstständig zu organisieren, um sich in der Abwesenheit der Männer zu versorgen und sich vor tierischen und menschlichen Angreifern zu schützen. Sie lösten diese Herausforderung in der gleichen Art wie die heutigen alleinerziehenden jungen Mütter: Sie ziehen (wieder) in die Nähe ihrer Eltern und bauen auf deren Hilfe. Genau das Gleiche taten die Frauen: Sie lebten mit ihren Kindern und ihren Blutsverwandten der weiblichen Linie (man nennt es matrilinear) in Sippen zusammen, also mit der Ahnin, der Mutter, den Brüdern der Mutter, den Töchtern, den Brüdern und den Kindern der Töchter. Marie Luise Schwarz-Schilling, Autorin des Buches »Die Ehe, Seitensprung der Geschichte«, ist der Auffassung, dass es in einer sehr langen Episode der Steinzeit – etwa 100 000 bis 3500 vor Christus – keine Ehe oder eheähnliche Verbindung gegeben habe.[6]

Für Frauen bot diese Lebensform sicherlich viele Vorteile: Sie gehörten durch die bestehende Blutsverwandtschaft untrennbar zu ihrer Sippe, denn Blut ist nun mal dicker als Wasser (heutige Ehefrauen hingegen haben nur eine 50-prozentige Chance, lebenslang mit ihrem Mann zusammenzubleiben). Die Mütter erhielten in ihrer Sippe alles, was sie zum Leben brauchten: Sie hatten Versorgung, Schutz, Kinderbetreuung und Gesellschaft als All-inclusive-Paket.

Doch einige Fragen sind noch offen: Welche Bedeutung hatte die Liebe zwischen Mann und Frau – und woher kamen eigentlich die Kinder? Um diese Frage zu klären, können wir uns das südchinesische Volk der Mosuo anschauen, die heute noch eine ähnliche Lebensform praktizieren. Wie die Mosuo unterhielten die Frauen, die mit ihrer Sippe zusammenlebten, »Besuchsbeziehungen« mit Männern aus anderen Sippen. Diese wanderten nachts gelegentlich zu ihr, brachten Fleisch mit, teilten ihr Lager und zeugten unweigerlich Kinder, die automatisch zur Sippe der Frau gehörten. Der Mann hatte somit weder finanzielle noch soziale Verpflichtungen – er kümmerte sich um die Kinder in seiner Sippe (also die seiner Schwestern, Cousinen und die jüngeren Kinder seiner Mutter). In diesem System spielte es noch keine Rolle, dass die Vaterschaft gesichert war, und es galt das Motto: »Mama's baby, papa's maybe«. Der soziale Status der Frau hing nicht vom Status ihres Partners ab, sondern vom sozialen Status ihrer Sippe. Das zog große Freiheit für die Frau nach sich: Sie konnte ihre Besuchspartner nach Lust und Laune wählen und ohne großen Aufwand wechseln. Keiner verlangte von ihr, dass sie jungfräulich war oder exklusive Beziehungen zu *einem* Mann unterhielt.

Frauentausch und Frauenraub im Patriarchat

Ab 3500 vor Christus breitete sich, wie Schwarz-Schilling schreibt, im mittleren Osten eine Revolution der Männer, eine sogenannte patriarchalische Revolution, aus, bei der die Männer eine Vormachtstellung über die Frauen anstrebten und sogar durchsetzten. Zu diesem Zweck wandten sie eine einfache, aber weitreichende Strategie an: Sie sprengten die Existenzgrundlage der Frauen, die weibliche Sippe. Frauen wurden aus ihren Sippen geraubt oder durch einen »Tausch« der Sippe ihres Partners zugeführt, wo sie eine Ehe oder eine eheähnliche Verbindung mit einem Mann eingingen. Diese simple, aber tiefreichende Maßnahme hatte eine große Machtverschiebung zwischen den Geschlechtern und gravierende Verhaltensänderungen der Frauen zur Folge.

Stellen Sie sich einmal eine junge Frau vor, die zur Familie ihres Mannes zog. Wir können uns leicht vorstellen, dass sie es schwer hatte, sich einen guten Platz in seiner Sippe zu erobern. Wahrscheinlich hatte ihre Schwiegermutter einiges an ihr auszusetzen, zum Beispiel, dass sie den Hof nicht gründlich genug fegte oder ihre Kinder nicht richtig erzog. Zudem stand die junge Frau unter ständiger Bewachung durch die Verwandten ihres Mannes, damit sichergestellt wurde, dass ihre Kinder auch wirklich die Nachkommen ihres Mannes waren. Denn die Zeiten von »Mama's baby, papa's maybe« waren vorbei, jetzt wurde das Interesse der Männer, ihre Vaterschaft zu sichern, auf Kosten der Frauen durchgesetzt. Zur Vereinfachung und Optimierung der Kontrolle sollte die

Frau bei der Eheschließung jungfräulich sein. Sie können sich das Geschlechterverhältnis in etwa so vorstellen, wie es heute noch in vielen arabischen Ländern praktiziert wird: Der Mann bestimmt über die Frau und überwacht sie. Gegenüber dem Leben in ihrer eigenen Sippe erlitten die Frauen nun einen beträchtlichen Statusverlust: Ihr Besitz ging bei der Eheschließung an ihren Mann über, ihre Kinder gehörten nunmehr seiner Sippe an und ihr sozialer Status und der ihrer Kinder hing ausschließlich von dem Beruf und Namen ihres Mannes ab. Und mit ihrer Freiheit, ihre Besuchsmänner selbst zu wählen und zu wechseln, war es auch vorbei, sodass sie nicht einmal abwechslungsreichen Sex als Trostpflaster hatte.

Die Ehe in der Antike

Das *antike Griechenland* ab 500 vor Christus ist ein Beispiel für eine Gesellschaft, in der der Statusverlust der Frauen sich besonders stark bemerkbar macht. Während vormals in Griechenland und auch Sparta die Frauen eine machtvolle Position innegehabt hatten, waren sie schon 500 vor Christus in Athen Menschen zweiter Klasse. Indizien dafür sind, dass sie keine Schulen besuchen durften, kein Stimmrecht hatten und sogar als Zuschauerinnen von den olympischen Spielen ausgeschlossen wurden. Die Männer verachteten die Frauen. Deshalb ist es nicht verwunderlich, dass die Motivation zum Heiraten außerordentlich niedrig war. Der griechische Dichter Palatas schrieb so einprägsam, dass es uns heute noch als geflügeltes Wort geläufig ist: »Die Ehe beschert einem Mann zwei glückliche Tage: Den, an dem er seine Braut zu Bett bringt – und den, an dem er sie zu Grabe trägt.«

Da eine Gesellschaft sich fortpflanzen muss, wurden die Griechen per Dekret zum Heiraten verpflichtet. Erwachsene, in der Regel gebildete Männer wurden nun mit ungebildeten jungen Mädchen verheiratet – von einer Beziehung auf Augenhöhe kann man dabei wirklich nicht sprechen. Die männlichen und weiblichen Domänen waren streng voneinander getrennt. Die Frau blieb zu Hause, wo sie sich langweilte und infolgedessen wahrscheinlich recht bald schlechte Laune bekam. Ihr Mann hingegen vergnügte sich außerhalb seines Heims. Er unterhielt sich mit anderen Männern über schöngeistige Themen wie Philosophie, Politik, Theater und Kunst und wies, wenn er homosexuelle Neigungen hatte, den einen oder anderen Jüngling in die Weihen der Liebe ein. Männer konnten außerdem Zerstreuung und Leidenschaft bei Hetären finden, also gebildeten, sexuell versierten und mit allen Wassern gewaschenen Edelprostituierten. Der Besuch bei solchen Damen hatte damals nichts Anrüchiges, sondern war gesellschaftlich anerkannt, wenn nicht sogar eine Art Statussymbol.

Im *antiken Rom* hatte die Beziehung zwischen den Eheleuten an Bedeutung gewonnen, und die Frauen hatten wieder mehr Macht. Hochgestellten Römerinnen war bewusst, dass der Glanz ihres Namens bei einer Heirat auf ihren Mann überging, und sie weigerten sich, sich zu Hause einsperren zu lassen. Nun genossen *beide* Ehepartner ihre Freiheiten, und sie vergnügten sich bei den Spielen, in Badehäusern und bei Orgien. Selbst die angesehensten Mitglieder der Gesellschaft mischten unverhohlen mit. Im 1. Jahrhundert nach Christus trat die sexbesessene Kaiserin Messalina, Ehefrau des Kaisers Claudius, bei einem Koitus-Marathon gegen die bekannteste Hure Roms an und gewann auch noch. Sie soll, so schreibt Plinius der Ältere, an einem einzigen Abend 25 Männer vernascht haben. Sicher haben es nicht alle Römerinnen so wild getrieben wie Messalina, aber die lockeren Sitten der damaligen Zeit kamen in ihrem Verhalten deutlich zum Vorschein. Im alten Rom war Untreue keineswegs ein Grund, sich aufzuregen oder gar scheiden zu lassen. Zwar waren Scheidungen in der römischen Kaiserzeit gang und gäbe (was durch die

Unkompliziertheit der Scheidungsprozedur noch begünstigt wurde), aber die Motive waren ganz andere als heute. Römer und Römerinnen ließen sich nicht scheiden, weil sie sich nicht mehr liebten (das hatten sie sowieso nie getan) oder sich nicht mehr verstanden (darauf kam es nicht an), sondern weil sich eine finanziell oder politisch vorteilhaftere Verbindungen mit einem anderen Partner anbot.

Das Christentum bringt Zucht und Ordnung – oder nicht?

Erst mit der Verbreitung des Christentums und dem Zusammenbruch des weströmischen Reiches, etwa um 300 nach Christus, wandelte sich das Bild der Liebe radikal. Plötzlich sollten Liebe und Sexualität keine lustvolle Spielwiese mehr sein, sondern sie wurden scharf voneinander getrennt: Liebe galt als himmlische Gnade, die im Rahmen einer Ehe möglichst keusch ausgelebt werden sollte. Lust hingegen war ein teuflischer Trieb, den es auszumerzen galt. Allerdings fiel es dem Großteil der Menschen nicht leicht, sich an diese Spielregeln zu halten. Karl der Große zum Beispiel hatte im 8. Jahrhundert mehrere Ehefrauen und mehr als hundert Konkubinen.

Auch die immer mächtiger werdende Kirche, die ja die Regeln vorgab und für deren Priester, Nonnen und Mönche eigentlich der Zölibat galt, legte diese über Jahrhunderte teilweise lax, teilweise zu ihren Gunsten aus. Die meisten Bischöfe und Priester hatten feste Lebenspartnerinnen und Geliebte, und viele Päpste lebten ihre sexuellen Vorlieben ungehindert aus: Über viele Jahrhunderte hinweg folterten einige von ihnen nackte Männer und trieben es mit Lustknaben, andere bevorzugten blutjunge Mädchen, einer betrieb in der Peterskirche ein Bordell und plünderte die päpstliche Kasse, um Spielschulden zu begleichen. Andere Päpste ergötzten sich mit einer Mischung aus Faszination und Abscheu an diesen Vergehen, wie zum Beispiel Papst Gregor I., der alle erdenklichen Sexualpraktiken akribisch auflistete und damit eine jahrhundertelange theologische Diskussion auslöste, wie man welches Vergehen zu bestrafen habe.

Beim Volk sah es nicht anders aus. Die Mehrheit der Menschen war sinnlichen Vergnügungen nicht abgeneigt. Sie hielten ihre Gefühle für eine Urgewalt und Geilheit für eine Gabe des Teufels, gegen die man sich sowieso nicht wehren konnte. Die Menschen brauchten Abwechslung und im wahrsten Sinne des Wortes Wärme, denn die Schlafzimmer waren ungeheizt, die Nächte lang und das Fernsehen war noch nicht erfunden. So teilten sie ungeniert die Betten miteinander, auf dem Land fielen Knecht und Magd miteinander ins Heu, und neben den Badehäusern lagen oft die Freudenhäuser, in denen sich Paare miteinander vergnügten. Der Besuch eines solchen Etablissements galt als sicherstes Mittel, um ungewollte Kinderlosigkeit zu beheben. Reinhold Dörrzapf schreibt in seinem Buch »Ehe, Eros, Hosenteufel. Eine etwas andere Sittengeschichte«: »Vermutlich haben in der Kulturgeschichte Europas niemals zuvor Männer und Frauen einander so hingebungsvoll geliebt, so herzhaft ihre Lust ausgelebt, aber auch den Geschlechterkrieg so hemmungslos und voller Wut geführt wie im Hochmittelalter.«[7]

Im 11. Jahrhundert gab es allerdings auch eine Gegenströmung, die Minne. Junge Dichter zelebrierten die Liebe zu einer hohen adligen Frau, die jedoch verheiratet sein musste. Dieser leidenschaftlichen Bewunderung und Liebe verliehen sie durch Gesang und Poesie Ausdruck, und es gab in Minnehöfen Wettstreite zwischen den Sängern. Es ging aber bei der Minne nicht darum, diese Liebe in die Realität umzusetzen und die angebetete »Frouwe« zu erobern, sie gar zu heiraten oder mit ihr Kinder zu zeugen. Man kann die Minne eher als eine hohe Form der Askese verstehen, in der die unerfüllte Sehnsucht die Fantasie beflügelte und man sich in Selbstbeherrschung übte.

In der *Renaissance* (etwa 1400 bis 1600) erhielt das Leben der Menschen einen neuen Schliff, und antike Ideale wurden neu belebt. Das betraf die Literatur, Architektur, Malerei, Philosophie, Wissenschaft und die Musik. Auch das Menschenbild veränderte sich: Die Menschen zentrierten ihr Denken nicht länger um Gott und strebten nicht vor allem nach religiöser Erfüllung, sondern sie stellten sich als Menschen in den Mittelpunkt und genossen das weltliche Glück. Dabei entdeckten sie ihre schöpferische Kraft und lebten ihre Freiheit aus. Endlich konnten auch die Frauen davon profitierten, denn sie gelangten zu mehr Ansehen und Macht: Sie kannten sich in Kunst und Kultur aus, hatten ein Gespür für Stil und einige Damen der höheren Gesellschaftsschicht gelangten zu Reichtum oder regierten sogar im Falle des Todes oder der Krankheit ihrer Männer das Land (zum Beispiel Katharina von Medici, Lucrezia Borgia oder Bianca Visconti). Diese Veränderungen machten vor der Liebe nicht Halt: Frauen galten zwar in den Augen der Männer als große Kinder, aber die Männer der Renaissance verehrten und bewunderten die Frauen, sie umwarben und umschmeichelten sie. Die Menschen redeten sehr unverhohlen über Sex, und sie praktizierten ihn leidenschaftlich. Junge Männer und Frauen ließen sich zu Experten der Erotik ausbilden, weil man damals überzeugt war, dass Frauen nur in einem Zustand höchster sexueller Erregung schwanger werden können. Wie im antiken Rom heiratete man aus gesellschaftlichen und familiären Interessen, aber nebenbei pflegten die Eheleute mehr oder weniger heimlich ihre Liebschaften.

So könnte man jetzt auch noch andere Epochen und Kulturen betrachten, aber das würde den Rahmen dieses Buches sprengen. Anhand der beschriebenen Beispiele aus der Geschichte der Menschheit wird hinlänglich deutlich, wie stark die gesellschaftlichen, religiösen, kulturellen und wirtschaftlichen Rahmenbedingungen die Beziehung zwischen Mann und Frau formen. Generell können wir zusammenfassen, dass die Ehe bis zum Ende des 18. Jahrhunderts in der Regel für den überwiegenden Teil der Bevölkerung eine praktische, ökonomische Angelegenheit war. Familien arrangierten die Verbindung ihrer Kinder nach Standeskriterien: Der Handwerksgeselle heiratete die Tochter des Meisters, der Bauernsohn die Tochter des Nachbarhofes und der Prinz die Prinzessin. Man lebte zusammen, weil man aufeinander angewiesen war: Die Frauen zogen, wenn sie Glück hatten, mithilfe von Ammen und Personal, nicht selten 8 bis 16 Kinder groß und führten den Haushalt, während der Mann für den Lebensunterhalt verantwortlich war. Starb der Ehepartner (was aufgrund der vielen Krankheiten häufig vorkam), heiratete man kurz darauf erneut, nicht selten den Bruder des verstorbenen Ehemannes.

Das Ideal der romantischen Liebe

Am Ende des 18. Jahrhunderts geschah jedoch etwas, was die Liebe grundlegend veränderte: Als unmittelbare Reaktion auf das nüchterne Bild der Aufklärung, das eine Welt ohne Gefühle propagierte, forderte das Bildungsbürgertum das genaue Gegenteil: Die Menschen wünschten sich nun Dinge wie Seelenverwandtschaft, tiefes Verständnis und geistige Verbundenheit der Liebes- und Ehepartner. Die Liebe wurde als schicksalshafte Begegnung angesehen. Unsere Vorfahren aus den Jahrtausenden zuvor hätten über diese Vorstellung nur lachend den Kopf geschüttelt, dass man seinen eigenen Mann, seine eigene Frau romantisch, dauerhaft und auch noch leidenschaftlich lieben könne.

Bis dahin unterschieden alle Generationen streng zwischen einer Lebenspartnerschaft, die eine standesgemäße Verbindung war und dazu diente, die Lebensaufgaben zu bewältigen und legitime Nachfahren zu zeugen, und Sexualpartnerschaften, also den leidenschaftlichen, aber nicht legitimierten und möglicherweise flüchtigen Verbindungen mit gerne auch nicht standesgemäßen Partnern wie dem Reitlehrer oder dem jungen Dienstmädchen. Bis zum Aufkeimen des romantischen Liebesideals waren unsere Vorfahren noch überzeugt, dass es mit ein und derselben Person so gut wie unmöglich sei, beide Bedürfnisse zu befriedigen. Doch nach und nach wendete sich das Blatt, und die Liebesheirat setzte sich immer weiter durch und ersetzte schließlich die Standesheirat. Allmählich galt eine Eheschließung *ohne* Liebe als berechnend und unmoralisch. Ein prominentes Beispiel ist der englische König Edward, der 1936 die Krone niederlegte, um mit der geschiedenen Amerikanerin Wallis Simpson zusammenzuleben. Die Menschen wollten alles vereinen: eine lebenslange Versorgungsgemeinschaft, die in exklusiver Treue lebenslang sexuell befriedigend ist, und darüber hinaus eine innige, seelische Verbindung, die es ermöglicht, über sich selbst hinauszuwachsen. Das klingt, nüchtern betrachtet, nach einem sehr ambitionierten Plan mit großen Tücken, Widersprüchen und Fallstricken, auf die wir noch zu sprechen kommen.

Die Liebe im Zeitalter der Weltkriege

Die Industrielle Revolution begünstigte den Sinneswandel, denn damals verließen viele, vor allem junge Menschen ihre Heimatorte und ihre Familien und suchten ihr Glück in den Städten. Weitab von der Kontrolle, aber auch vom Halt der Großfamilien veränderte sich die städtische Gesellschaft. Ohne die Vertrautheit der Heimat wuchs das Bedürfnis nach Sicherheit, Ordnung und Beständigkeit, und die Menschen bekamen Sehnsucht nach einem Seelenverwandten und treuen Gefährten, mit dem sie ihr Leben teilen konnten. Mit einem, der einen verstand und unterstützte, der Halt bot in den unruhigen Zeiten (schließlich erlebte man in kurzer Zeit einen Weltkrieg und eine Wirtschaftskrise). In den »Goldenen Zwanzigern« wendete sich das Blatt kurzzeitig wieder. Der

Krieg war vorbei, die Wirtschaft erblühte, und bei den Menschen in den Städten entflammten Lebenslust und Freiheitsdrang. Viele Frauen hatten während des Krieges harte Männerarbeit verrichtet und waren zu einem neuen Selbstbewusstsein gelangt. Sie trugen Bubiköpfe, Federboas und Strass-Schmuck und amüsierten sich in Clubs bei Absinth und Charleston. Nicht nur in Künstlerkreisen wurde mit der freien Liebe experimentiert. Das mondäne Leben spielte sich jedoch vorwiegend in den Großstädten ab und betraf nur einen kleinen Teil der Bevölkerung. Der Großteil der Bevölkerung legte weiterhin Wert auf Treue und stabile Ehe- und Familienverhältnisse.

Klare Formen für die Liebe in den 1950er Jahren

Der Zweite Weltkrieg brachte das glanzvolle Leben zu einem brutalen Ende. Die Männer zogen in den Krieg, die Frauen mussten zupacken, um die Kinder alleine großzuziehen und ihre Familien zu ernähren. Als die Männer, die überlebt hatten, aus dem Krieg oder der Gefangenschaft heimkehrten, hatte man zunächst einmal keinen Sinn für Charleston und Federboas und für das Spiel mit der Liebe. Im Krieg ging es um das nackte Überleben und Sattwerden, und in der Nachkriegszeit stand den Menschen nur der Sinn danach, wieder Ordnung, Sicherheit und Beständigkeit zu erlangen. Deutschland wurde getrennt in zwei sehr unterschiedliche Systeme: die kapitalistische Bundesrepublik und die sozialistische DDR. In der DDR war die Berufstätigkeit der Frauen der Normalfall, sie konnten ihre Kinder in staatlichen Krippen und Kindergärten unterbringen. Mit Unabhängigkeit und Emanzipation hatte das allerdings nicht viel zu tun, denn nun waren die ostdeutschen Frauen durch Produktion und Reproduktion, also durch Kindererziehung, Haushalt und Beruf doppelt belastet. Wirklich unabhängig waren sie keineswegs: Das Anmieten einer eigenen Wohnung oder eine Urlaubsreise war überwiegend Ehepaaren gestattet. In der jungen Bundesrepublik erreichte man in den 1950er und 60er Jahren die Phase des Wirtschaftswunders. Durch den Wohlstand wurde es in den meisten Familien ermöglicht, das damalige Ideal zu leben: Die Frauen blieben zu Hause und widmeten sich der Familie, wo sie für Sauberkeit, Behaglichkeit und Ordnung sorgten, während der Mann der Alleinernährer war. Die Ehe und das Familienleben in den 1950er Jahren waren in Westdeutschland – wie auch in sehr ähnlicher Form in Österreich und der Schweiz – äußerst konventionell und spielten sich in einem engen Rahmen ab. Sonntags ging man in die Kirche, danach kam der Braten um Punkt 13 Uhr auf den Tisch. Die Männer trugen Anzug und Hut, die Damen adrette Kleider und Handschuhe. Auch junge Menschen siezten sich, was heute, wo »Ey, Alter« die gängige Umgangsform unter Jugendlichen ist, schwer vorstellbar ist. Die Sitten und der Umgang zwischen Mann und Frau waren äußerst förmlich: Von einer anständigen Frau wurde erwartet, dass ihre obersten Ziele die Heirat und Familiengründung mit einem guten Mann waren. Sex vor der Ehe galt als unmoralisch, und unverheiratet schwanger zu werden war die äußerste Schande. Die Treue zwischen den Eheleuten war oberstes Gebot, wobei in der besten Herrenwitzgeneration bei Männern schon mal einige Augen zugedrückt wurden. Die Sexualität war in dieser Epoche ein schambesetzter Bereich voller unaussprechlicher Wünsche und großem Unwissen. Die Knaus-Ogino-Tabellen zur Empfängniskontrolle verkauften sich nur verstohlen unter dem Ladentisch, und die Erziehung zur Lustfeindlichkeit begann schon im Kindesalter. In einem Benimmbuch aus dieser Zeit heißt es über Selbstbefriedigung: »Man muss dem Kind deutlich machen, dass die Onanie eine sexuelle Ausschweifung und Verirrung ist und auf die Dauer zum Wahnsinn oder zumindest zum Verlust aller Lebenskräfte führt.«[8]

Nicht nur Onanie konnte einen angeblich wahnsinnig machen, auch das Ehegesetz von damals hatte, aus heutiger weiblicher Sicht, definitiv das Potenzial dazu. Dem Mann stand laut bürgerlichem Gesetzbuch bis 1953 die Entscheidung in allen das gemeinschaftliche Leben betreffenden Angelegenheiten zu. Er konnte diktieren, wie die Kinder erzogen und der Haushalt geführt wurde. Er konnte den Arbeitsvertrag seiner Frau auch gegen ihren Willen kündigen oder ihr von vorneherein verbieten, arbeiten zu gehen. Und darüber hinaus konnte er das gesamte Geld verwalten und nutzen, auch das, das seine Frau in die Ehe eingebracht hatte oder das sie verdiente.

Die 1960er und 70er Jahre bringen Veränderungen für die Liebe

Erst 1957 wurde in der Bundesrepublik ein neues Eherecht verabschiedet, das dem auch schon vorher im Grundgesetz verankerten Artikel 3, Absatz 2, »Männer und Frauen sind gleichberechtigt«, mehr entsprach. Die Eheleute wurden im neuen Gesetz verpflichtet, sich in allen Fragen der Lebensführung zu einigen. Gütertrennung und Zugewinngemeinschaft wurden eingeführt, eigentlich um Hausfrauen an den Gewinnen ihres Mannes zu beteiligen. Diese Gesetzesänderung hat unglaublich viel bewegt: Schon in den 1960er Jahren strebten vermehrt auch die verheirateten Frauen auf den Arbeitsmarkt, weil in Deutschland durch das Wirtschaftswunder händeringend Arbeitskräfte gesucht wurden. Allerdings galt immer noch das Ideal, dass eine Frau sich in erster Linie um das Heim und die Kinder kümmern sollte, während der Mann der Alleinernährer war. Das gesetzlich festgelegte und bis heute gültige Ehegattensplitting unterstützt diese Lebensform ja auch. Insofern arbeiteten die Frauen damals überwiegend, wenn es ökonomisch dringend nötig war.

Doch in der 68er-Bewegung wurden die Rollenvorstellungen heftig durcheinandergeschüttelt. Die Markteinführung der »Pille« im Jahre 1961 ermöglichte es Frauen erstmals, dass sie Sexualität für ihr eigenes Vergnügen erleben konnte, ohne das Risiko einer Schwangerschaft einzugehen. Viele junge Frauen hatten erstmalig die Option, sich ihren Anteil am Geld, am Erfolg und am interessanten Weltgeschehen zu erobern, und ihnen wurde schnell klar, dass sie ihr Glück kaum zwischen Windeln und Küchenmaschinen finden würden. Immer mehr Frauen strebten in Ausbildungen oder an die Universitäten, und auch verheiratete Frauen mit Kindern versuchten zunehmend, in ihrem Beruf zu arbeiten. Die Menschen begannen durch diese Freiheit, sich zwar noch verschämt, aber doch zunehmend für Sexualität zu interessieren und auch öffentlich darüber zu sprechen. Magazine mit »Sexbomben« wie Marilyn Monroe und Filme mit der erotischen Ikone Brigitte Bardot erschienen, ebenso Bücher über das sexuelle Verhalten des Mannes beziehungsweise der Frau (wie zum Beispiel das des US-Zoologen und Sexualforschers Alfred Kinsey oder das Werk »The Joy of Sex«).

Viele junge Menschen hatten genug von der prüden Bigotterie der 1950er und frühen 60er Jahre und forderten mehr Offenheit, mehr Lockerheit, mehr Ehrlichkeit, einen besseren Kontakt zu ihren Bedürfnissen und auch mehr sexuelle Freiheiten. 1968 kam dann die Flower-Power-Bewegung in Gang, die man heute als sexuelle Revolution bezeichnet. Die Menschen experimentierten mit freier Liebe, mit bewusstseinserweiternden Drogen, mit als skandalös angesehenen Musikrichtungen und setzten sich für mehr Freiheit ein. Die Frauen emanzipierten sich, und die Schwulenbewegung kam in Gang. Auch wenn nur eine Minderheit der Menschen aktiv an dieser Bewegung teilnahm, so entfesselte sie als treibende Kraft die ganze Gesellschaft und brachte eine weitreichende Veränderung ins Rollen, deren Auswirkungen wir auch heute erleben.

Das Wichtigste in Kürze

Die Bindung zwischen Mann und Frau mithilfe der Liebe dient in erster Linie dem Zweck, dass beide für eine Weile als Paar kooperieren, um die Überlebenschancen ihrer Kinder zu erhöhen. Im Laufe der Geschichte wurde in den unterschiedlichsten Epochen und Kulturen mit der Ausgestaltung der Liebe experimentiert und die Ehe als Lebensform hat sich (gegenüber der mütterlichen Sippe) zunehmend durchgesetzt. Bis zum Ende des 18. Jahrhunderts war die Ehe eine standesgemäße Verbindung eines Mannes und einer Frau, die die Aufgabe hatten, gemeinsam legitimierte Nachkommen zu erzeugen und aufzuziehen. Romantik, Leidenschaft und Seelenverwandtschaft wurden nicht erwartet, und in vielen Epochen war es durchaus möglich, diese Bedürfnisse in kurzfristigen, nicht unbedingt standesgemäßen Verbindungen zu befriedigen. Erst die Erfindung des romantischen Liebesideals gegen Ende des 18. Jahrhunderts hat uns die Idee in den Kopf gesetzt, einen Seelenverwandten zu finden, mit dem wir auf Dauer Freundschaft, Nähe, Teamgeist, Leidenschaft und Liebe teilen, und das möglichst treu und exklusiv. In was für Schwierigkeiten und in welchen möglichen Trugschluss wir damit hineingeraten sind, möchte ich im nächsten Kapitel zeigen.

Kapitel 2
Moderne Beziehungen: Der Fluch der Freiheit

Nach unserem Streifzug durch mehrere Stationen der Menschheitsgeschichte befinden wir uns wieder im 21. Jahrhundert. Die Liebe hat sich seit der Steinzeit von Grund auf verändert. Schauen wir sie uns in diesem Kapitel einmal mit etwas kritischer Distanz an und fragen uns: Was erwarten die Menschen heutzutage von der Liebe – und was von ihrem Partner? Wie viel Konsens besteht darüber, wer welche Aufgaben übernimmt – und welche Konflikte resultieren daraus? Wie ist es um die Fähigkeit bestellt, sich zu binden?

Wir werden mit einem unverstellten Blick auf die Liebe schauen und Erstaunliches, mitunter auch Bitteres aufzeigen. Es mag sein, dass Sie anschließend die Liebe in einem anderen Licht sehen und einige Illusionen verlieren, die Sie von der romantischen ewigwährenden Liebe hatten. Das kann vorübergehend etwas schmerzhaft sein oder Sie womöglich traurig machen. Doch es ist immer noch besser, als Ihr Leben auf Illusionen und Trugbildern aufzubauen! Wenn Sie klar sehen, wie es um die Liebe heutzutage bestellt ist, können Sie mit der Realität besser zurechtkommen und einige Fallstricke meiden. Zudem kann es sehr entlastend sein, wenn Sie vor Schwierigkeiten mit der Liebe stehen und wissen, dass es vielen genau wie Ihnen geht.

Die Befreiung der Frauen aus der Hausfrauenrolle schafft eine neue Unordnung

Die 68er-Bewegung hat eine starke gesellschaftliche Veränderung ins Rollen gebracht. Das können wir an der Familie von Steffi sehen, die wir schon kennen. Steffi, 1969 geboren, machte wie alle Mädchen ihres Abiturjahrgangs eine »richtige« Berufsausbildung. Sie zog ihr Lehramtstudium zielstrebig durch und wurde Lehrerin. Damit ist sie die erste Frau in ihrer Familie, die finanziell auf eigenen Beinen steht. Steffis Berufstätigkeit hat in ihrer Ehe viel verändert. Im dreijährigen Erziehungsurlaub nach Lenes und Leos Geburt führte sie den Haushalt, doch als sie anschließend wieder arbeiten ging, forderte sie von Martin eine ausgewogene Aufgabenteilung. Martin hörte ihre Forderungen – »Bring den Müll raus, pass aufs Kind auf, zieh die Schuhe aus«[9] –, war aber nicht der Auffassung, dass er sich am Haushalt beteiligen sollte, denn er dachte: »Sieht sie nicht, dass ich den ganzen Tag arbeite? Was soll ich denn noch alles tun?« Dazu kam, dass Steffi sich mit der Zeit angewöhnt hatte, zu nörgeln, zu meckern und zu schreien, sie kam ihm vor wie seine Mutter (Steffi selbst empfand sich übrigens auch so, und das gefiel ihr keineswegs). Bei Martin stieß Steffis »Frauenalarm«, wie er es nannte, auf taube Ohren. Er beschäftigte sich zwar gerne mit den Kindern, aber verweigerte die Hilfe bei der Hausarbeit. Er sagte: »Das mach ich später«, aber erledigte es nie oder allerhöchstens mehr schlecht als recht. Gelegentlich kochte er unter großem Trara sein einziges Pasta-Rezept und hinterließ die Küche wie ein Schlachtfeld, worauf Steffi »arrabiata« wurde und zähneknirschend aufräumte. Der Rest blieb an ihr hängen: Nach ihrem anstrengenden Schultag musste sie putzen, waschen, bügeln, einkaufen, den Rasen mähen und Geschenke für Mutter und Schwiegermutter kaufen. Iris Radisch, Autorin des Buches »Die Schule der Frauen«, meint nüchtern: »Die angepriesene Vereinbarkeit von Beruf und Kindern ist eine Schimäre. Da gibt es nichts zu vereinbaren. Da gibt es nur etwas zu addieren.«[10]

Kein Wunder, dass der Streit um die Rollenverteilung insbesondere bei Paaren mit Kindern heute weitverbreitet ist. Es gibt unendlich viele Konfliktpunkte: Wer bleibt in den ersten Jahren nach der Geburt zu Hause – und wie viel Fremdbetreuung kann man einem kleinen Kind zumuten? Wer zahlt mehr für die Miete und Lebenshaltungskosten – und was hat das für Folgen für die Aufgabenteilung? Darf er am Wochenende eine Fahrradtour machen und sie mit dem Kind alleine lassen – oder muss er das Kind übernehmen, damit sie mal ungestört zum Sport darf? Wer putzt das Bad und wie viel dreckige Wäsche darf auf dem Boden herumliegen? Und die wichtigste Frage: Warum zum Teufel hat noch niemand eine Küche erfunden, die sich auf Knopfdruck selbst reinigt?

Unter diesen kleinen und großen Fragen des Alltags entsteht nicht selten eine »Opferkonkurrenz«, also ein Wettstreit darüber, wer ärmer dran ist und wer sich stärker aufgeopfert hat, damit alles glattläuft. Wer sich als Gewinner in der Opferkonkurrenz sieht (und das tun in der Regel fatalerweise beide), besteht darauf, Anspruch auf einen Ausgleich zu haben: einen Nachmittag auf dem Sofa, eine Woche nicht putzen müssen, ein paar Stunden Ausgang ohne die Kinder im Schlepptau. Wenn der Partner jedoch ebenfalls meint, er sei das ärmere Schwein in der Beziehung und habe ein Recht auf Entlastung, ist ein recht brisanter Konflikt vorprogrammiert.

In der Tat ist das Arbeitspensum in vielen Familien in der Tat kaum von zwei Menschen zu bewältigen. Trotz Haushaltshelfern wie Waschmaschinen, Fertiggerichten & Co. haben wir Menschen heute immer noch so viel zu tun wie eh und je. Unsere Ansprüche an den »Lifestyle«, also an Einrichtung, Essen, Freizeit (Fitness, Wellness, Kultur) sowie die Messlatte in punkto Kinderbetreuung und Frühförderung (Babymassage, Babyschwimmen, Musikunterricht, Englischkurse in der Sandkiste) sind deutlich höher angesiedelt als früher, als die Kinder den ganzen Tag auf der Straße oder im Wald spielten.

Darüber hinaus arbeiten nun meistens beide Partner, und der Druck auf dem Arbeitsmarkt ist in den letzten Jahren massiv gestiegen. Es wird von Arbeitnehmern und Selbstständigen gefordert, dass sie mobil und rund um die Uhr erreichbar sind, und in immer mehr Firmen wird Personal eingespart, sodass ein Mitarbeiter klaglos die Arbeit von zwei oder drei Personen verrichten muss. Es ist deshalb nicht verwunderlich, dass in vielen Partnerschaften abends zwei Menschen aufeinandertreffen, die durch ihr Tagespensum völlig erschöpft sind und sich sehnlichst wünschen, dass ihr Partner ihnen Arbeit abnimmt oder ihnen eine Schulter zum Anlehnen bietet.

Überforderung und Opferkonkurrenz sind nicht die einzigen Folgen der Berufstätigkeit der Frauen. Auch die Machtverhältnisse haben sich verändert, diesmal zugunsten der Frauen. Früher, noch in den 1950er und 60er Jahren, hing der Status einer Familie in der Regel vom beruflichen Erfolg des Mannes ab. Der Mann brachte das Geld nach Hause und hatte das Sagen, und wenn seine Frau mehr Haushaltsgeld brauchte oder ein neues Sofa wünschte, musste sie ihn um Erlaubnis bitten. Heute verfügen die Frauen über eigenes Geld, und sie richten kurz entschlossen das Haus neu ein, ohne überhaupt zu fragen. In praktischen Belangen haben viele Frauen heute ihre Männer nicht mehr nötig, zumindest nicht als Ernährer oder Beschützer. Bücher wie »Das Ende der Männer: Und der Aufstieg der Frauen« von Hanna Rosin erzielen hohe Auflagen und werden überall hitzig diskutiert. Allerdings brauchen auch Männer ihre Frauen längst nicht mehr, zumindest nicht, um in einer sauberen Wohnung zu leben oder um an eine warme Mahlzeit zu kommen. Es ist durchaus möglich, Kinder getrennt aufzuziehen. Heutzutage haben deshalb beide Partner die Möglichkeit, sich zu trennen, wenn sie nicht mehr glücklich in ihrer Ehe sind, und sie tun es auch. Jedes Jahr reichen in Deutschland etwa 190 000 Menschen die Scheidung ein. Wahrscheinlich sind es noch einmal genau so viele Paare, die unverheiratet zusammenlebten und so in keiner Statistik vorkommen.

Die sexuellen Umgangsformen lockern sich

Eine weitere tiefgreifende Veränderung der letzten Jahrzehnte ist die Lockerung der Sitten, die starke Auswirkungen auf die

Beziehungen zwischen Männern und Frauen hat. In den 1950er Jahren konnte man über Sexualität kaum sprechen, im 21. Jahrhundert laufen scharenweise Menschen auf der Hamburger Reeperbahn an Prostituierten oder den Schaufenstern der Sex-Shops vorbei. Den Anblick nackter Haut sind wir schließlich gewohnt – die Bademoden-Werbung an jeder Bushaltestelle bietet genug Einblicke und im Internet kann man mühelos Videos von jeder erdenklichen sexuellen Praktik finden. Bevor ich mich in mein berufliches E-Mail-Konto einloggen kann, werde ich mit Schlagzeilen bombadiert: »Hallöchen Atombusen« lese ich (WAS, bitte, ist ein Atombusen?) und eine fett gedruckte Überschrift fragt: »Wo ist denn Annes Höschen? Ihr SM-Kostüm bei der ›Les Misérables‹-Premiere in New York konnte Anne Hathaway (30) DAMIT noch toppen: Mit einem frechen Unten-ohne-Blitzer.«[11] Will ich das wissen? Ehrlich gesagt, nein. Doch heutzutage muss man (und damit meine ich auch Kinder) sich nicht die geringste Mühe mehr geben, um angeblich erotische Bilder zu finden, man muss sich eher anstrengen, um sich vor ihnen zu schützen.

Auch in unseren Kontakten zum anderen Geschlecht sind wir ungleich lockerer und unverbindlicher geworden. Noch vor 50 Jahren war ein Kuss ein sicheres Zeichen, dass man auf dem Weg zum Altar war, und auf Sex vor der Ehe verzichteten die meisten Menschen notgedrungen wegen des Risikos einer Schwangerschaft. Und heute? Mit jemandem zu schlafen hat nichts mehr mit einem Heiratsversprechen zu tun, oftmals nicht einmal mit der Absicht, eine feste Beziehung einzugehen. Viele Menschen fühlen sich nach einer gemeinsam verbrachten Nacht zu nicht mehr verpflichtet als einer »War nett mit dir«-SMS, andere verschwinden still und leise vor dem Morgengrauen. Und wer sich in seiner Ehe langweilt oder gerne mal wieder etwas unverbindlichen Sex hätte, loggt sich einfach in einem Seitensprung-Forum im Internet ein. Dort kann man wählen, wie man es will und mit wem. Der Computer liefert einem binnen Minuten Paarungsvorschläge, sortiert nach in Prozenten errechneter »Übereinstimmung« der eigenen Vorlieben und der Entfernung in Kilometern vom eigenen Bett. Wer lieber diskret in seinem Freundeskreis nach Sexgelegenheiten schauen möchte, kann die Facebook-App »Bang with Friends« nutzen, um zu schauen, welcher seiner Freunde unkompliziert für ein lustvolles Schäferstündchen zur Verfügung steht. Sicherlich haben diese Praktiken noch lange nicht in alle Kreise der Gesellschaft Einzug gehalten. Doch wir alle wissen, dass es so etwas gibt, und das allein hinterlässt Spuren. Zum einen bangen wir, ob nicht auch unser Partner möglicherweise auf geheimen Freiersfüßen unterwegs ist, und das verunsichert uns enorm. Zum anderen wird der Sex auf die gleiche Stufe gestellt wie die Rabattaktionen im Discounter an der Ecke: So marktschreierisch angepriesen, ist er nicht mehr kostbar, er verliert seinen Charme und die Einzigartigkeit, er wird zur banalen Allerweltssache.

Willkommen auf dem Höhepunkt der romantischen Liebe!

Heutzutage schränkt kaum ein Zwang unsere Sexualität ein (abgesehen von den strafrechtlich verbotenen Varianten wie zum Beispiel Sex mit Kindern). Wenn wir Schwierigkeiten beim Erobern haben, sollen Bücher wie »Absolute Sex. Wie Sie jeden Mann um den Verstand bringen« (von Anne West) oder das männliche Pendant »Die perfekte Masche. Bekenntnisse eines Aufreißers« (von Neil Strauss) auf die Sprünge helfen. Unserem Ruf schadet es nicht wirklich, wenn wir ein lebendiges Sexleben haben. Heutzutage können wir auf Partys andere Gäste unterhalten, indem wir unsere pikanten bisexuellen Erfahrungen preisgeben oder schildern, wie wir uns mal in einen Fetischclub gewagt haben. Der Sex bietet, zumindest theoretisch, ungeahnte Möglichkeiten, und wenn wir ausschließlich mit unserem Partner »normalen« Sex haben, fühlen wir uns angesichts der vielen ungenutzten Möglichkeiten womöglich etwas brav und bieder. Sollten wir nicht auch noch mehr ausprobieren, mal unsere Grenzen erweitern? Hier entsteht leicht Leistungsdruck. Nicht nur dem Sex, auch unseren Liebesbeziehungen sind kaum noch Grenzen gesetzt. Wir können eine Affäre mit dem ägyptischen Tauchlehrer beginnen, den wir im Urlaub kennen gelernt haben, mit unserer dritten Ehefrau die Kinder aus den vorigen Ehen großziehen (und noch ein neues bekommen) oder wir können uns bewusst gegen Kinder entscheiden. Heute gilt in der Liebe das gleiche Motto, das schon lange in den Swingerclubs bekannt ist: »Alles kann, nichts muss.«

Eigentlich müsste alles jetzt ganz einfach gehen, wo wir nicht mehr mit den engen Korsetten geschnürt sind, die uns früher diktiert haben, wen wir lieben und wie wir lieben sollen. Doch die Liebe hat einen neuen Feind bekommen, und zwar paradoxerweise genau diese besagte Freiheit. Die Geister, die wir riefen, beherrschen uns.

Wie konnte denn das geschehen? Zum einen kommt es jetzt, da wir nicht mehr aufgrund unseres Standes auf einen klar definierten Platz in der Gesellschaft verwiesen werden, nur noch auf uns selbst an. Das bedeutet aber keineswegs, dass wir uns jetzt freier fühlen. Im Gegenteil. Sven Hillenkamp, Autor des Buches »Das Ende der Liebe. Gefühle im Zeitalter unendlicher Freiheit«, schreibt: »Die Welt der unbegrenzten Möglichkeiten ist also keine Welt, in der jeder alles erreichen kann. Sie ist vielmehr eine, in der jeder denken *muss*, dass er noch mehr erreichen *könnte*.«[12] Wir brauchen uns nur Brad Pitt und Angelina Jolie vor Augen zu halten, die zwei Traumkarrieren mit blendendem Aussehen und einem kinderreichen, locker-lässigen Familienleben vereinbaren, nebenbei ständig Reisen in exotische Länder unternehmen und darüber hinaus im großen Stil gemeinnützige Projekte unterstützen. Wenn wir uns mit ihnen (oder den Power-Paaren in unserem eigenen Bekanntenkreis) vergleichen, fühlen wir uns zutiefst unzulänglich. Was haben wir bloß falsch gemacht, dass wir in unserer 08/15-Mietwohnung in IKEA-Möbeln leben, uns sorgen, ob das Geld bis zum Ende des Monats reicht und es mit unserem netten, aber unglamourösen Partner nicht weiter als bis zum Kino an der Ecke schaffen? Oder wenn wir nicht einmal einen Partner haben, sondern verzweifelt Clubs, Sportvereine oder das Internet durchkämmen, um überhaupt einmal jemanden zu finden, der nicht völlig unmöglich ist?

Die Sorge um die eigene Unzulänglichkeit war zumindest ein Problem, das die Generation unserer Mütter und Großmütter in der Regel nicht hatte. Margarethe, Steffis 88-jährige Großmutter, die Sie bereits aus der Einleitung kennen, war in einer katastrophalen Ehe gefangen. Sie empfand es jedoch als Pech oder Schicksal, an einen tyrannischen, untreuen Mann geraten zu sein und nahm es hin, da sich keine Alternativen boten. Ihre Enkelin Steffi befindet sich wie ihre Großmutter in einer sehr belastenden Ehe, aber bei ihr ist etwas anders: Sie hatte einige Beziehungsratgeber durchgeblättert oder gelesen, die ihr suggeriert hatten, dass sie lediglich »7 Geheimnisse einer glücklichen Ehe«, »fünf Säulen einer perfekten Partnerschaft« oder irgendwelche geheimen Tipps und Kniffe kennen und beherzigen sollte, um der welkenden Pflanze ihrer Liebe zu Martin neues Leben einzuhauchen. Obwohl sie sich sehr angestrengt hat, lag der rettende Weg in tiefem Nebel verborgen. Steffi ist verzweifelt und hat diffuse Schuldgefühle, weil ihre Ehe an die Wand gefahren ist.

Die Ware Liebe

Heute leben wir in einer Kultur des Konsums und des Überflusses. Wir klappen den Laptop auf und bestellen, was unser Herz begehrt. Noch eine Jacke? Die Auswahl ist riesig. Eine Reise nach Mallorca? Warum eigentlich nicht? Erdbeeren im Winter? Gibt es in jedem Supermarkt – warum bis zum Frühling warten? Wir jagen nach Waren und Erlebnissen, stets auf der Suche nach dem besten Deal. Was heute noch der neueste Schrei ist, ist morgen schon veraltet, und mit Sicherheit sieht das neue Modell besser aus und kann mehr. Wir legen uns nicht mehr fest, schon gar nicht für immer. Kaum jemand ist noch 40 Jahre in der gleichen Firma, wir verändern unsere Position oder sogar den Beruf, sind Ingenieur und dann Coach oder erst Unternehmensberater und dann Landschaftsgärtner. Wir ziehen oft um, in eine andere Stadt oder in ein anderes Land, und verlieren dabei unsere Wurzeln. Auch unsere Religion und unser Wertesystem sind nicht mehr festgelegt: Wenn es in der Kirche zu langweilig ist, treten wir einfach aus, werden Buddhisten oder verschreiben uns der Esoterik. Ständig soll etwas passieren. Stillstand oder Rückschritt sind tabu. Und wir selbst und unsere eigenen Bedürfnisse stehen dabei an erster Stelle. Wir haben verlernt, an die Gemeinschaft und an andere zu denken. Die Werbesprüche bringen es auf den Punkt: »Weil ich es mir wert bin« und »Ich will Genuss – sofort«.

Dieses Denken und Erleben hat sich auch auf die Partnerwahl übertragen. Wir wollen selbstverständlich den Allerbesten, die Allerbeste. Da wir uns, wenn wir uns fest binden wollen, auf einen einzigen beschränken müssen (bei Jacken und Uhren können wir eine ganze Reihe zur Auswahl haben), liegt die Messlatte unerreichbar hoch. Das gilt auch für uns selbst, denn wir sind sozusagen Käufer und Ware zugleich und müssen selbst immer besser werden. Heute sind die ausschlaggebenden Kriterien nicht mehr die Herkunft oder die inneren Werte wie Tüchtigkeit, Anstand, Intelligenz oder Humor, sondern Sex-Appeal und gutes Aussehen. Deshalb zwängen sich Frauen in Kleidung, die ihren jugendlichen Töchtern besser passen würde, Männer und Frauen schwitzen und trainieren, um ihren Waschbärbauch in einen Waschbrettbauch zu verwandeln, sie blondieren, enthaaren und bräunen sich, sie kleiden sich teuer, knapp und exklusiv, und immer häufiger machen sie auch vor schmerzhaften oder sogar gefährlichen Schönheitsoperationen nicht Halt. Viele junge Mädchen sind ständig auf Diät, um in die angesagten Jeansgrößen (Size Zero) zu passen, und junge Männer ziehen nach. Wir müssen uns in das beste Licht setzen, uns ständig optimieren, damit wir Chancen haben auf dem Partnermarkt, denn die Konkurrenz ist riesig und die Auswahl schlichtweg erschlagend. In Deutschlands Online-Kontaktportalen sind heutzutage viele Millionen Menschen registriert, sodass man an einem einzigen Abend locker 30, 50 oder noch mehr potenzielle Partner unter die Lupe nehmen und bei Missfallen einfach wegklicken kann. Doch leider macht die Wahlmöglichkeit es eher schwerer als leichter, uns festzulegen. Die israelische Soziologin Eva Illouz schreibt in ihrem Buch »Warum Liebe weh tut«, dass »eine wachsende Zahl von Optionen die Fähigkeit, sich an ein einzelnes Objekt oder eine einzelne Beziehung zu binden, eher blockiert als aktiviert«.[13]

Vielen Partnersuchenden geht es wie einem kleinen Kind im Spielzeugladen, das vor einem riesigen, blinkenden und verlockenden Angebot steht und sich für ein einziges Geschenk entscheiden muss. Erst probiert es staunend alles aus, doch dann wird ihm klar, dass eine einzige Barbie oder ein einziger Lego-Baukasten nicht reicht, um alle Träume zu erfüllen, und bricht völlig überfordert in Tränen aus.

Maybe, Baby

Viele Menschen verstricken sich deshalb in Widersprüchen, wenn sie vor der Frage stehen, wie fest sie sich binden wollen. Sie träumen von der großen Liebe, stellen sich vor, wie es wäre, zusammen mit einem heißen Kakao vor dem Kamin zu sitzen, Hand in Hand Schlittschuh zu laufen, eng umschlungen einzuschlafen, füreinander da zu sein. Und irgendwann ein paar süße Kinder zu haben. Gerne! Toll!

Doch auf der anderen Seite: Will man auch die Nachteile und Verpflichtungen in Kauf nehmen, die mit einer festen Beziehung oder einer Familie einhergehen? Diskussionen darüber, wann und wie oft man ausgehen darf – oder wie sauber eine Küche zu sein hat? Schlechte Laune am Morgen, Genörgel und Gemecker, eisiges Schweigen nach einem Streit? Pärchenabende mit den Freunden des Partners, knarzige Gespräche über die Aufteilung der Finanzen und sonntags den Schwiegereltern bei der Gartenarbeit helfen, statt gemütlich auch noch den vierten Aufguss in der Sauna mitzunehmen? Und wenn dann auch noch ein Kind käme? Man weiß ja von Freunden, was dann auf einen zukommt: durchwachte Nächte, Schokohände und Schnuddernase, Gequengel, Gebrüll und ganz viel Unruhe. Urlaube mit Sandburgen an einem Kinderstrand. Horrende Kosten für Kitas und Kinderwagen. Man hätte die Verantwortung für jemanden, der sich ständig in den Mittelpunkt stellt, und dazu auch das Recht hat. Wenn man so genau darüber nachdenkt, kommen einem spätestens jetzt große Zweifel, ob man das alles schafft beziehungsweise, ob man das überhaupt will. Bisher hat sich alles um einen selbst gedreht, und das war auch sehr angenehm. Wie würde man sich fühlen, wenn man ganz für andere da sein und sogar Verantwortung übernehmen müsste? Wenn man so richtig erwachsen werden müsste? Kann man das, will man das? Die Antwort ist ein entschiedenes Jein.

Dieses Jein, das damit zu tun hat, dass unsere Träume von der Liebe und die Realität oftmals so weit auseinander klaffen, bekommt auch der Partner zu spüren. In meiner Praxis habe ich folgenden Verlauf, der meiner Meinung nach typisch für die heutige Zeit ist, oft beobachtet: Man trifft einen attraktiven Menschen und ist in der ersten Zeit des Kennenlernens hellauf begeistert. Der Mensch ist perfekt, denkt man sich, und treibt das Ganze voran. Man meldet sich, macht Komplimente und Versprechungen und verbringt viele heiße Nächte und schöne Tage miteinander. Doch nach einer Weile tauchen unweigerlich die ersten Probleme auf, oder der andere stellt die Frage nach der Verbindlichkeit. Plötzlich bemerkt man, dass man sich eingeengt fühlt. Man weicht zurück, um sich mehr Raum zu verschaffen. »Es ist noch zu früh« oder »Ich brauche so viel Freiheit«, sagt man. Der andere fühlt sich wie aus heiterem Himmel fallen gelassen und ist enttäuscht. Er oder sie macht Vorwürfe, klammert oder fordert eine Erklärung. Es gibt Diskussionen, die treiben einen noch weiter auseinander. Das Klima kühlt ein paar Grad ab. Nicht selten trennt sich dann einer, meist der, der weniger wollte, und der andere fühlt sich benutzt, als wäre es nicht mehr gewesen als Sex und hopp.

Wer mehrmals fallen gelassen wurde, wird vorsichtig und lässt sich das nächste Mal nur zögernd ein, wenn überhaupt. Wer heute zu interessiert und suchend wirkt, macht sich selbst unattraktiv und bekommt zu hören: »Du willst ja gleich was Festes, wie soll ich denn wissen, ob ich das kann?« Früher galt es als Zeichen von Bindungswilligkeit und Beständigkeit, wenn man sich wirklich um einen anderen Menschen bemühte. Heute hingegen wird es oft als Schwäche oder Unselbstständigkeit ausgelegt, und man kommt in den Verdacht, eine Klette zu sein. Unter dieser Problematik haben insbesondere junge Frauen zu leiden, die einen Kinderwunsch haben und diesen, unter dem Ticken ihrer biologischen Uhren, offen äußern. Viele Männer lassen sich absichtlich nicht auf Frauen dieser Altersgruppe mit Kinderwunsch ein, oder sie führen zwar eine Beziehung mit ihnen, aber blockieren den Kinderwunsch. Sie geben ihren Partnerinnen zu verstehen, dass sie »Druck ausüben« würden und bitte mit dem »Drängeln« aufhören sollen, denn es sei für sie noch zu früh für Kinder. In ein paar Jahren könne man ja wieder über das Thema sprechen. Aufgrund dieser Phänomene sinkt die Geburtenrate in Deutschland auf 1,4 Kinder pro Frau, bei Akademikerinnen bleiben sogar ungefähr 40 Prozent kinderlos.

Wir modernen Menschen sind zutiefst verunsichert, wie offen wir unser Interesse noch zeigen dürfen. Wir geben uns lieber unabhängig und autonom, anstatt uns verletzbar zu machen. Wir sagen dann: »Muss nur noch kurz die Welt retten, danach flieg ich zu dir. Noch 148 Mails checken, wer weiß, was mir dann noch passiert, denn es passiert so viel (...) Irgendwie bin ich spät dran, fang schon mal mit dem Essen an. Ich stoß dann später dazu.«[14] Ich kenne viele Menschen, die dem Menschen, in den sie verliebt sind, nach drei Tagen zögerlich eine »Hi, wie geht's dir denn so?«-SMS schicken, obwohl sie Tag und Nacht an den anderen denken. So verstricken sie sich in Missverständnisse, die ihnen selbst und dem anderen oft wirklich weh tun.

Dörthe, die mit Philipp vier Jahre lang Katz und Maus spielte, war eine Meisterin der Unverbindlichkeit. Sie hatte schon als Kind gelernt, dass es verdammt weh tut, wenn man Nähe braucht und sich mal bedürftig fühlt. Ihr Vater verschwand früh und kam nur sechs Mal in zwölf Jahren zu Besuch, die Mutter war alleine hemmungslos überfordert und verbrachte ihre Zeit damit, nach einem neuen Partner zu suchen. Hatte sie einen Freund, ließ sie Dörthe abends alleine, hatte sie keinen, seufzte sie, wie sie bloß alles alleine schaffen sollte. Dörthe begriff schon als kleines Kind, dass sie sich unabhängig machen musste. Wenn sie sich eigentlich danach sehnte, dass ihre Mutter sie in den Arm nahm oder etwas mit ihr unternahm, machte sie innerlich dicht und kapselte ihr Bedürfnis nach Nähe ab. Sie ließ sich nicht anmerken, was sie brauchte, sondern vertrödelte ihre Zeit vor dem Computer oder ging laufen, um nichts zu spüren. Vor seelischer Intimität hat sie heute eine wahnsinnige Angst, und sie fühlt sich nur sicher, wenn sie selbst bestimmen kann, wie nah ihr jemand kommt. Philipp war eine Gefahr für sie, denn er war beständig und wollte Nähe. Dörthe verspürte Panik, und immer, wenn es ihr zu heiß wurde, entzog sie sich abrupt. Entweder sie ging nach einem Moment der intensiven Zweisamkeit plötzlich weg und meldete sich lange nicht, oder sie schirmte sich innerlich ab und wurde unnahbar, unerreichbar und oberflächlich.

Man nennt das, was Dörthe hat, auch eine Bindungsstörung. Ungefähr 40 Prozent aller Erwachsenen leiden unter unterschiedlichen Formen einer unsicheren Bindung, weil sie sich als Kinder nicht darauf verlassen konnten, dass ihre Eltern zuverlässig für sie da waren. (Wir kommen später noch auf dieses interessante und wichtige Thema zurück.)

Zu viele Verflossene

Heutzutage sind wir Menschen gewohnt, alles ständig zur Verfügung zu haben, was wir brauchen. Alle Waren können wir jederzeit ersetzen, auch nachts im Online-Shop, oder wir kaufen sowieso nach einiger Zeit das bessere Nachfolgemodell, auch wenn unser Vorgängermodell noch einwandfrei funktioniert. Wir haben die Erfahrung gemacht, dass Reparieren oft viel teurer und aufwendiger wäre als Neukaufen, und deshalb verwerfen wir den Gedanken daran und machen uns lieber auf die Suche nach besserem Ersatz, funkelnagelneu und ohne Kratzer. In unseren Partnerschaften haben wir die gleichen Ansprüche, und deshalb gelingt es uns nicht mehr, jahrelang Missstände hinzunehmen oder auch mal über längere Phasen frustriert und unzufrieden zu sein. Margarethe war aus anderem Holz geschnitzt: Sie hielt tapfer die Verletzungen aus, die Josef ihr durch seine Lieblosigkeit und seine Affären zufügte. Ihr einziges Ventil war es, dass sie mit ihrer Schwester einen geheimen Briefwechsel unterhielt, in denen die beiden sich gegenseitig ihr Leid klagten. Diese »Kohlenbriefe« wurden den offiziellen Briefen beigefügt und waren für den Ofen bestimmt. Die Menschen in Margarethes Generation blieben fast immer mit ihrem Ehepartner zusammen, und sie wussten, dass die Ehe, wie Kurt Tucholsky es ausdrückte, »zum jrößten Teile vabrühte Milch un Langeweile«[15] war – und das war noch eine der annehmbaren Varianten. Wir modernen Menschen hingegen können uns trennen oder scheiden lassen, und wir tun es auch oft. Das hinterlässt natürlich Spuren: Heute haben Männer und Frauen meistens einen ganzen Harem an Expartnern.

Sarah zum Beispiel hatte mit ihren 33 Jahren schon vier Beziehungen, die maximal ein Jahr dauerten, 13 kleine Liebeleien, unzählige Flirts ohne Sex und einige One-Night-Stands. Im Grunde ihres Herzens ist Sarah männermüde und erschöpft von der Liebe. Als Schutz hat sie eine lange Checkliste erstellt, der keiner genügen kann, und sie fragt sich, wahrscheinlich zu Recht, wie sie jemals einen Mann finden soll, den sie wirklich lieben kann.

Das Wichtigste in Kürze

Im Vergleich mit der Generation unserer Großeltern hat uns die Moderne fast unbegrenzte Freiheiten beschert. Wir können problemlos in den schnellen Genuss erotischer Leidenschaft kommen, uns aber auch mehr oder weniger fest an einen anderen Menschen binden. Die Ehe ist dabei bei Weitem nicht mehr das einzige Lebensmodell. Die vielen Möglichkeiten und das Wegfallen gesellschaftlicher Zwänge haben uns viel Freiheit beschert, aber gleichzeitig hat unsere Fähigkeit gelitten, uns fest an einen anderen Menschen zu binden. Doch in unseren Köpfen hat die Umstellung noch nicht stattgefunden: Je unverbindlicher und selbstbezogener wir werden und miteinander umgehen, desto größer wird unsere Sehnsucht nach einer romantischen, unverbrüchlichen Liebe. Unsere Erwartungen an die Liebe sind heutzutage höher als je zuvor! Vielleicht fragen Sie sich jetzt unruhig: Wie soll denn das gut gehen? Eine hervorragende und vor allem berechtigte Frage! Im nächsten Kapitel gehen wir ihr auf den Grund.

Kapitel 3
Erwartungen:
Die Wurzeln des Leidens

Nicht die Dinge selbst beunruhigen den Menschen, sondern die Vorstellungen von den Dingen.
Epiktet, »Handbüchlein der Moral«

Eine junge Frau geht zu einer Partneragentur und beschreibt, wie der Mann sein soll, den sie heiraten möchte. »Er soll ein Auto haben und eine eigene Wohnung, oder besser noch ein Haus. Na ja, es wäre gut, wenn er Beamter wäre. Und zu dick sollte er auch nicht sein.«

Wie wirkt diese Beschreibung auf Sie – finden Sie sich darin wieder? Wahrscheinlich nicht, denn es handelt sich zwar um eine Frau aus unserer Zeit, aber mit einem völlig anderen kulturellen Hintergrund, und zwar um eine in Shanghai lebende Chinesin. In der postkommunistischen Zeit des Wirtschaftsaufschwungs ist es in China üblich, dass bei der Partnerwahl materielle Kriterien an erster Stelle kommen, während emotionale oder persönliche Belange hintangestellt werden. Folgendes chinesisches Sprichwort bringt diesen Sachverhalt auf den Punkt: »Lieber weinend in einem BMW als lachend auf einem Fahrrad.«

Wonach wir uns sehnen

Mit den Erwartungen, die wir westlichen Menschen bei der Partnersuche haben, hat die chinesische Auffassung herzlich wenig zu tun (jedenfalls aus weiblicher Sicht, Lästerzungen würden behaupten, dass Männer in aller Welt antworten: »Hauptsache, sie ist jung und sieht gut aus.«) Wenn man hier eine hübsche Ärztin um die 30 fragt, wie sie sich den Mann vorstellt, mit dem sie eine Familie gründen will, sagt sie: »Er soll mindestens so erfolgreich sein wie ich, am besten auch Arzt. Ein paar Jahre älter, gutaussehend, schlank, sportlich, dunkelhaarig. Auf jeden Fall sollte er aus einer guten Familie kommen, die gebildet ist und wo die Eltern liebevoll sind, Geschwister wären klasse. Von den Interessen wünsche ich mir einen, der auch segelt, liest, viel reist und klassische Musik hört, wundervoll wäre es, wenn er ein Instrument spielen kann. Er muss kinderlieb sein, treu, ehrlich, aktiv, kommunikativ und mich zum Lachen bringen können.«

Wahrscheinlich hat die Fußballmannschaft des Uniklinikums zusammengenommen nicht so viele Vorzüge, aber die junge Ärztin sucht alles in *einem* Mann.

Es ist sehr aufschlussreich, Kontaktanzeigen zu studieren, denn diese bieten einen tiefen und breit gefächerten Einblick in die Sehnsüchte und Wünsche der Menschen bezüglich eines Partners oder einer Beziehung. Immer wieder ist darin die Rede von »gutem bis sehr attraktivem Aussehen, Intelligenz, beruflichem Erfolg, einer herzlichen, liebevollen Art, Wärme, Einfühlungsvermögen und Humor«. Die Menschen sehnen sich in einer Partnerschaft nach Vertrauen, Treue, Geborgenheit, Romantik, Sicherheit (auch finanzieller), Aktivität und Harmonie. Oft liest man, dass der Partner »auf der gleichen Wellenlänge« sein und einen »voll und ganz annehmen« soll. Ich muss zugeben, dass die Summe dieser Eigenschaften wirklich verlockend klingt. Wer hätte nicht gerne einen Partner mit so vielen guten Eigenschaften? Aber seien Sie mal ehrlich: Wie viele Menschen (Mann oder Frau) kennen Sie, die alle diese Eigenschaften in sich vereinen? Ich persönlich kenne keinen einzigen.

Wir erwarten aber nicht nur am Beginn einer Beziehung alles von der Liebe, sondern auch im täglichen Beziehungsalltag sind unsere Ziele sehr hoch gesteckt. In vielen Partnerschaften erwartet der eine vom anderen, dass er aufmerksam ist, geduldig zuhört, sich das merkt, was man erzählt hat, einem in

Gesprächen neue Anregungen gibt, einem den Rücken stärkt, einem das Gefühl vermittelt, liebenswert und etwas ganz Besonderes zu sein, treu und ehrlich ist, einen gut unterhält und zum Lachen bringt, persönliche Dinge von sich erzählt, zärtlich ist, beim Sex mit hellseherischer Sicherheit entweder leidenschaftlich oder liebevoll auf einen eingeht, einem im Alltag hilft, dafür sorgt, dass es einem selbst gut geht, gute Laune hat, die eigenen Probleme löst, sich meldet, an einen denkt, vor der eigenen Familie und den eigenen Freunden ein gutes Bild abgibt, ohne Murren die Tassen in die Spülmaschine stellt, seine Socken wegräumt und regelmäßig seine Zähne und das Badezimmer putzt.

Die Liste ist lang und die Messlatte liegt hoch. Die eigenen Erwartungen hängen mit der jeweiligen Beziehungspersönlichkeit zusammen, sie sind etwas sehr Persönliches und können sich von Mensch zu Mensch stark unterscheiden. Erstaunlicherweise tauschen sich viele Paare im Vorfeld nicht über ihre Erwartungen aus und setzen einfach stillschweigend voraus, dass der neue Partner ähnlich fühlt, denkt und handelt wie man selbst. Wenn er sich anders verhält, ist man enttäuscht. Und jetzt kann man ein interessantes Phänomen beobachten: Die meisten Menschen trennen sich über kurz oder lang von ihrem Partner, wenn er ihre Erwartungen nicht erfüllt. Und kurz darauf begeben sie sich mit exakt der gleichen oder einer nach oben korrigierten Checkliste (sie soll auf keinen Fall so unordentlich sein wie meine letzte Freundin; er darf auf keinen Fall so ein Workaholic sein wie mein Exmann) erneut auf die Partnersuche. Wir modernen Menschen trennen uns also von unseren Partnern, aber niemals von unserem Ideal von der Liebe. Dabei wäre es sicher hilfreich, auch mal das Traumbild, das wir modernen Menschen von unserem Partner, der Ehe und dem Familienleben haben, zu überdenken, denn es ist oft völlig überzeichnet, widersprüchlich und realitätsfremd. Es gehört eigentlich in die Schnulzen von Rosamunde Pilcher, in die Welt von James Bond, in

Werbespots oder in die Artikel der Regenbogenpresse. Im Grunde unseres Herzens ist uns das durchaus bewusst, doch unsere Sehnsüchte sind so groß, dass wir unseren Illusionen immer wieder aufsitzen und unsere Beziehung am Ideal der Familie aus der Rama-Werbung messen. Wenn die so gut gelaunt, keimfrei und charmant auf ihrer gepflegten Terrasse vor ihrem Landhaus frühstücken, mit fröhlichen Kindern und süßem Golden Retriever – dann muss uns das doch auch gelingen.

Mit Sehnsüchten konnte man seit jeher Geld verdienen, und das wird heutzutage eifrig getan. Die Online-Partnerbörse »Parship« verkündet: »Jemand wartet auf dich« und möchte ihren Kunden dabei helfen, den »Partner zu finden, der wirklich passt«. Mithilfe von ellenlangen Checklisten, wissenschaftlich fundierten Persönlichkeitsfragebogen und jeder Menge Engagement machen sich Millionen von Menschen auf die Suche nach dem Richtigen, der »so viel Ähnlichkeit wie möglich – so viel Unterschied wie möglich hat« und damit eine perfekte Grundlage für die harmonische Beziehung bieten soll.

Der Paarberater Michael Mary bringt die Erwartungen an einen Partner und an die Beziehung auf eine simple Formel: **AMEFI**. Das heißt: **A**lles **m**it **E**inem **f**ür **i**mmer und ewig. Er ist überzeugt, dass der AMEFI-Glauben »eine gute Möglichkeit (sei), eine Partnerschaft gegen die Wand zu fahren«.[16] Dieser Ausspruch ist überraschend, aber aus vielen Gründen einleuchtend. Je höher die Erwartungen sind, desto unwahrscheinlicher ist es, dass sie nicht erfüllt werden können. Und unerfüllte Erwartungen erzeugen nun mal viele ungute Gefühle: Traurigkeit, Unverständnis, Enttäuschung, Ärger, Wut und mitunter sogar einen Schock.

Doch nicht nur derjenige, dessen Erwartungen enttäuscht werden, hat es schwer – auch der Partner, an den ständig hohe Erwartungen gestellt werden, bekommt das Gefühl, den Ansprüchen seines Partners nicht zu genügen, unzulänglich und fehlerhaft zu sein und durch sein Verhalten den anderen permanent zu verletzen und zu enttäuschen. In Beziehungen, in denen sehr hohe Erwartungen im Spiel sind, sind Spannungen, Frust und Druck vorprogrammiert.

Ich möchte Sie deshalb jetzt dazu einladen, einige Erwartungen und Trugbilder, die Sie möglicherweise von der Liebe haben, zu hinterfragen und sie der Realität, oder genauer gesagt: Ihrer persönlichen Realität anzupassen. Ich muss Sie aber warnen: Es kann sein, dass Sie auch in diesem Kapitel deprimiert, traurig, enttäuscht oder wütend werden. Das ist sehr verständlich, denn es fühlt sich nicht gut an, wenn Ideale zerstört werden. Wie bereits gesagt, halten wir Menschen mit aller Kraft an der Vorstellung der lebenslangen, glücklichen Liebe fest und sind auch nach einigen Misserfolgen in einem Winkel unseres Herzens davon überzeugt, dass eines Tages der oder die Richtige kommt und uns von unserem Leiden erlöst. Doch der nüchterne Blick und das Hinterfragen der eigenen Gedanken sind ein guter Weg, um das Leiden zu lindern, und paradoxerweise bringt genau dieser Weg Sie möglicherweise einer glücklichen Partnerschaft und Ihrer persönlichen Zufriedenheit viel näher!

Gedankenmuster 1: »Ich brauche einen Partner, um glücklich zu sein«

Dieser Gedanke ist in unserer Gesellschaft weitverbreitet, und jedes Kind saugt ihn quasi mit der Muttermilch auf. Wir müssen uns nur einmal anschauen, wie Hochzeiten gefeiert werden: Das Brautpaar gibt sich nach langer Vorbereitung festlich geschmückt und perfekt frisiert bei Orgelklängen und vor aus Rührung schniefenden Tanten in der Kirche das Ja-Wort, schreitet dann über einen Blumenteppich und fährt zu einem Schloss/Hotel/Gasthof, wo es mit allen Freunden und Verwandten feierlich tafelt und bis in die Nacht ausgelassen feiert. Ein Fotograf darf dabei nicht fehlen, der für die Eltern und das Paar Beweisfotos für das Glück des jungen Paares erstellen soll. Und wie wird eine Scheidung oder Trennung begangen? Kennen Sie eine Person, die stolz verkündet, dass sie sich scheiden lässt oder gar ihre Scheidung ausgelassen feiert? Gibt es eine Mutter auf dieser Welt, die sich das Scheidungsfoto ihres Sohnes einrahmt und auf dem Kaminsims präsentiert? Wahrscheinlich nicht. Deshalb ist es schon für jedes Kind kinderleicht zu verstehen: Heiraten ist richtig und schön, und Scheidungen sind traurig und eine Schande.

Aber muss das unbedingt stimmen? Natürlich gibt es viele Paare, für die die Hochzeit ein stimmiges Bekenntnis zu dem Menschen ist, mit dem sie ihr Leben verbringen wollen. Bei Ulla und Frank ist das so gewesen, und sicher gibt es auch in Ihrem Umfeld einige Paare, die unverbrüchlich zusammengehören und gut miteinander umgehen. Allerdings muss es nicht immer so sein. Mir fallen spontan viele Menschen, nicht nur aus meiner therapeutischen Arbeit, sondern auch aus meinem privaten Umfeld, ein, die ihre Beziehung oder Ehe rückwirkend als »Katastrophe« oder »Tortur« bezeichnen und die Trennung von ihrem Partner als »Rettung« oder »Befreiungsschlag« beschreiben. Sie berichten, dass sie mit viel Abstand vom Partner allmählich wieder zu sich und zu ihren eigenen Gefühlen finden konnten. Erst durch die Trennung sind sie »erwachsen geworden« und gereift, sie konnten ihr Leben neu ordnen und über sich hinauswachsen.

Fragen: Ihre persönliche Liebesbilanz

- Wie ist es in ihrem Freundeskreis? Wie viele glückliche Paare kennen Sie persönlich? Was gefällt Ihnen an diesen Paaren, was machen sie richtig?
- Und wie viele unglückliche oder unzufriedene Paare kennen Sie – wie zum Beispiel »Liebende«, die sich streiten und sich das Wort im Munde verdrehen, die sich seit

> Jahren miteinander langweilen oder zutiefst genervt voneinander sind, die sich einengen oder eifersüchtig überwachen, die sich verachten oder beleidigen, die kaum noch miteinander reden oder wenn, dann kein positives Wort, die sich schon lange nicht mehr berühren?
>
> - Und Hand aufs Herz: Wie ist Ihre eigene Liebesbilanz? Wie viel Positives haben Sie in Ihren bisherigen Liebesbeziehungen erlebt, und wie viel Enttäuschungen mussten Sie im Gegenzug einstecken?

Diese Erkenntnisse mögen auf den ersten Blick deprimierend erscheinen, aber sie bergen sehr viel positives Potenzial in sich!

Ich halte es für eine viel sicherere und mehr Erfolg versprechende Methode, wenn Sie wirklich *selbst* den Schlüssel zu Ihrem Glück in der Hand halten und ihn auch nie wieder abgeben. (In Kapitel 7 erhalten Sie viele Anregungen dafür.) Wenn Sie das konsequent beherzigen, kommen Sie dem Leben nach dem Buchtitel »Liebe dich selbst, und es ist egal, wen du heiratest« (Eva-Maria Zurhorst) ein riesiges Stück näher. (Wobei der Titel maßlos übertrieben ist: Mir fallen spontan recht viele Menschen ein, bei denen es mir *nicht* egal wäre, wenn ich sie heiraten müsste – und bestimmt trifft das auch für Sie zu.) Meine Empfehlung lautet: Machen Sie sich selbst glücklich – und erwarten Sie von Ihrem Partner nur, dass er Sie *nicht unglücklich* macht.

Stellen Sie sich vor, Sie wären wirklich gut darin, sich selbst glücklich zu machen. Sie würden sich stets wie eine liebevolle Freundin oder einen wirklich guten Freund behandeln, mit allem, was dazugehört. Sie würden sich zum Beispiel selbst wertschätzen, sich loben und sich motivieren, um Ihre persönlichen Ziele zu erreichen. Sie würden sich Zeit für Ihre Gefühle nehmen und sich aufmerksam zuhören, um zu erfahren, was Sie brauchen oder was Sie traurig macht. In Ihrem Alltag würden Sie sich so viele Pausen und Schlaf gönnen, wie

Sie brauchen, aber Sie würden Ihr Leben so einrichten, dass Sie Zeit für schöne Reisen, Ausflüge in die Natur und interessante Hobbys haben. Ihr Freundeskreis wäre so ausgewählt, dass die Menschen Ihnen guttun. Krafträuber halten Sie auf Abstand. Es wäre für Sie selbstverständlich, dass Sie Ihr Leben genießen – und das auch dürfen: Sie hätten ein schönes Zuhause, würden gut essen, in Konzerte, Ausstellungen oder auf Sportveranstaltungen gehen.

Vielleicht denken Sie jetzt: »Hilfe, das ist ja eine lange Liste! Das schaffe ich nie!« Wenn das so ist, lassen Sie sich Zeit und schauen Sie, welche Schritte Sie umsetzen können. Ab Kapitel 7 erhalten Sie viele Anregungen dafür, wie Sie sich selbst lieben können. Wenn Sie fest davon überzeugt wären, dass es Ihre eigene Aufgabe ist, sich selbst glücklich zu machen, dann hätten Sie viele Trümpfe in der Hand! Die Macken und Schattenseiten Ihres Partners wären nicht mehr so gravierend, wenn Sie selbst zufrieden und gelassen sind. Denn Sie wüssten: Mein Glück hängt nicht von ihm oder ihr ab. Deshalb hätten Sie auch deutlich weniger Angst vor einer Trennung (dazu kommen wir noch in Kapitel 7). Zudem werden Sie sehr positiv auf andere Menschen wirken, wenn Sie ausstrahlen, dass Sie sich selbst lieben und ein glückliches Leben führen. Als Single haben Sie damit deutlich bessere Chancen und viel mehr Auswahl, denn nichts ist so anziehend wie ein gelassener Mensch mit einem sichtlich guten Selbstvertrauen. Außerdem könnten Sie, wenn Sie gerade Single sind, Ihr Leben in vollen Zügen genießen, wenn Sie sich selbst lieben. Sie müssten nicht fieberhaft auf der Suche nach einer »besseren Hälfte« sein, sondern Sie würden sich alleine vollständig und gut fühlen. Denn eines steht fest: Single sein ist keinesfalls ein schlechtes Lebensmodell. Viele Studien, die die Lebenszufriedenheit von Alleinstehenden mit denen fest gebundener Menschen vergleichen, kommen zu dem erstaunlichen Ergebnis, dass Alleinstehende entweder gleich glücklich oder teilweise sogar glücklicher sind als Verheiratete. Die Gründe dafür liegen auf der Hand: Alleinstehende haben weniger sozialen Druck, sie können machen, was sie wollen, müssen sich nicht sorgen, dass ihr Partner sie verlässt oder nicht mehr liebt. Zudem können Singles sich in ihrem Freundeskreis soziale Unterstützung und Fürsorge holen und haben mehr Zeit für ihre Interessen zur Verfügung. Solange sie sich nicht in die innere Isolation flüchten (sprich: jeden Abend Pizza vor dem Fernseher), können sie ein glückliches und abwechslungsreiches Leben führen.

Eines steht fest: An dem Spruch »Wer einsam sein will, sollte auf jeden Fall heiraten« steckt ein großes Korn Wahrheit. Steffi und Martin, die seit Jahren unglücklich nebeneinanderher leben und kaum noch ein nettes Wort miteinander wechseln, sind nur ein Beispiel dafür, wie isoliert und meilenweit entfernt man sich von jemandem fühlen kann, der den gleichen Ring am Finger trägt, dessen Name auf demselben Türschild steht wie der eigene und der einem täglich am Esstisch gegenübersitzt.

> Fragen zu den Erwartungen an einen Partner und eine Partnerschaft
>
> - Welche Erwartungen haben Sie in Bezug auf eine Partnerschaft? Nennen Sie auch die Prioritäten für jede einzelne Erwartung: Was ist das Wichtigste, was das Zweitwichtigste und so weiter. Kennen Sie Menschen, die diese ganzen Eigenschaften in dieser Kombination haben? Was wären möglicherweise Schattenseiten, mit denen Sie zu rechnen haben? Können Sie vielleicht auch Abstriche machen?
> - Warten Sie bewusst oder unbewusst darauf, dass der oder die Richtige eines Tages noch in Ihr Leben tritt – und woran erkennen Sie ihn oder sie?
> - Was würden Sie mit Ihrem Leben machen, wenn der oder die Richtige *nicht* mehr kommt? Wie können Sie

sich trotzdem glücklich machen? Wie können Sie Ihr Leben so einrichten, dass es Ihnen unabhängig von einem Partner gut geht – und was bräuchten Sie dazu (Freunde, Interessen, Reisen, einen erfüllenden Beruf, mehr Kontakt zu Ihrer Ursprungsfamilie, innere Gelassenheit …).
- Und wenn Sie Ihren Kinderwunsch noch nicht erfüllt haben: Gibt es einen Plan B für Sie? Wie könnten Sie möglicherweise Kinder bekommen und sicher aufziehen, falls Sie keinen passenden Partner finden?

Gedankenmuster 2: »Ich suche einen Partner, der für immer bei mir bleibt«

Im klassischen Idealfall kann man sich die Liebe so vorstellen: Ein jung verliebtes Paar schwört sich auf einer Bank am Fluss oder im zerwühlten Bett ewige Liebe, und beide meinen es dabei ernst. Zehn Jahre später sitzt das gleiche Paar vielleicht mit zwei Kindern auf einer Bank auf dem Spielplatz, sie reicht Apfelschnitze und Butterkekse aus einer Tupperdose, er hilft den Kindern beim Rutschen oder gibt ihnen Anschwung beim Schaukeln. Die Liebe ist noch spürbar, aber sie hat sich gewandelt. Es hat sich viel Alltag und Routine eingeschlichen, die beiden gehen in dieser Phase wenig aus (Babysitter sind teuer) und haben kaum Zeit für Zweisamkeit. Doch sie sind vertraut miteinander, sie erleben sich als gutes Team, sie lieben einander und sind vernarrt in die Kinder, und sie fühlen sich im Großen und Ganzen in ihrer Familie wohl. 20 Jahre später: Die Kinder haben das Haus verlassen, und die beiden haben wieder viel Zeit füreinander. Sie wenden sich wieder einander zu, sie entdecken neue Aufgaben oder gemeinsame Interessen, sie reisen viel und gehen gemeinsam aus. Und wenn die beiden das Glück haben, relativ gesund zu bleiben, werden sie vielleicht eines Tages als sehr altes Ehepaar friedlich auf einer Bank unter dem Apfelbaum sitzen und ihren Nachmittagstee zusammen trinken, während die Enkel um sie herum spielen.

Das ist wie gesagt ein klassischer und idealer Verlauf, so wie wir ihn vielleicht bei unseren Großeltern erlebt haben. Wer sich in jungen Jahren aneinander bindet, träumt von einer lebenslangen Zweisamkeit. Keiner möchte daran denken, dass die Beziehung möglicherweise auseinandergeht. Doch der Weg von dem jungen Paar auf der Bank am Fluss zu dem alten Paar unter dem Apfelbaum ist unvorstellbar lang, bei einer durchschnittlichen Lebenserwartung von ungefähr 80 Jahren, in denen man statistisch gesehen nur 1,4 Kinder aufzieht. Das lässt jedem Partner mehr als genügend Zeit, über die Qualität seiner Ehe nachzudenken.

Ein weiterer kritischer Punkt: Wer als junger Mensch das Wagnis einer Ehe eingeht, kann nicht wissen, wie er selbst und sein Partner sich entwickeln werden. Denn eines ist klar: Niemand ist mit 80 der Gleiche wie mit 20 Jahren. Menschen verändern sich, und mitunter schlagen sie dabei völlig unterschiedliche Richtungen ein. Mir sind ein Mann und eine Frau bekannt, die sich auf der Polizeischule kennengelernt haben, mit Anfang 20. Damals waren sie sportlich und aktiv, sie liebten Karate, Skitouren und Reisen. Über die Jahre entwickelte sich der Mann stark in eine spirituelle Richtung. Heute praktiziert er intensiv Yoga, meditiert viel und braucht so viel Ruhe, dass er nicht mehr als Polizist arbeiten kann. Wie geht es seiner Frau damit? Erstaunlich gut! Sie hat sich von ihrem Freund inspirieren lassen. Mittlerweile ist sie selbst Yoga-Lehrerin und verbringt ihre Ferien in einem Ashram in Indien. Sie hat auf eigene Kinder verzichtet, weil er damit überfordert wäre. Wer die beiden erlebt, sieht ein liebevolles Paar, das wirklich zusammengewachsen ist. Mir sind jedoch privat und natürlich durch meine therapeutische Praxis auch viele Partner bekannt, die sich in völlig unterschiedliche Richtungen entwickelt haben und die Kluft nicht mehr überbrücken konnten. Wahrscheinlich kennen auch Sie einige Beispiele von Paaren, die sich getrennt haben, weil sie sich fremd geworden sind und nichts mehr miteinander anfangen konnten. Doch es gibt noch ganz andere Risiken: psychische oder körperliche Krankheiten, Arbeitslosigkeit, finanzielle Schwierigkeiten, Insolvenzen, ungewollte Kinderlosigkeit, Probleme mit der Ursprungsfamilie oder Unfälle. Denken Sie an Ulla, die ihren Mann sieben Jahre gepflegt hat. Hätte sie sich als junge Frau träumen lassen, dass ihr Lebensinhalt einmal Chemotherapie, Tabletten, Krankenhäuser und die Angst vor dem Tod sein würde? Ulla liebte Frank, und sie ist in ihre Aufgabe hineingewachsen. Ich habe in meiner Praxis jedoch auch Menschen erlebt, die ihren kranken Partner jahrelang gepflegt und schwer mit ihrem Schicksal gehadert haben.

Fragen zu Ihrer Opferbereitschaft

- Wie ist es bei Ihnen – können Sie sich vorstellen, ein Leben lang zu Ihrem Partner zu stehen und an seiner Seite zu bleiben, auch wenn er oder sie kaum noch Ähnlichkeiten mit dem Menschen hat, in den Sie sich einmal verliebt haben?
- Unter welchen Bedingungen könnten Sie sich vorstellen, Ihren Partner zu verlassen?

Gedankenmuster 3: Ich will Vertrautheit und Leidenschaft mit Einem

In unserer unsteten Welt wünschen wir uns, dass die eigene Beziehung oder die eigene Familie der »sichere Hafen« oder der »Fels in der Brandung« ist, wo wir geborgen und vor bösen Überraschungen geschützt sind. Wir möchten unseren Partner am liebsten in- und auswendig kennen und wissen, wie seine Kindheit war, woher die Narbe auf seiner Stirn herrührt, welche alltäglichen Gewohnheiten er hat (er trinkt seinen Kaffee immer schwarz, sie hat panische Angst vor Spinnen, man muss ihr dann sofort zur Hilfe kommen). Wir bemühen uns, dem Partner persönliche Geschenke zu machen (statt dem fantasielosen Socken-Oberhemd-Schlips-Set) und liebevoll auf ihn einzugehen, wenn er wieder Ärger mit dem Chef hat. Gleichzeitig betrachten wir auf unserem Radar wachsam mögliche Bedrohungen unserer Zweisamkeit: Steht sie wirklich nicht auf ihren Professor? Wenn er mit seinem Freund ausgeht: Ist er dann anfällig für einen One-Night-Stand? Zweifellos erleichtert es das Zusammenleben ungemein, wenn beide eine Routine entwickelt haben, die Sicherheit und Freude vermittelt. Leider ist der Preis, den man für diesen Wert der vertrauten Gewohnheit bezahlen muss, höher als zunächst gedacht. Die Komfortzone des Lebens mit Windjacken im Partnerlook und gemütlichen Abenden auf dem Sofa führt dazu, dass Lustlosigkeit und Langeweile unweigerlich ihren Einzug halten. Wie auch sollte man die Erotik am Sieden halten, wenn man Einblick in die gesamten Finanzen hat, sich über die Toilettenpapiersorte und den Lieblingstee ausgetauscht hat und das Gejammer des anderen erträgt, wenn er oder sie krank ist, wenn man also lebt wie Brüderchen und Schwesterchen? Die Vertrautheit und das gewohnte Leben sind der Feind Nummer eins von Erotik und Leidenschaft. Sexy empfinden wir, wenn wir etwas Fernes erobern müssen, wenn wir Distanz überbrücken und dabei ein Wagnis eingehen. Wenn wir uns jedoch im Alltag verschmolzen genug fühlen und einfach nur die Hand nach dem ausstrecken müssten, der neben uns auf dem Sofa sitzt, lassen wir es oftmals lieber bleiben. Wir wollen ja dem anderen nicht *noch* näher kommen. Ein zusätzliches Problem: Wenn einer der beiden sich offen oder insgeheim mehr Freiheit und Abenteuer wünscht, aber dem anderen zuliebe darauf verzichtet. Tamara geht nicht mehr tanzen, weil David eifersüchtig wäre, und Martin hat vor vielen Jahren Steffi zuliebe auf sein Auslandssemester verzichtet und ärgert sich jetzt über die verpasste Chance. Diese Opfer bringen nämlich oftmals nicht die gewünschte Sicherheit und Nähe, sondern genau das Gegenteil: Der Partner, der sich eingesperrt fühlt, zieht sich von dem anderen zurück und verlagert sein Bedürfnis nach Abwechslung und Erotik nach außen. Ich nenne Ihnen einige Beispiele: Ein Bibliothekar hängt seiner Exfreundin nach, schreibt ihr bewundernde Briefe und landet regelmäßig mit ihr im Bett. Seine Lebenspartnerin ahnt nichts davon. Eine Modedesignerin träumt nachts immer häufiger davon, sich in fremde Männer zu verlieben und sie zu verführen. Andere träumen nicht erst, sondern erfüllen ihre Sehnsüchte bei Prostituierten, in entsprechenden Clubs oder indem sie (im Internet) gezielt nach Partnern suchen, die ihre Vorlieben teilen. Wenn diese Geheimnisse eines Tages ans Licht kommen, sind der Schock und die Verletzung natürlich groß. Es gibt heftige Enttäuschungen und Tränen, und höchstwahrscheinlich steht die Partnerschaft auf dem Spiel.

Doch was soll man tun, wenn das Begehren und die Leidenschaft in der Beziehung nachgelassen haben und der Sex entweder zum Gähnen langweilig ist oder überhaupt nicht mehr stattfindet? Oder wenn man sexuelle Vorlieben hat, die man dem Partner aus Angst vor Ablehnung und Liebesentzug nicht einzugestehen wagt? Wenn Gespräche über eine Wiederbelebung der Sexualität ins Leere laufen? Besonders prekär ist es, wenn es einen Partner mehr treibt als den anderen, so wie Martin.

Martin hat seit Jahren mit Steffi fast keinen Sex mehr, meistens weist sie ihn zurück, und wenn sie doch einmal mit ihm schläft, ist sie dabei so lustlos und unsensibel, als wenn sie die Geschirrspülmaschine einräumen würde. Martin fühlt sich nicht mehr als Mann gesehen und begehrt, sondern er kommt sich so lasch und fade vor wie ein Seniorenteller und so unerotisch wie ein Paar Birkenstocksandalen. Wenn er Lust verspürt, schaut er sich einen Porno an und befriedigt sich selbst.

Danach fühlt er sich oft einsam und frustriert, und er sehnt sich danach, eine Frau zu berühren und mit allen Sinnen lustvollen Sex zu haben. Martin fühlt sich wie lebendig begraben und fragt sich täglich, wie lange er diesen Missstand noch aushält. Oder wann er doch einmal in eine Affäre hineinschlittert. Bisher schreckt er noch davor zurück, denn er weiß, dass Steffi es garantiert merken und ihn dann endgültig vor die Tür setzen würde. Doch Martin bewegt sich auf explosivem Terrain, weil er einem wichtigen Teil von sich und den dazugehörigen Wünschen nicht treu ist. Er spaltet diesen Teil ab und unterdrückt seine Gefühle. So steigert sich mit jedem Tag die Explosionsgefahr dieses Sprengsatzes.

Was kann man tun, wenn es einem wie Martin geht? Wie kann man die Beziehung erhalten und gleichzeitig wieder Leidenschaft erleben?

Den Hamburger Psychologen und Paarberatern Lisa Fischbach und Holger Lendt, Autoren des Buches »Treue ist auch keine Lösung. Ein Plädoyer für mehr Freiheit in der Liebe« ist dieses Thema vertraut. Sie berichten, dass eine wachsende Zahl von Menschen nicht mehr bereit ist, sich auf Dauer mit einem unbefriedigenden Sexualleben und eintöniger Alltagsroutine zufriedenzugeben. Diese Menschen lieben ihren Partner und wollen die Beziehung nicht aufgeben, schließlich gibt es noch so viel Verbindendes. Aber ihnen fehlt ein wichtiger Bereich, nämlich die Leidenschaft und das sexuelle Verlangen nach ihrem Partner. Die meisten dieser Paare haben bereits unzählige Versuche unternommen, ihre Beziehung wieder mit mehr Leidenschaft zu erfüllen, sind aber gescheitert. Jetzt sind sie an einem Punkt angelangt, an dem sie einfach nicht mehr stillhalten und ihre eigenen Sehnsüchte und Bedürfnisse noch länger verleugnen können, denn sie spüren, dass sie einem Teil von sich und den entsprechenden Wünschen nicht treu sind. Deshalb gehen diese Paare einen ungewöhnlichen, aber aus meiner Sicht fairen und mutigen Weg: Sie reden miteinander, *bevor* etwas passiert, so schwer es ihnen oftmals fällt. Denn eines liegt auf der Hand: Sich heimlich Fehlendes im Außen zu holen und dabei seinen Partner zu belügen und zu hintergehen, ist wohl mit Abstand die am wenigsten partnerschaftliche Variante. Deshalb reden diese Paare miteinander und suchen nach einvernehmlichen Lösungen, wie für sie beides möglich wird: ein sicherer Hafen mit ihrem Partner, und nebenbei etwas sexuelle Lust und Verliebtheit mit anderen, und das alles ohne die Verletzungen, die durch Lügen, Betrug und Heimlichkeiten entstehen. Wenn ein Paar sich von der Idee der Exklusivität verabschiedet, müssen sehr unterschiedliche Dinge verhandelt werden: Welche Außenbeziehungen des Partners kann man akzeptieren, welche nicht (zum Beispiel flüchtiger Sex: ja, Parallelbeziehung: nein), mit wem »darf« man (Fremde, Internetbekanntschaften, »Bitte auf keinen Fall jemand aus unserem privaten Umkreis«), wie genau und wann möchte man darüber informiert werden (»Sag mir genau, was du machst« oder »Sag mir nur etwas, wenn ich frage«) und was bleibt an Verbindlichkeit für einen selbst (»Unser Sommerurlaub/unsere Wochenenden mit der Familie bleiben wie gehabt«)? Wenn wir das lesen, wird schnell deutlich, dass der Abschied von einer exklusiven Beziehung ein recht ungewöhnlicher Weg ist, der nicht ohne Risiken ist. Doch die Erfahrung zeigt, dass viele Menschen sich ihrem Partner gegenüber wieder stärker verbunden fühlen, wenn sie ehrlich über ihre Bedürfnisse sprechen konnten und sich nicht länger verstecken müssen.

Das Wichtigste in Kürze

Die Erwartungen, die wir heute an die Liebe stellen, sind tendenziell überhöht und unrealistisch. Die Idee, die der Paarberater Michael Mary »AMEFI« getauft hat (»Alles mit einem für immer«), prägt unser Liebesideal. Doch hier beißt sich die Katze in den Schwanz, denn je höher unsere Erwartungen sind, desto mehr sind Enttäuschungen vorprogrammiert. Und je enttäuschter wir sind, desto mehr erwarten wir das nächste Mal. Noch gefährlicher ist es für die Paarbeziehung, den Partner für das eigene Glück verantwortlich zu machen.

Viel besser fahren Sie damit, wenn Sie die Aufgabe, sich selbst glücklich zu machen, aus voller Überzeugung annehmen und tatsächlich übernehmen! Verhält Ihr Partner sich ebenso, können Sie einander erfüllend und lustvoll lieben, statt sich lediglich Rettungsringe zuzuwerfen. Als Single können Sie Ihr Leben genießen, und durch Ihre entspannte Art haben Sie viel bessere Chancen und mehr Auswahl bei der Partnersuche.

Kapitel 4
Die Liebe berauscht

In Kapitel 1 haben wir davon gesprochen, dass es eine Sternstunde der Menschheit war, als Männer und Frauen sich ineinander verliebten und aneinander banden. Die Natur war dabei nicht unschuldig: Sie hat sich reichlich aus ihrer Vorratskammer bedient und einen starken Liebestrank zusammengebraut. Ich möchte mit Ihnen eine spannende Reise in die tieferen Schichten des Gehirns unternehmen, damit wir uns anschauen können, welche prickelnden Substanzen daran beteiligt sind, dass wir uns verlieben – und wie genau sie uns unseren Verstand rauben.

Der Cocktail der Liebe

Erinnern Sie sich bitte einmal an das letzte Mal, als Sie bis über beide Ohren verliebt waren. Wie haben Sie sich gefühlt? Ich kann es Ihnen sagen: Sie konnten an nichts anderes mehr denken als an den geliebten Menschen, Sie wollten alles über ihn oder sie herausfinden, haben sich an jede noch so belanglose Szene wieder und wieder erinnert. Wie ein Teenager fieberten Sie mit großer Aufregung dem nächsten Treffen entgegen oder dachten unaufhaltsam darüber nach, wie Sie ein Wiedersehen anbahnen könnten. Und wenn Ihre Liebe erwidert wurde, fühlten Sie sich wie der glücklichste Mensch auf der Erde. Woher weiß ich das alles? Ich kann Ihnen das so genau sagen, weil die Gefühle der Verliebtheit sich in allen Kulturen dieser Welt in verblüffender Weise ähneln, was ein klares Indiz dafür ist, dass biologische Prozesse am Werk sind. Schauen wir uns einmal an, wie Verliebtheit, das »Atomkraftwerk der Gefühle«,[17] wie Dietrich Klusmann vom Institut für medizinische Psychologie in Hamburg es formuliert, abläuft.

Der Spuk beginnt damit, dass wir einen Menschen kennenlernen und uns zu ihm hingezogen fühlen. Sofort wird unser Gehirn hellwach und schüttet eine Ladung hochwirksamer körpereigener Stoffe aus. Unser Gehirn verabreicht uns also schon bei der ersten schicksalsträchtigen Begegnung mit der süßen Kollegin oder dem attraktiven Nachbarn einen heftigen Hormoncocktail, der die neurochemische Grundlage für Verliebtheit schafft. Hier ist das Rezept (passen Sie bitte auf, dass es nicht in die Hände von Kindern gelangt!):

Zunächst gebe man einen großen Spritzer Dopamin ins Gehirn, ein körpereigenes Aufputschmittel, das allerbeste Laune und ein euphorisches Hoch zaubert. Schon schweben wir einige Zentimeter über dem Boden und haben ein Dauerlächeln im Gesicht.

Als nächstes wird der Serotoninspiegel auf das Niveau eines Zwangskranken abgesenkt. Zwangskranke leiden, aufgrund des niedrigen Serotoninspiegels, darunter, dass sie sich unablässig mit der Frage beschäftigen müssen, ob der Herd nun wirklich ausgeschaltet oder die Hände ganz sicher nicht verseucht sind. Auch Verliebte können ihre Gedanken stundenlang um ihren Liebsten kreisen lassen und sich jedes noch so belanglose Detail wieder und wieder vor Augen rufen. Damit unsere gedankliche Wiederholung nicht nervt wie eine Zwangsstörung, sondern eine positive Tönung bekommt, hilft uns das Dopamin, die rosarote Brille aufzusetzen, und lässt jede Geste und jedes Lächeln des Angebeteten betörend wirken. Unter der Wirkung dieses Hormons schwärmen wir von ihrer Spontaneität und ihrem Ideenreichtum (die neutralere Beobachter auch als Flatterhaftigkeit bewerten) oder sind von seiner Bildung und seinem Selbstbewusstsein begeistert (andere halten ihn für einen unerträglichen Angeber). In diesem Stadium sehen wir nur das Positive und blocken Kritik ab (auch wenn sie noch so berechtigt wäre).

Das ganze Hormongemisch wird abgerundet durch PEA, einem natürlichen Amphetamin, das uns Energie zuschießt, sodass wir wenig Schlaf und noch weniger Nahrung brauchen. Wir ernähren uns sozusagen von Luft und Liebe.

Der Cocktail braucht aber noch eine feurige Note: das Testosteron (für Frauen und für Männer). Es sorgt dafür, dass wir schon beim bloßen Gedanken an unseren Geliebten (und stärker noch beim Riechen, beim Anblick oder bei einer Berührung) unbezähmbare sexuelle Lust empfinden. Wir können gar nicht anders: Wir wollen mit unserem Liebsten körperlich verschmelzen, und zwar bei jeder sich bietenden Gelegenheit.

Damit unsere sexuelle Lust sich ausschließlich auf unseren Liebsten richtet, befinden sich in dem Hormoncocktail auch noch die Bindungshormone Oxytocin und Vasopressin. Oxytocin ist das Hormon, das für die starke Bindung zwischen Mutter und Kind (Sie erinnern sich: Sternstunde der Evolution) verantwortlich ist. Es wird bei Frauen beim Orgasmus ausgeschüttet, bei Männern ist es der nahe Verwandte Vasopressin. Diese Bindungshormone sorgen dafür, dass man ein Bedürfnis nach Nähe entwickelt und sich in den Armen des Liebsten wie in einem schützenden Kokon fühlt. Hirnscans von verliebten Menschen konnten bestätigen, wie exklusiv unsere Liebe (zumindest in der ersten Phase) ist: Nur ein Foto vom *eigenen* Schatz löste ein neuronales Feuer im Belohnungszentrum aus. Fotos von Fremden, auch wenn sie deutlich attraktiver waren, konnten hingegen keine annähernd so hohe Reaktion auslösen. Der italienische Filmschauspieler Marcello Mastroianni hatte also Recht, als er sagte: »Liebe ist die zeitweilige Blindheit für die Reize anderer Frauen.«

Mit diesem mächtigen Hormoncocktail im Blut fühlt man sich richtig gut, jedenfalls, wenn die Liebe erwidert wird (auf die zurückgewiesene Liebe kommen wir später zu sprechen). Denn was gibt es Schöneres, als mit einem anderen Menschen emotional und körperlich zu verschmelzen und dabei das Gefühl zu verspüren, zu lieben und geliebt zu werden, anzubeten und angebetet zu werden? Kein Mensch, der verliebt ist, kann sich vorstellen, freiwillig diesen wundervollen Vorgang für einige Zeit zu unterbrechen oder gar damit aufzuhören. Das ist das, was Klusmann meint, wenn er die chemischen Vorgänge beim Verlieben als einen »stark orchestrierten Ablauf« beschreibt, die man, genau wie eine Symphonie, nicht einfach mal zwischendurch stoppen kann.

Manchmal hat das fatale Auswirkungen. Ich traf einmal eine Freundin, die entrückt lächelte und über das ganze Gesicht strahlte. Ein klarer Fall: Sie war verliebt. Seit einigen Wochen hatte sie einen neuen Kollegen, der sie die ganze Zeit anlächelte. Sie sagte: »Ich stehle mich manchmal unter einem Vorwand aus einer wichtigen Besprechung, nur um ihn kurz anzusehen.« Die beiden gingen einige Male essen, und es folgten herzbewegende Liebesnächte. Gerade als ich sie zu ihrer neuen Liebe beglückwünschen wollte, erwähnte sie beiläufig, dass ihr neuer Schwarm eine Frau und zwei kleine Kinder habe. Er könne sich niemals trennen, da seine Frau ihm sonst das Leben zur Hölle machen würde. Das klang in meinen Ohren nicht so gut, ich war höchst alarmiert. Doch meine Freundin lächelte weiter und sagte: »Im Moment bin ich so glücklich, da will ich einfach nicht darüber nachdenken, was wird.« Ein deutliches Anzeichen für zu viel PEA, aber auch dafür, dass beim Verlieben neuronale Schaltkreise aktiviert werden, die auch bei einer Sucht aktiv sind. Das trifft zu, denn meine Freundin genießt genau wie ein Süchtiger den Moment, obwohl sie weiß, dass ihre Geschichte unweigerlich ein böses Ende nehmen wird.

In der Phase der ersten Verliebtheit kennen wir keine Zweifel, unser Angstzentrum ist unterdrückt. Das hängt unter anderem mit der Ausschüttung von Noradrenalin zusammen, das entscheidungsfreudiger macht. Wir sind ganz anders als sonst, wenn wir mit kritischer Checkliste viele Wohnungen besichtigen oder Bewerbungsgespräche führen und nächtelang darüber schlafen, bevor wir den Miet- oder Arbeitsvertrag unterschreiben. Verliebte machen mitunter haarsträubende Dinge. Eine sehr erfolgreiche Finanzberaterin, die bei der Arbeit jeden Businessplan akribisch überprüfte, lieh ihrem dubiosen Ehemann eine große Summe Geld, ohne auch nur einmal nachzufragen, wohin es floss. Sie brauchte nach der Trennung fünf Jahre, um es der Bank zurückzuzahlen. Ein Frauenarzt, der eigentlich wissen müsste, wie Kinder entstehen, schlief ohne Kondom mit seiner Kollegin, die sofort schwanger wurde. Die Beziehung zu seiner langjährigen Freundin ging deshalb in die Brüche, und heute lebt er in einer lieblosen Ehe mit der Kollegin und dem gemeinsamen Kind.

Diese Geschichten zeigen noch einen weiteren Aspekt auf: Wir können nicht steuern, wann und in wen wir uns verlieben, wir sind ausgeliefert. Keine Willenskraft der Welt kann einem helfen, sich in die zuverlässige und sympathische Kollegin zu verlieben, die viel besser zu einem passen würde als die anstrengende Diva, mit der man gerade eine nervenaufreibende Affäre hat. Und die Vernunft kann einen nicht dazu bringen, wieder für den eigenen klugen und liebenswerten Ehemann zu entflammen, wenn die eigenen Gedanken wie besessen um den attraktiven Tennislehrer kreisen, der schon sein Interesse an einem kleinen Techtelmechtel bekundet hat. Kein Wissenschaftler konnte bisher erhellen, warum wir uns unter allen potenziellen Partnern gerade in diesen einen oder in diese eine verlieben. Rein genetische Kriterien, also die Frage nach dem schönsten und gesündesten Nachwuchs, scheinen es nicht hinreichend zu erklären. Mir jedenfalls sind zahlreiche Männer und Frauen bekannt, denen ihre leidenschaftliche Liebe im Nachhinein peinlich war und die heilfroh sind, dass sie keinen Nachwuchs mit dem anderen gezeugt haben.

Ist es nicht skurril, dass bei uns aufgeklärten und kopflastigen Menschen immer noch die Verliebtheit, also dieser flüchtige und unberechenbare Hormonrausch, den wichtigsten

Ausschlag gibt, eine Beziehung überhaupt erst einzugehen oder sie aufrechtzuerhalten? Ich habe schon oft erlebt, dass Partnersuchende nach dem dritten Treffen den Kontakt abgebrochen haben, weil sie zwar viel Spaß und gute Gespräche hatten, es aber nicht »gekribbelt« hat. Und ich habe schon harmonische Paare erlebt, die zweifelten, ob ihre Beziehung noch Substanz hatte, weil sie nicht mehr »so richtig verliebt« ineinander waren. Es liegt schon eine große Portion Ironie darin, dass wir modernen Menschen, die sich so viel auf Ihre Klugheit einbilden, ausgerechnet bei der Entscheidung für einen Lebenspartner auf einen Zustand setzen, der viele Parallelen zu einer Psychose hat, oder, wie Platon es charmant formulierte, nichts anderes ist als der »Wahnsinn der Götter«.

Das Verfallsdatum der leidenschaftlichen Liebe

Wenn der Zustand der Verliebtheit ewig andauern würde, wäre die Erde ein friedlicher, fröhlicher und lustiger Ort. Fast ein Paradies. Doch leider fallen wir nach einiger Zeit mehr oder weniger unsanft von Wolke sieben, so wie es der französische Schriftsteller Henri Stendhal ausdrückte: »Wenn es in der Ehe Liebe gibt, so ist sie ein erlöschendes Feuer, und zwar eins, das umso rascher verglimmt, je heller es gelodert hat.« Schon nach etwa einem bis zwei Jahren lassen bei den meisten Paaren die intensive Leidenschaft und die starke sexuelle Anziehung nach. Das ist bedauerlich, aber ein normaler Vorgang, der mit der Änderung der Hormonzusammensetzung zusammenhängt. Der Testosteronspiegel sinkt bei Frauen und Männern, die an ihre Familie gebunden sind, ab. Die Anthropologin Helen Fisher berichtet von Hinweisen darauf, dass Oxytocin und Vasopressin die ungünstige Nebenwirkung haben könnten, dass sie die Lust dämpfen. Der Sex wird also mit den Jahren immer ausgefallener, das heißt, er fällt montags aus, dienstags ebenfalls und so weiter.

Wenn die rauschhafte Wirkung des Hormoncocktails nachlässt, kehren auch unsere Gefühle allmählich wieder zum Normalzustand zurück. Robert Musil sagte: »Später, nach der Verliebtheit, fühlt man sich natürlich wie ein Betrunkener, der seinen Rausch ausgeschlafen hat.«[18] Wir begehren unseren Partner nicht mehr so leidenschaftlich wie früher, und deshalb kann man abends auch wieder länger im Büro bleiben oder zwei Wochen mit den Jungs Motorrad fahren, ohne sich vor Sehnsucht nach seinem Schatz zu verzehren. Die negativen Seiten des Partners, von denen das Gehirn nichts wissen wollte, als man noch auf Wolke sieben schwebte, dringen nun zu einem durch. Das Gefühl, dass man im Partner einen Seelenverwandten gefunden hat, bröckelt dahin, und nun heißt es: »Ich merke mehr und mehr, wie unterschiedlich wir sind« oder »Wir können nicht mehr so viel miteinander anfangen«. In dieser Phase kann es zu großen Enttäuschungen, Selbstvorwürfen (»Warum habe ich das nicht vorher gemerkt?«), Misstrauen und verkrampfter Suche nach Gemeinsamkeiten kommen. Es können auch Konflikte entstehen, in denen es darum geht, wer von beiden den Ton angibt. Letztendlich steht das Paar jetzt vor der Aufgabe, sich zu entscheiden: Reichen die vorhandenen Gefühle, im optimalen Fall freundschaftliche Gefühle und Wertschätzung, für ein gemeinsames Leben aus und begibt man sich in das ruhigere Fahrwasser der längeren Beziehung mit Leseurlaub in Dänemark, Tatort-Gucken am Sonntag und Einschlafen – statt Beischlaf – in der Löffelchen-Stellung. Oder trennt man sich, um sich erneut auf die Suche nach dem großen Feuerwerk der Gefühle zu begeben? Zumindest aus Sicht vieler Wissenschaftler ist die zweite Option, die Suche nach einem neuen Partner, tief in unseren Genen verankert. Fisher sagt, dass wir Menschen durch die Evolution dazu gemacht seien, »uns zu verlieben und immer wieder neu zu verlieben«. Klusmann sieht das ähnlich, er sagt, dass es anscheinend für unsere Vorfahren nicht adaptiv gewesen sei, »für lange Jahre rasend verliebt in den gleichen Partner zu sein«, und vermutet, dass diejenigen unserer Vorfahren, die in bestimmten Situationen den Partner gewechselt oder einen Seitensprung unternommen haben, ihre Gene besonders erfolgreich weitergeben konnten. So hätte sich im Laufe der Evolution die Bereitschaft zum Partnerwechsel, parallel zur Motivation zu einer Langzeitbeziehung, durchgesetzt.

Das Wichtigste in Kürze

Die Natur hat uns ein wunderbares Gefühl beschert: das Verlieben. Es wird durch eine geschickt abgestimmte Komposition von Hormonen erzeugt und sorgt dafür, dass wir uns ohne langes Nachdenken mit einem Menschen fest und exklusiv verbinden, um Nachwuchs zu zeugen und gemeinsam großzuziehen. Leider hat die Sache einen Haken, denn die Natur hat auch dafür gesorgt, dass dieser Rausch nicht ewig währt. Wir sind dazu veranlagt, uns zu verlieben und immer wieder neu zu verlieben. Mit diesem biologischen Erbe müssen wir leben, und ebenso mit der tiefen Spaltung in uns, die daraus resultiert. Denn auf der einen Seite wünschen wir uns einen Lebenspartner, mit dem wir gemeinsam durchs Leben gehen können und als Großeltern händchenhaltend unter dem Apfelbaum sitzen. Auf der anderen Seite flüstern uns unsere Gene nach dem Abklingen der ersten Verliebtheit zu, dass wir uns doch einmal umgucken können, ob sich nicht noch jemand Besseres findet. Und selbst wenn *wir* selbst vollkommen monogam sind, kann es sein, dass *unser Partner* sich wieder neu verliebt, und zwar in jemand anderen. Da liegt es nahe, dass der nächste Liebeskummer nicht weit entfernt ist.

Kapitel 5
Liebeskummer – einmal zur Hölle und zurück

Am Anfang einer leidenschaftlichen Liebe ist alles rosarot: Unsere Stimmung ist überwältigend, wir strotzen vor Kraft und könnten vor Glück singen. Doch leider endet dieser Höhenflug selten mit einer weichen Landung. Wenn unser Liebesglück bedroht oder sogar beendet ist, stürzen wir aus voller Flughöhe ab, und das ist extrem schmerzhaft. Und weitverbreitet: Liebeskummer macht vor keinem Halt, irgendwann erwischt es (fast) jeden. Die Bielefelder Psychologin Ina Grau fand in einer Studie[19] heraus, dass bereits 90 Prozent der jungen Menschen zwischen 16 und 33 Jahren das schmerzhafte Phänomen aus eigener Erfahrung kannten, mit einer durchschnittlichen Leidensdauer von 13 Monaten. Wenn man das auf ein ganzes Leben hochrechnet, sind es Jahre, die wir liebeskrank verbringen. Das Leiden zu begreifen kann helfen, es zu überwinden.

Der Entzug im Gehirn

Um zu verstehen, wie Liebeskummer uns Schmerzen zufügt und uns schwächt, müssen wir wissen, was im Gehirn eines frisch getrennten Menschen geschieht. Menschen, wie auch viele Säugetiere, stehen unter enormem Stress, wenn eine wichtige Beziehung bedroht ist. In solchen Situationen wird das Stresshormon Adrenalin ausgeschüttet, der »Zaubertrank« des Körpers, der uns für eine kurze Zeit ungeheure Energie verleiht. Adrenalin treibt das Herz und das Hirn an, damit wir die Kraft haben, um unsere bedrohte Beziehung zu kämpfen.

Greifen wir etwas vor und verraten, dass Tamara, die Sie

aus der Vorstellung der Hauptpersonen kennen, sich eines Tages von David trennt, aus Gründen, die Sie noch erfahren. Als sie ihm deutlich machte, dass sie keine Kraft mehr hatte, um weiter mit ihm zusammen zu sein, bettelte er um ihre Liebe wie ein kleines Kind und flehte sie an, dass sie ihn nicht verlassen sollte. Natürlich war ihm bewusst, dass sein Verhalten kontraproduktiv war, doch er konnte sich nicht beherrschen. Vielleicht kennen Sie dieses Verhalten von sich selbst – oder Sie hatten in einer bedrohlichen Situation zumindest den Impuls, sich so verhalten. Da stellt sich die Frage: Wieso verhält man sich bei einer Trennung so hilflos? Der Göttinger Neurobiologe Gerald Hüther hat dafür eine plausible Antwort: »Jede schwerwiegende Irritation oder Belastung erzeugt im Gehirn eine sich ausbreitende Erregung«,[20] sagt er, und in diesem Zustand greifen wir nach Strategien, die sich bewährt haben. Wenn es keine erwachsenen Lösungen gibt, würden wir regredieren, das heißt auf frühkindliche Strategien zurückgreifen, und wenn die auch nicht helfen, würden wir uns noch eine Ebene tiefer bedienen und wie unsere tierischen Verwandten in »archaische Notfallreaktionen«[21] zurückfallen. Das heißt: Angriff oder Verteidigung, panische Flucht oder »wenn gar nichts mehr geht – ohnmächtige Erstarrung«.[22] Das Kämpfen um eine bedrohte Liebe wird zudem hormonell begünstigt: Wissenschaftler wie Helen Fisher und die Psychiater Thomas Lewis, Fari Amini und Richard Lannon sind überzeugt,[23] dass die sogenannte Protestreaktion mit einem erhöhten Dopamin- beziehungsweise Noradrenalinspiegel einhergeht, also genau dem Hormongemisch, das für die leidenschaftliche Liebe sorgt. Es ist fatal: Je bedrohter unsere Liebe ist, desto stärker wallt die Leidenschaft.

Nachdem Tamara sich von David getrennt hatte, befand er sich in ständiger Aufregung, und irgendwann wurde er krank. Sein Herpes blühte auf und er litt wochenlang unter einer schweren Erkältung. Das ist nicht verwunderlich, denn wir Menschen sind nicht für längere Stressphasen geschaffen, und das Stresshormon Cortisol (das nach einiger Zeit das Adrenalin ablöst) löst Schäden aus. Es zerstört Nervenverbindungen im Hippocampus, jenem Teil des Gehirns, der bei der Speicherung von Informationen und der Verarbeitung von Gefühlen eine wichtige Rolle spielt. Liebeskummer, wie auch anderer lange anhaltender Stress, macht somit auch »dümmer«, wozu sicher auch der Schlafentzug beiträgt. David jedenfalls verursachte in dieser Phase einen Auffahrunfall, verwechselte permanent die Namen seiner Kunden und war in seinen Gedanken diffus und so düster wie ein Song von Tom Waits.

Wochenlang befand er sich in einem Loch aus Verzweiflung, Hoffnungslosigkeit und Leere, und er schaffte seinen Alltag nur mit Mühe und Not. Zwischen diesem Zustand und dem euphorischen Hoch am Anfang der Beziehung lagen Welten. Kein Wunder, denn Davids Gehirn war gerade eine Baustelle. Das Verlieben hatte Umbauten in seinem Gehirn erfordert, und bei der Trennung mussten die wieder zurückgebaut werden. Ein riesiger Kraftakt! Das bedeutete unter anderem, dass der Glücksbotenstoff Dopamin weit unter ein normales Niveau abgesunken war, weshalb David sich fühlte wie eine zertrampelte Blume. Doch nicht nur das: Seine Gefühle kamen nicht zur Ruhe. In einem Moment hätte er alles dafür gegeben, um nur noch eine einzige Nacht mit Tamara zu verbringen, schon einen Augenblick später war er wütend auf sie, weil sie ihn verlassen hatte. Das ist eine normale Reaktion. Helen Fisher stellte bei ihrer Untersuchung frisch verlassener Personen mithilfe eines Hirnscans fest, dass die Schaltkreise von Liebe und Wut aufs Engste miteinander verknüpft sind. David hätte gerne an etwas anderes gedacht, doch er konnte es nicht verhindern, dass seine Gedanken wie die eines Zwangskranken um Tamara kreisten. Er kam sich vor wie ein Drogensüchtiger im Entzug, der die ganze Zeit an seinen Stoff denkt.

Auch das ist typisch für Liebeskummer. Klusmann drückt es so aus: »Der Motor ist bei Liebeskummer hochgefahren, doch nicht mehr an ein Getriebe gekuppelt.« Im Klartext heißt das: Viel Kraftverschwendung, viel Lärm, und man kommt nicht einen Millimeter voran. Zwangsgedanken, das ist für die Behandlung wichtig zu wissen, werden wie Depressionen von einem niedrigen Serotoninspiegel begünstigt, der verursacht, dass wir uns traurig und depressiv fühlen und die typischen Symptome einer Depression aufweisen: Schuldgefühle, Grübeln, übertriebene Sorge um die Zukunft, Beunruhigung, Hoffnungslosigkeit, verminderte Fähigkeit zur Konzentration und Entscheidung, darüber hinaus sind wir ängstlich und gereizt. Fast jeder zweite von Liebeskummer betroffene Mensch erfüllt die Kriterien einer leichten Depression, und jeder Zehnte die einer mittleren bis schweren.

Der Körper leidet mit

Liebeskummer ist eine ernste Krankheit, die jede einzelne unserer Zellen in Mitleidenschaft ziehen kann, unseren Geist fesselt und unsere Seele foltert. Hier ist ein kurzer, wenn auch nicht vollständiger Überblick über die typischen Symptome. (Wie Sie Liebeskummer bewältigen, steht in Kapitel 9.)

Wer unter akutem Liebeskummer leidet, dem geraten selbst die einfachsten körperlichen Vorgänge außer Kontrolle, wie zum Beispiel das Essen. Bei den meisten Menschen ist der Magen wie zugeschnürt, sie stochern lustlos im Essen und die Kilos purzeln demzufolge, was sie nervös und flattrig macht. Das Gegenteil ist bei den Trostessern der Fall: Diese stopfen Kohlehydrate wie Schokolade, Kekse oder Nudeln in sich hinein, um sich zu beruhigen und zu trösten. Unser Darm, der sowieso ein Seismograph unserer Stimmungen und Gefühle ist, funktioniert nicht wie sonst. Verlassenwerden kann einen Schock auslösen, und bei starken Ekelgefühlen, zum Beispiel wenn wir uns vorstellen, wie unser Partner mit einem anderen Menschen geschlafen hat, wird uns übel. Während

Trennungsgesprächen löst die aufkeimende Angst möglicherweise Durchfall aus, und das Durcheinander der Gefühle erzeugt häufig Bauchschmerzen.

Ein anderer natürlicher Vorgang, der in Mitleidenschaft gezogen wird, ist das Schlafen. Liebeskranke können nicht einschlafen, wälzen sich nachts im Bett oder wachen frühmorgens auf. Ihre negativen Gedanken und Angst sorgen dafür, dass ihre Muskeln sich anspannen und auch dauerhaft angespannt bleiben. Typische Folgen sind Kopfschmerzen oder akute bis chronische Rückenschmerzen. Auch Bandscheibenvorfälle sind nicht selten, vor allem wenn körperliche Belastungen wie ein Umzug nach der Trennung anstehen oder man sich generell überlastet fühlt mit dem Leben ohne den Partner.

Des Weiteren treten oft Herz-Kreislaufprobleme wie Schwächeanfälle, Schwindel, Bluthochdruck, Herzrasen oder Herzrhythmusstörungen auf. Es gibt sogar ein seltenes, aber dafür schwerwiegendes »Broken-Heart-Syndrom«, eine Funktionsstörung des Herzmuskels, die überwiegend ältere Frauen betrifft und nach starken emotionalen Belastungen auftreten kann. Durch die lang anhaltende Stressreaktion ist die Wahrscheinlichkeit hoch, sich einen Infekt einzufangen. Wer schon eine Autoimmunerkrankung hat, kommt möglicherweise in einen Schub.

Liebeskummer ist eine mitunter schwere Krankheit, nur wird sie oft belächelt oder verkannt. Noch ist es leider nicht möglich, sich nach einer Trennung wegen Liebeskummers krankschreiben zu lassen – bei einer Grippe wäre das eine Selbstverständlichkeit, obwohl Liebeskummer viel schlimmer ist. Und während es für eine Magen-Darm-Grippe Medikamente und klare Vorschriften gibt (Bettruhe und Schonkost), fühlt man sich bei Liebeskummer oft alleingelassen und muss selber seinen Weg durch das Dickicht der Gefühle und Beschwerden finden. Einige verirren sich im Gestrüpp, wenn sie in ihrer Not zu Alkohol, Drogen oder Tabletten greifen, um den unerträglichen Schmerz zu betäuben. Oder wenn sie merken, dass sie sich besonders gut bei ihrer Arbeit ablenken können und nach einiger Zeit ein Burn-out-Syndrom entwickeln. Glauben Sie, dass ich übertreibe? Im Gegenteil. In schweren Fällen kann die Liebe sogar tödlich enden. Mord ist zu einem überragenden Prozentsatz eine Beziehungstat mit den klassischen Motiven Eifersucht, Rache und Hass. Zumindest statistisch gesehen ist es für eine Frau viel wahrscheinlicher, ermordet zu werden, wenn sie heiratet, als wenn sie jede Nacht halbnackt in einem Park spazieren gehen würde. Darüber hinaus ist eine gescheiterte Liebe auch einer der häufigsten Auslöser oder Gründe für eine Selbsttötung.

Wann ist es endlich vorbei?

In den meisten Büchern über Liebeskummer finden sich detaillierte Beschreibungen von drei oder vier Phasen nach einer Trennung. In der ersten Phase würde man die Trennung »nicht wahrhaben wollen«, die zweite Phase wäre »Protest«, anschließend würden die Betroffenen in einer Phase der »Trauer« sein und zuletzt käme eine »Neuorientierung«. Ich möchte das Phasenmodell bewusst *nicht* aufgreifen, denn in meiner Praxis habe ich beobachtet, dass jede Trennung einen anderen Verlauf hat und zudem jeder Mensch anders mit einer Trennung umgeht.

Einige Menschen verharren jahrelang unglücklich in ihrer Beziehung (wie Steffi und Martin) und haben währenddessen reichlich Zeit, um sämtliche Liebesgefühle und Verbundenheit zu ihrem Partner zu verlieren. Während sie noch in der Beziehung stecken, drängt sich der Gedanke einer Trennung immer wieder auf und nimmt schließlich überhand. Als Steffi sich trennte, war sie über Protest und Nicht-wahrhaben-Wollen längst hinweg. Und anstatt zu trauern, fühlte sie sich erleichtert, dass sie nicht mehr mit Martin unter einem Dach leben musste. Am meisten beschäftigte sie es, ihr eigenes Leben und das ihrer Kinder neu zu ordnen.

Ganz anders sieht es aus, wenn eine Trennung aus heiterem Himmel kommt und womöglich noch mit einem Betrug einhergeht (wenn zum Beispiel eine Affäre des Partners ans Licht kommt oder es sich herausstellt, dass der Partner in kriminelle Machenschaften verstrickt ist). Der plötzlich verlassene und dazu noch betrogene Partner steht in der Regel unter Schock, traut seinen eigenen Wahrnehmungen nicht mehr und braucht viel Zeit, um erst einmal zu verstehen, was geschehen ist. Es dauert oft Jahre, um den erlittenen Vertrauensverlust zu verarbeiten.

So wie jede Trennung einzigartig ist, in ihrem Tempo, ihrer Vorhersagbarkeit, ihrer Einvernehmlichkeit und im Ausmaß der Liebesgefühle, die noch bestehen, so unterscheiden sich auch wir Menschen stark darin, mit Trennungen umzugehen. Sie kennen sicher einige Menschen, die sich erst einen neuen Partner gesucht und dann recht schnell aus ihrer alten Beziehung gelöst haben. Andere brauchen nach einer Trennung Jahre, um die Vergangenheit aufzuarbeiten und erst einmal alleine zu sein. Sie sind mitunter schockiert darüber, nach wie kurzer Zeit ihr Partner sie ersetzt hat und eine neue Liebe eingehen konnte. Wie schnell jemand eine Trennung verarbeitet, hängt auch damit zusammen, was er über Trennungen oder gar Scheidungen verinnerlicht hat: Einige empfinden ihre Trennung als Niederlage und sie fühlen sich gebrochen. Andere trennen sich relativ sportlich, weil sie davon ausgehen, dass keine Beziehung ewig währt.

Die Gefühle im Keller

Der griechische Philosoph Platon schrieb über ein Wesen, das die Gestalt von Mann und Frau vereinte. Dieses Wesen hatte vier Hände, vier Füße, einen Kopf mit zwei Gesichtern und vier Ohren. Die Schamteile gab es doppelt, und zwar sowohl die der Frau als auch die des Mannes. Diese Kugelmenschen verfügten über ungeheure Kraft und wurden eines Tages übermütig: Sie wollten sich einen Weg in den Himmel bahnen und die Götter angreifen. Darüber waren Zeus und die anderen Götter sehr erzürnt und setzten eine drakonische Strafe ein: Sie schnitten dieses Wesen in zwei Hälften und zerstreuten sie in alle Winde.

Jeder, der eine Trennung durchlebt hat, kann sich mühelos vorstellen, wie sich die getrennten Kugelwesen wohl gefühlt haben. Von seinem Liebsten, mit dem man einmal eins war, abgeschnitten zu sein, ist eine der quälendsten und herzzerreißendsten Erfahrungen, die man überhaupt machen kann.

Das halbe Herz
Ulla fühlt sich gerade so wie ein halbes Kugelwesen. Sie hat zwei Drittel ihres Lebens mit Frank verbracht, und freiwillig hätte sie sich niemals von ihm getrennt. Die beiden waren über die Jahre eng zusammengewachsen wie zwei Buchenstämme mit einer gemeinsamen Laubkrone. Ihre Tage begannen mit Mozarts Klavierkonzerten und einem Kaffee im Bett und endeten abends mit einem Glas Wein vor dem Kamin. Sie telefonierten mehrmals täglich, um alltägliche Fragen zu besprechen, wie zum Beispiel, was es zum Mittagessen gibt, wann endlich der neue Kühlschrank geliefert wird und wer auf der Gästeliste für das Weinfest stehen soll. Doch ihre Verbindung ging weit über das Alltägliche hinaus. Niemand hat Ulla so gut und oft ohne Worte verstanden wie Frank. Seine ruhige Art und sein umsichtiger Rat stärkten sie. Doch seit Franks Tod ist da keine Antwort mehr auf ihre Fragen. Von Franks Sessel breitet sich unerträgliches Schweigen aus. Niemand sagt Ulla mehr, wie gut sie aussieht, und keiner nimmt sie mal kurz in den Arm und streicht ihr die Haare aus dem Gesicht. Frank ruft nicht mehr an, um zärtlich zu fragen, wie es seiner Weinkönigin gerade geht. Ulla ist tapfer, und dank ihrer praktischen

Art kommt sie ohne Frank klar. Sie steht auf, kümmert sich um das Weingut und ihre Familie, trifft sich mit Freundinnen und geht allein ins Bett. Aber ihr macht es sehr zu schaffen, dass keiner mehr den Zugang zu ihrem innersten Raum hat – den Schlüssel hat Frank mit ins Grab genommen.

Die Angst vor dem Alleinsein
Ralf, den Sie aus der Beschreibung auf Seite 18 kennen, beschäftigt sich gelegentlich mit dem Gedanken, sich von Katharina zu trennen, denn ihre Probleme wiegen schwer. Doch ein Umstand hält ihn davon ab: Er kann nicht allein sein. Als er mit 22 Jahren bei seinen Eltern auszog, hatte er schon eine Freundin. Kurz nachdem die Beziehung auseinanderging, lief ihm Katharina über den Weg, und er zog zwei Monate später bei ihr ein. Ralf weiß nicht, wie es wäre, alleine in einer Wohnung zu leben, alleine zu kochen, alleine zu schlafen und alleine in den Urlaub zu fahren. Da er es nie ausprobiert hat, hat er panische Angst davor. Zudem hat er in den letzten Jahren seine gesamte Freizeit mit Katharina und ihren Kindern verbracht, sodass sein soziales Netz aus ein paar Kollegen und Bekannten aus dem Fitnessstudio besteht. Für ihn ist klar: lieber das Übel mir Katharina, das er bereits kennt, als sich alleine in der Großstadt durchschlagen.

Hinter einer Rosenhecke
Seit der Trennung von Dörthe sind schon zwei Jahre vergangen, aber Philipp hat das Gefühl, dass sein Herz verschlossen ist und dass seine Seele sich hinter einer hohen Dornröschenhecke befindet. Vielen Menschen geht es wie Philipp: Sie sind nach einer belastenden Beziehung oder einer dramatischen Trennung auf lange Sicht misstrauisch und reserviert. Wenn sie Partnerschaften eingehen, können sie sich nicht wirklich verlieben und verkriechen sich bei der kleinsten Unstimmigkeit in ihrem Schneckenhaus. Für ihren neuen Partner ist das extrem schwierig. In besonders schweren Fällen verbittern sie

sogar, sie legen dann eine zynische, negative Sichtweise gegenüber der Liebe an den Tag. Philipp lernte nach der Trennung von Dörthe eine Frau kennen, die sehr verliebt in ihn war. Er jedoch verhielt sich ihr gegenüber kühl und ließ sie nicht wirklich in sein Herz. Die Frau war darüber verständlicherweise sehr verletzt und verunsichert. Mal suchte sie den Fehler bei sich, mal wurde sie wütend und vorwurfsvoll oder drohte damit, die Beziehung zu beenden. Bestimmt hat die Frau in ihrer Verliebtheit übersehen, in was für einer Situation sich Philipp befindet und wie verschlossen sein Herz gerade ist. Und Philipp hat nicht auf sich gehört: Er hat das Bedürfnis, alleine zu sein und eine Beziehungspause einzulegen, ignoriert und sich auf eine Beziehung eingelassen, obwohl er nicht dafür bereit war. Sie sind sicher nicht überrascht, wenn ich Ihnen erzähle, wie diese Beziehung endete: mit einem heftigen Streit und einem Glas Rotwein, dass die Frau über Philipps Hemd schüttete.

Das unsichtbare Leiden

Wer unter einer Grippe oder einer anderen körperlichen Erkrankung leidet, kann offen darüber sprechen und sein Umfeld begegnet ihm in der Regel mit viel Verständnis und Mitleid. Bei Liebeskummer sieht es ganz anders aus. Enttäuschungen und Verletzungen in der Liebe sind eine intime Angelegenheit, denn sie enthüllen viel über unsere (geplatzten) Träume, unerfüllten Sehnsüchte, Verletzungen und auch über unser Fehlverhalten. Zudem besteht die Gefahr, dass getratscht und geklatscht wird. Will man wirklich von sich preisgeben, dass der Umgangston mit dem eigenen Mann beleidigend und abwertend ist? Oder dass man kaum noch miteinander spricht? Dass man mal wieder an den Falschen oder die Falsche geraten ist? Dass die eigene Frau schon lange nicht mehr mit einem schlafen will, aber seit Kurzem einen Liebhaber hat, der auch noch deutlich besser aussieht als man selbst? Lieber nicht! Deshalb schützen sich viele Menschen, indem sie heimlich leiden und anderen Paaren eine heile Welt vorspielen. Man kann sich vorstellen, wie einsam sie sich fühlen. Ulla hat es in dieser Hinsicht einfacher: Als Witwe kann sie anderen ihr Leid klagen, denn sie trägt keine Schuld an Franks Tod. Ihr und anderen Witwen und Witwern sind Verständnis und Trost sicher.

Das Wichtigste in Kürze

Die leidenschaftliche Liebe verändert unser Gehirn stark – wenn die Liebe zerbricht, müssen diese Veränderungen zurückgebaut werden, und das kostet enorm viel Kraft. Wir spüren unseren Liebeskummer an zahlreichen schweren seelischen und körperlichen Symptomen, die uns mitunter so blockieren können, dass wir kaum einen Bissen herunterbringen und nur selten einen klaren Gedanken fassen können. Obwohl Liebeskummer durch Mord oder Selbsttötung sogar tödlich enden kann, steht es noch aus, dass Liebeskummer als Krankheit anerkannt wird.

Es unterscheidet sich von Person zu Person, wie intensiv und wie lange jemand leidet. Dabei spielt es eine Rolle, wie viel einem die zerbrochene Beziehung bedeutet hat, ob man sich selbst für die Trennung entschieden hat, wie stark man die Trennung vorhergesehen hat und wie gut man sein eigenes Leben auch ohne Partner gestalten kann. Bei den allermeisten Menschen geht der Liebeskummer vorüber, doch in besonders schweren Fällen führt eine zerbrochene Liebe dauerhaft zu Verbitterung und einem fest verschlossenen Herzen.

Kapitel 6
Hat das Leiden einen Sinn?

Die Krise ist ein produktiver Zustand.
Man muss ihr nur den Beigeschmack der Katastrophe
nehmen.
Max Frisch

Von Mäusen und Schwänen

Steffi wusste, dass sie mit Martin nicht glücklich war, allerdings hatte sie tagsüber immer so viel zu tun, dass sie ihre Gefühle beiseiteschob und so gut es ging funktionierte. An besonders schlimmen Tagen lag sie abends weinend im Bett. Doch schon wenn der Wecker am nächsten Morgen klingelte und ein riesiger Berg Arbeit auf sie wartete, biss sie die Zähne zusammen und lenkte sich mit ihren Aufgaben ab, immer hart an der Grenze zur Überforderung und oft auch drüber. Sie konnte so ihren Kummer verdrängen. Es gab jedoch jemanden, der nie vergaß, wie es Steffi wirklich ging, und das war ihr Körper. Er hielt ihr unerbittlich die Quittung hin: chronische Rückenschmerzen, Herpes, vor zwei Jahren einen Hörsturz und seit ein paar Monaten ein Magengeschwür. Als Steffi einmal an einer hartnäckigen Schulterverspannung litt, bei der auch Physiotherapie und Massagen keinen Deut halfen, ging sie in ihrer Verzweiflung zu einer Psychologin, die eine Hypnose vorschlug, um herauszufinden, woran die Schmerzen liegen. Steffi ließ sich in Trance versetzen und konzentrierte sich zuerst ganz auf das Ziehen in ihren Schultern. Nach einer Weile forderte die Psychologin sie auf, sich ein Tier vorzustellen, das genau die gleichen Verspannungen hat und sich genauso fühle. Und plötzlich sah Steffi eine felsige Berglandschaft an einem eiskalten und windigen Wintertag. Unter einem Felsvorsprung kauerte eine Maus mit ihren beiden Mäusekindern, das kleine Tier wirkte völlig schutzlos und allein. Über ihr kreisten Raubvögel, und weit und breit war kein Mäuserich in Sicht, der sie und die Kinder mit Nahrung versorgen könnte oder sie trösten würde. Als Steffi das sah, war sie erschüttert, und Tränen liefen über ihre Wangen. Nach einer Weile sagte die Psychologin: »Und jetzt stellen Sie sich mal ein Tier vor, das völlig frei von dieser Schulterverspannung ist.« Plötzlich erschien vor Steffis innerem Auge ein Kanal an einem sonnigen Frühlingstag. Ein Schwanenpaar schwamm mit hocherhobenen Hälsen auf dem Kanal, so graziös wie zwei Balletttänzer. Steffi war gerührt von der Anmut und der Verbundenheit der beiden Schwäne. »So eine Beziehung möchte ich mal führen«, dachte sie.

Die intensiven Bilder von der Maus und den beiden Schwänen ließen Steffi nie mehr los. Und das war der Anfang vom Ende ihrer Ehe. Steffi wollte nicht mehr leben wie eine im Stich gelassene Maus, sie dachte immer öfter an den Schwan und fragte sich, ob sie ihm jemals begegnen würde. Ihre zumindest äußerlich geordnete Welt geriet ins Wanken. Sie verkündete Martin, dass sie sich trennen wollte, worauf Martin mit Rückzug und eisigem Schweigen reagierte. Nachts wachte sie schweißgebadet auf, weil sie sich Sorgen machte, ob das Geld reichen würde und wie sehr die Kinder unter dem Streit und der Trennung ihrer Eltern leiden würden. Tagsüber riss sie sich zusammen, aber dennoch fühlte sie sich zum ersten Mal in ihrem Leben depressiv. Sie hatte kaum die Kraft aufzustehen, war unkonzentriert und so traurig, dass ihre Mutter ihr die Kinder öfters abnehmen musste. Die sonst so patente Steffi wusste nicht, was sie machen sollte. »Ich habe alle um Rat gefragt, aber keiner konnte mir sagen, wo es langging. Mir wurde klar, dass ich ganz tief in mich selbst hineinschauen musste, um den richtigen Weg zu finden.«

Nun erlaubte sie sich, alles viel langsamer anzugehen und

auch mal nicht alles zu schaffen. Sie nahm sich die Zeit, die sie brauchte, um über ihre Kindheit nachzudenken, über ihre Ehe, über ihre Vorstellungen vom Leben. Sie hinterfragte alles, gründlich wie sie war. Kein Gedanke stand mehr an seinem alten Platz. Neurobiologen und Kognitionspsychologen sind neuerdings der Ansicht, dass Depressionen einen wichtigen Zweck erfüllen: In Krisenzeiten werden vermehrt Stresshormone ausgeschüttet, die dazu beitragen, dass im Gehirn Synapsen aufgelöst und neue ausgebildet werden können. Dadurch kann man »falsche« Denk- und Verhaltensmuster verändern und das Gehirn umprogrammieren.

In Steffis Fall heißt das, dass sie gelernt hat, auf ihre eigenen Gefühle und Bedürfnisse zu hören. Wenn sie auf ihre Ehe zurückblickt, sagt sie, dass sie sich in den letzten Jahren mit Martin oft wie ein Roboter gefühlt hat. Sie erledigte stets ihre Aufgaben und wirkte nach außen stark, aber sie hatte nur über ihre negativen Gefühle Zugang zu ihrem Innenleben. Das hat sich mittlerweile geändert: Seit Martin nicht mehr mit ihr im Haus wohnt, ist Steffis Leben viel lebendiger geworden als vorher, aber auch etwas chaotischer. Sie hat viele Freundinnen, die oft und mitunter unangemeldet zu Besuch kommen. Dann muss die Klassenarbeit unkorrigiert auf dem Schreibtisch liegen bleiben und das dreckige Geschirr in der Spüle warten. Steffi ist davon immer noch etwas gestresst, aber sie arbeitet an sich und ist stolz, dass es ihr immer besser gelingt, sich locker zu machen. Wenn es ihr mal schlecht geht, unterdrückt sie ihre Gefühle nicht mehr, um unbedingt ihr Tagespensum zu schaffen. Sie spielt auch ihren Kindern keine gute Laune mehr vor, sondern sagt ihnen offen, dass sie traurig und erschöpft ist, und legt sich eine Weile ins Bett. Ihre Kinder trösten sie dann und fragen sie, ob sie ihr irgendwie helfen können. Seit Steffi besser mit ihrer eigenen Schwäche leben und auch bei den Kindern mal von dem vorgefassten Tagesplan abweichen kann, ist das Verhältnis mit ihren Kindern viel intensiver geworden. Steffi sagt, dass ihr Liebeskummer ein Herzöffner gewesen ist, der ihr geholfen hat, wirklich zu lieben. Heute, ein Jahr nach der Trennung, ist sie überzeugt: »Die Krise ist das Beste, was mir jemals passiert ist. Ohne sie hätte ich nie so zu mir selbst gefunden.« Und, so viel sei hier auch verraten, Steffi fand nicht nur sich selbst, sondern begegnete auch ihrem Schwan, mit dem sie seit einiger Zeit glücklich zusammen ist.

Liebeskummer als Signal

Natürlich hat Liebeskummer nicht nur die Aufgabe, unserer Seele bei ihrer Entwicklung auf die Sprünge zu helfen. Liebeskummer zeigt sich auf der ganzen Welt in einer ähnlichen Form, sogar Tierkinder zeigen fast die gleichen Symptome wie Menschen, wenn sie von ihrer Mutter verlassen werden. Das deutet darauf hin, dass unsere Reaktion auf Trennungen und Leid angeboren ist und sich im Laufe der Evolution entwickelt hat. Doch welchen Sinn kann Liebeskummer haben?

Wir wissen ja, dass es im Interesse der Natur liegt, wenn die Eltern eines Kindes eine feste Bindung miteinander eingehen und sich gegenseitig unterstützen, bis das jüngste Kind einigermaßen selbstständig ist. Dieses Bündnis wäre gefährdet, wenn die Partner sich ganz einfach und schmerzlos trennen könnten. Doch wie hängt der Liebeskummer damit zusammen? Die Anthropologin Helen Fisher meint, dass negative Gefühle in einer Beziehung dann auftreten, wenn unsere Bedürfnisse missachtet werden. Wenn eine Frau untreu ist, ist ihr Partner nicht sicher, ob er seine kostbare Energie dafür aufwendet, das Kind eines Nebenbuhlers großzuziehen. Wenn ein Mann untreu ist, läuft seine Partnerin Gefahr, ihn an eine Nebenbuhlerin zu verlieren. Ein Partner, meistens der Mann, der sich nicht genug um die Frau und die Kinder kümmert, löst Wut aus, denn er leistet seinen Beitrag nicht. Noch schlimmer ist es, wenn ein Partner den anderen angreift oder verletzt, denn dann arbeitet er nicht mit dem Partner zusammen, sondern gegen ihn und raubt ihm Kraft, die er eigentlich für die Pflege der Kinder bräuchte. Fisher vermutet, dass Wut ein »Reinigungsmechanismus«[24] ist, der sich im Laufe der Evolution herausgebildet hat, um uns zu mobilisieren, damit wir uns aus einer unbefriedigenden oder ausweglosen Beziehung befreien und nach einem besseren Partner Ausschau halten können. In der Evolution habe dies großen Sinn ergeben, denn es könne nicht im Sinne der Natur sein, seine kostbare Fortpflanzungsenergie an einen Partner zu verschwenden, der einen im Stich lässt. Insofern sei die »Trennungswut« gesund und normal.[25]

Viel schlimmer ist es, wenn man die Wut nicht rechtzeitig oder nicht ausreichend verspürt. Negative Gefühle sollen uns vor seelischen Verletzungen warnen. Wer sie nicht wahrnimmt, wird mit hoher Wahrscheinlichkeit psychosomatische Probleme entwickeln wie Muskelverspannungen, Migräne oder Magenbeschwerden. Viele entwickeln auch Suchtverhalten (auch Arbeitssucht gehört dazu), um ihre Konflikte zu betäuben.

Wenn Liebeskummer in einer Beziehung uns helfen soll, uns zu trennen und nach einem besseren Partner umzusehen, bleibt immer noch die Frage, welchen Sinn Liebeskummer noch hat, wenn der falsche Partner bereits gegangen ist. Wie kann es im Sinne der Evolution sein, wenn man erschöpft im Bett liegt, weint, nachts nicht schlafen kann, seine Arbeit nicht mehr verrichten kann und abmagert? Eine mögliche Erklärung ist, dass Liebeskummer ein deutliches Signal an andere Menschen sendet: Bei mir läuft etwas völlig schief, helft mir! Das könnte im optimalen Fall so aussehen: Die Brüder rotten sich zusammen und jagen den untreuen Ehemann unter Androhung einer Prügelstrafe vom Hof. Der Vater zückt das Scheckbuch, damit seine Tochter ihre Wohnung behalten kann. Die Mutter trocknet die Tränen und kocht Suppe. Und die Schwester begleitet ihre verlassene Schwester in eine Bar, um sie auf andere Gedanken beziehungsweise zur erneuten Partnersuche zu bringen.

Meisterklasse

Hier im Westen gibt es das Sprichwort »Eine Krise ist eine Chance in Arbeitskleidung«.[26] In traditionellen fernöstlichen Kulturen ist diese Denkweise ebenfalls bekannt. Im Buddhismus zum Beispiel werden Schwierigkeiten begrüßt, weil sie einen zum Lernen bringen wie nichts sonst auf der Welt. Wenn wir einen Verwandten haben, der wie ein Wasserfall erzählt und nie zu einem Punkt kommt, können wir uns in Geduld üben. Wenn unser Lehrer uns eine ungerechte Note gibt, lernen wir, für uns selbst und für Gerechtigkeit zu kämpfen. Diese Liste kann man endlos fortsetzen. Auch schwierige Erfahrungen in der Liebe sind oft strenge, aber unschätzbar wertvolle Lehrer, wenn man sie als solche zu betrachten und anzunehmen weiß.

Steffi zum Beispiel hat jahrelang gekämpft, um sich von Martin nicht fertigmachen zu lassen. Er warf ihr oft vor, wie wenig belastbar sie war, er machte sich lustig darüber, dass sie an der Hüfte eine Speckrolle hatte, oder rollte mit den Augen, wenn sie in ihren Kommentaren über die Tagesschau oder einen Zeitungsartikel mal politische oder geschichtliche Fakten durcheinanderbrachte. Normalerweise reagieren Menschen, die entwertet werden, mit Selbstzweifeln. Sie werden immer unsicherer und fühlen sich geschwächt und hilflos. Steffis Reaktion war ungewöhnlich: Sie kämpfte hart, um kein Wort von dem anzunehmen, das Martin gegen sie verwendete. Sie sagte sich selbst wieder und wieder, dass Martins Bemerkungen gemein waren und dass sie auch nicht stimmten. Anfänglich war sie dennoch sehr gekränkt und niedergeschmettert, doch mit der Zeit gelang es ihr immer besser, sich selbst aufzubauen. Allerdings entfernte sie sich dabei immer mehr von

Martin, um sich zu schützen. Es wäre auch unrealistisch, zu erwarten, dass man bei solche Kränkungen noch die Nähe zu seinem Partner aufrechterhalten kann, ohne sich selbst zu schaden.

Steffi ist in der Beziehung zu Martin stärker geworden, denn sie hat die Kränkungen, die sie durch ihn erlebt hat, als Chance zum Lernen und Wachsen umgedeutet. Und an Martin konnte sie viel lernen. Wer bei heftigem Gegenwind Fahrrad fährt, hat es zwar schwer, aber er bekommt auch starke Muskeln.

Ungeahnte Kräfte

Ein weiteres Argument, das dafür spricht, sich den Liebeskummer genau anzuschauen und ihn nicht zu verdrängen, ist das enorme kreative Potential, das darin liegt. Ich wage zu behaupten, dass es die meisten kulturellen Leistungen nicht gäbe, wenn die Liebe unkompliziert wäre. Mir fällt zum Beispiel kein einziges Buch oder Theaterstück ein, in dem es um eine glückliche, stabile Liebesbeziehung ohne dramatisches Ende oder komplizierte Verwicklungen geht. So etwas taugt heutzutage höchstens für Satiren. Stellen Sie sich mal ein Paar vor, das zusammen am Strand liegt, sich gegenseitig den Rücken mit Sonnencreme einölt und diese Unterhaltung führt: »Wo essen wir denn heute Abend, Hasi?« »Ach, gestern am Hafen war es doch so schön, Bärchen.« »Ja, dann gehen wir da mal wieder hin.« Auf Dauer finden vermutlich nicht einmal Hasi und Bärchen ihren Umgang miteinander interessant, und einen Bestseller könnte man daraus auch nicht machen.

Dahingegen gibt es unzählige Romane, Opern oder auch humorvolle Betrachtungen, in denen die unüberbrückbaren Hindernisse und die Schicksale in der Liebe beschrieben werden. Und sollte mal ein Paar glücklich miteinander sein (wie zum Beispiel in »Love Story«, »Casablanca«, »Romeo und

Julia«, »La Traviata« oder »Der englische Patient«), dann muss man nicht lange warten, bis einer der Liebenden an einer qualvollen Krankheit oder durch einen Unfall stirbt oder das Paar auf tragische Weise getrennt wird.

Viele Komponisten, Schriftsteller oder Maler haben ihr eigenes Liebesleid verarbeitet, indem sie ihre Werke schufen. Vielleicht haben Sie auch schon erlebt, dass Sie in Phasen, in denen Sie Liebeskummer hatten, empfänglicher für traurige Musik oder tragische Filme waren und auch verständnisvoller für die Leiden Ihrer Freunde.

Fragen: Welchen Sinn hatte mein Liebeskummer?

Im Folgenden können Sie sich genauer anschauen, welchen Sinn ihr Liebeskummer hatte. Nehmen Sie sich Zeit und erinnern Sie sich dazu an die Phasen in Ihrem Leben, in denen Sie heftiges Leid verspürt haben, entweder in einer Beziehung oder nach der Trennung.

- Schreiben Sie für jeden Liebeskummer auf, worunter Sie genau gelitten haben (zum Beispiel: Ich habe meinem Partner nicht so viel bedeutet; Es gab zu viel Streit …)
- Wie sehen Sie die Beziehung zu dem jeweiligen Partner heute, sozusagen mit Ihren erwachsenen Augen? Was fehlte in der Beziehung, was fehlte dem Partner?
- Was haben Sie aus dem Liebeskummer gelernt, worauf haben Sie zum Beispiel verstärkt bei zukünftigen Partnern geachtet?
- Was wäre aus Ihnen geworden, wenn Sie Ihren Liebeskummer nicht erlebt hätten und gleich die erste Beziehung dauerhaft gewesen wäre?

Das Wichtigste in Kürze

Wenn einen Liebeskummer quält, kommt man an der Frage nicht vorbei, warum man so leiden muss. Darauf gibt es viele Antworten: Durch die Krise findet man besser zu sich selbst und kann klären, was im Leben und in der Liebe wirklich wichtig ist, und das Leiden kann das eigene Herz so öffnen, dass man später offener und lebendiger lieben kann. Trennungsschmerz, die Trennungswut und die damit verbundenen Depressionen strukturieren im besten Fall die Gedankenmuster um, sodass man sich zukünftig nicht mehr auf genau diese Art von schädlicher Beziehung einlässt. Darüber hinaus signalisiert das Leiden eines verlassenen Menschen dem sozialen Umfeld, dass er dringend Unterstützung benötigt. Zu guter Letzt gibt es noch ein Trostpflaster: Liebeskummer ist eine wichtige Triebfeder für Kreativität. Wahrscheinlich wäre die Menschheit um die schönsten Balladen, Opern, Romane und Theaterstücke ärmer, wenn deren Schöpfer dauerhaft mit ihren Liebsten auf Wolke sieben geschwebt hätten.

Kapitel 7
Wie der Tanz der Liebe doch noch gelingt

Sich selbst zu lieben ist der Beginn einer lebenslangen Romanze.
Oscar Wilde

Auf den vorherigen Seiten haben wir intensiv auf die Risiken und Widersprüche der Liebe geschaut. Als ich selbst anfing, mich mit diesen mitunter recht unerquicklichen Themen zu beschäftigen und parallel dazu immer wieder die unglücklichen Liebesgeschichten aus meiner therapeutische Arbeit und meinem Privatleben hörte (schon wieder eine betrogene Freundin, schon wieder ein Paar, das sich trennt), wurde mir ganz mulmig zumute. Ich hatte das Gefühl, dass die Liebe ein extrem gefährliches Unterfangen ist und man eine gehörige Portion Optimismus braucht, um sich überhaupt noch auf eine feste Beziehung einzulassen. Und wie sollte man das anstellen? Die Bücher, die ich gelesen habe, legten zwar den Finger präzise in die Wunde und beschrieben das Leid in allen Facetten, nur eines fand ich in an keiner Stelle: Keines dieser Bücher beschrieb für mich eine plausible Haltung, die man gegenüber der Liebe einnehmen kann, die einen stabilisiert und schützt und die gleichzeitig erlaubt, dass man sich mit offenem Herzen auf seinen Partner einlassen kann. Ich habe lange darüber nachgedacht, liebe Leserinnen und Leser, wie ich Ihnen eine solche Haltung nahebringen kann. Dann hatte ich eine ungewöhnliche Idee, die ich Ihnen hier vorstellen möchte.

Ist die Liebe wie ein Tango?

Meine Idee ist erstaunlicherweise nicht in meiner therapeutischen Arbeit entstanden, sondern fiel mir in einem anderen Bereich meines Lebens zu: Ich tanze seit 20 Jahren intensiv argentinischen Tango, und durch meine unzähligen Stunden auf dem Parkett bin ich eine Tänzerin mit viel Erfahrung. Erfahrung ist jedoch nicht immer das Gleiche wie Können. Sowohl in der Liebe als auch im Tango kann man viel Zeit damit verbringen, ungünstige Gewohnheiten zu entwickeln und diese falschen Muster durch viel Wiederholung immer tiefer einzuschleifen. Wir kennen das alle und »üben« den Griff zur Zigarette oder zur Schokolade, statt Sport zu treiben, oder wir fallen dem Partner genervt ins Wort, anstatt dass wir ihm wirklich zuhören. Ich selbst habe im Tango viele Gewohnheiten entwickelt, die nicht gut waren. Oft verstand ich die Führung des Mannes nicht und konnte nur raten, was er wollte. Außerdem fehlte mir die Technik für Drehungen oder besonders komplizierte Schritte, und ich mogelte mich möglichst schnell durch die kniffligen Stellen. Wenn ich den Halt verlor, klammerte ich mich fester an den Mann. Dabei war ich oft so mit mir selbst beschäftigt, dass ich die gute Verbindung zu meinem Tanzpartner verlor (in der Liebe ist es genau das Gleiche: Eigene Probleme belasten auch die Beziehung).

Mir wurde klar, dass ich etwas unternehmen musste, um nicht die gleichen Fehler wieder und wieder zu machen. Also entschied ich mich dafür, regelmäßig Einzelstunden zu nehmen, und zwar sowohl bei einer Frau als auch bei einem Mann. Im Tangounterricht geht es immer um die richtige Körperhaltung, um Standfestigkeit, sowohl im nahen Tanz als auch in der Umarmung mit etwas mehr Distanz. Beiläufig sagten meine beiden Lehrer mir Dinge, die eigentlich den Tango betrafen, die aber exakt und ohne Übersetzung wichtige Schlüssel für den Umgang in der Liebesbeziehung waren. Zudem hatte ich damals gerade die ersten Skizzen für dieses

Buch im Kopf, und so nahm die Idee Form an, die Erkenntnisse aus meinem Tangounterricht auf die Liebe zu übertragen.

Leider hat sich in den Köpfen vieler Menschen ein Bild vom Tango durchgesetzt, in dem zackige Bewegungen, Netzstrümpfe, Haare mit viel Pomade und ein steifes Lächeln eine Rolle spielen. Dieses Bild würde überhaupt nicht zu dem passen, was ich Ihnen in diesem Kapitel erzählen möchte. Deshalb möchte ich Sie bitten, sich vor dem Weiterlesen einen etwa dreiminütigen Film anzuschauen, damit wir anschließend eine gemeinsame Gesprächsgrundlage haben.

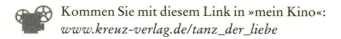

Kommen Sie mit diesem Link in »mein Kino«:
www.kreuz-verlag.de/tanz_der_liebe

Was uns der Tango zeigt: Sehen Sie den Film

In diesem Film tanzen zwei Tangotänzer einen argentinischen Tango miteinander. Sie befinden sich in einer so engen Umarmung, dass kein Blatt Papier zwischen sie passen würde. Dennoch haben sie Raum für ihre Bewegungen, sie sind frei und flexibel. Beiden Tänzern sieht man deutlich an, wie wohl sie sich fühlen und wie viel Spaß sie miteinander haben. Wie schaffen sie das? Worin liegt ihr Geheimnis? Und wenn man es wüsste: Könnte man ihre Kunst auch für Liebesbeziehungen nutzen?

Meine Antwort ist: auf jeden Fall! Der Tango ist genau wie die Liebe eine Begegnung zwischen zwei Menschen, in der Regel Mann und Frau, und es gibt viele Parallelen. Ich werde Ihnen im Folgenden sieben »Spielregeln« des Tango darstellen, die für die Liebe und das Leben extrem hilfreich sind und die Ihnen helfen, dass Sie mit mehr Leichtigkeit und Sicherheit durch Ihr Liebesleben tanzen können. Ein großer Vorteil ist, dass Sie diese Techniken zum größten Teil alleine üben und anwenden können, Sie sind also nicht darauf angewiesen, dass Sie einen Partner haben, der willens ist, mit Ihnen zu lernen. Und wenn *Sie* Ihre Haltung verändern, werden sich auch die Verhaltensmuster in Ihrer Partnerschaft verändern. Wenn Sie gerade Single sind, verbessern sich Ihre Chancen, Liebesglück zu finden, weil Sie viel souveräner sein können.

Sie werden merken, dass die sieben Spielregeln oder Techniken oft aufeinander aufbauen: Wer gut in seiner Achse steht, kann auch mit Nähe und Distanz besser umgehen. Oder: Wer entspannt ist, kann auch besser im Moment sein. Aber: Üben lassen sich alle, und Sie können unmittelbar beginnen mit den im Folgenden beschriebenen konkreten Anleitungen dafür.

Technik 1: In der eigenen Achse bleiben

Wenn Sie sich unseren Tangofilm vergegenwärtigen, sehen Sie, wie die Frau trotz ihrer hohen Absätze (ja, es sind schwindelerregende 12 Zentimeter) nicht ein einziges Gramm ihres Körpergewichts an ihren Partner abgibt. Sie stützt sich nicht auf, sie hält sich nicht fest, ihre Umarmung ist ganz leicht. Das Gleiche gilt auch für ihn: Er hält sie in seinen Armen, aber er hält sich nicht an ihr fest, um Halt zu finden für seine eigenen Schritte. So ist die Berührung der beiden zärtlich und leicht. Sie ist das vollständige Gegenteil von einer Umklammerung oder einem Festhalten.

Beim Tango nennt man diese Haltung: »In seiner Achse bleiben«. Wer Tango lernt, kann davon ein Liedchen singen. Lehrer wiederholen gebetsmühlenartig: »Bleib in deiner Achse, pass auf deine Achse auf, komm wieder in deine Achse.«

Die Achse der Liebe

In der Liebe ist es genau wie im Tango: Eine wirklich nahe Begegnung, die für beide angenehm ist, gelingt nur dann, wenn beide Partner in ihrem Gleichgewicht sind, wenn sie auf eigenen Füßen stehen, wenn sie mit sich selbst im Reinen sind. Man spricht in der Psychologie auch davon, dass Menschen nur dann eine reife Beziehung führen können, wenn sie emotional autonom sind.

Vielen Menschen ist das bewusst, Steffi zum Beispiel. Wenn man sie ein halbes Jahr nach der Trennung von Martin gefragt hätte, ob sie schon einen neuen Mann kennengelernt habe, hätte sie befremdet gesagt: »Wie sollte denn das gehen? Ich habe so viel mit mir und den Kindern zu tun. Nach dieser Ehe weiß ich gar nicht mehr, wie ich eigentlich bin, das muss ich erst mal rausfinden. Da kann ich doch einen anderen Mann nicht mit reinziehen!« Das heißt im Klartext: Erst eine neue Achse, dann ein neuer Mann.

Madeleine, die ich Ihnen am Anfang des Buches vorgestellt habe, stimmt dem in der Theorie zu, in der Praxis hingegen macht sie genau das Gegenteil, nämlich: Sie sucht nach einem Mann, der sie wieder in die Achse stellen soll. Madeleine fühlt sich getrieben von ihrer Sehnsucht nach Halt und Geborgenheit und kann es scheinbar nicht aushalten, mal eine Weile alleine zu sein und sich um *ihre* Themen zu kümmern, *bevor* sie sich im Internet und im realen Leben hastig auf die Partnersuche begibt. Mehrmals schon hatte sie das Glück, jemanden zu finden, der anfänglich großes Verständnis hatte und ihr mit Rat und Tat geduldig zur Seite stand. Doch leider war bei Madeleines Problemen nie ein Ende in Sicht. Geldnot, Probleme bei der Arbeit und Schwierigkeiten mit ihrem Kind standen im Vordergrund, und die neue Liebe bekam Dellen und Kratzer zwischen Kindergeschrei, Arztterminen und unbezahlbaren Rechnungen. Madeleine war gereizt und hatte einen Infekt nach dem anderen, und dabei verging ihr die Lust auf Sex, die Kraft für unbeschwerte Unternehmungen und Zweisamkeit. Ihr Partner fühlte sich erdrückt, und gelegentlich klagte er, dass für seine Belange keine Zeit blieb. Es dauerte nie länger als ein Jahr, bis die Beziehung wieder auseinanderging.

Zwischen Steffi und Madeleine liegt ein gewaltiger Unterschied. Madeleine erwartet von einem Partner: »Mach mich glücklich, kümmer dich um mich.« Sie hat bei ihren Eltern gelernt, wie es ist, *nicht* in der eigenen Achse zu stehen. Ihre Eltern hatten ein etwas chaotisches Hotel und kümmerten sich nur um die Belange der Gäste, um Reparaturen und darum, wie sie zum Beispiel kurzfristig den Koch ersetzen konnten, der durchgebrannt war. Madeleines Gefühle blieben dabei auf der Strecke, und sie hat ein riesiges Bedürfnis danach, emotional und materiell versorgt zu werden. Steffi hingegen wurde von ihren Eltern liebevoll umsorgt, und darüber hinaus hat sie am Modell ihrer Mutter Ulla gelernt, das man *sich selbst* um seine Zufriedenheit und Ausgeglichenheit kümmern muss. Ulla hatte einen guten Draht zu ihren eigenen Bedürfnissen und war trotz ihrer engen Beziehung mit Frank sehr selbstständig. Vielleicht kann man auch sagen: Weil sie so selbstständig war, war die Beziehung mit Frank so gut. Von Ulla hat Steffi gelernt, die volle Verantwortung für ihr Leben zu übernehmen. Das musste sie zwangsläufig lernen, denn gerade in den letzten Jahren ihrer Ehe fühlte sie sich ständig wie zu kurz gekommen, was sich, wie sie heute erkannt hat, in den zahlreichen psychosomatischen Beschwerden ausdrückte. Während und nach ihrer Trennung jedoch wurde Steffi richtig gut darin, sich um sich selbst zu kümmern. Sie kochte sich das, was ihr und den Kindern schmeckte, renovierte ihr Haus nach Martins Auszug mit einfachen Mitteln, damit sie sich wohlfühlte, und sie nähte einen Teil ihrer Garderobe selbst. Sie entwickelte ein Gespür dafür, wann sie allein sein und wann sie eine Freundin sehen wollte. Sie wusste, wie sie sich bei schlechter Laune versorgen oder manchmal auch auf bessere Gedanken bringen konnte. Und: Sie ließ sich für alles viel mehr Zeit.

Madeleine hingegen sucht ihr Glück außen. Ihr eigener Speicher an Fürsorge, Anerkennung, Körperkontakt und Romantik ist so leer wie die die Straßen beim WM-Endspiel, und sie hat nie gelernt, ihn selbst aufzufüllen. Am Anfang einer Beziehung bekommt Madeleine in der Regel noch Zuwendung und Verständnis von ihrem Partner, doch sobald seine Aufmerksamkeit nachlässt, spürt sie ihren leeren Speicher und fordert mehr: Er soll mehr Zeit mit ihr verbringen, ihr häufiger einen kleinen Gruß zwischendurch schreiben, ihr Komplimente machen und sich auf ihre Stimmungen einstellen. Sie bittet mit gekonntem Rehblick und süßer Kleinmädchenstimme, dass er ihr einen Tee ans Bett bringt, die Regale anschraubt und ihr Fahrrad repariert. Madeleines Freunde haben das jeweils eine Weile mitgemacht, doch dann wurde es ihnen zu anstrengend, für das Glück ihrer Freundin verantwortlich gemacht zu werden. Sie gingen.

Doch nicht jeder geht. Viele Menschen verweilen über Jahre oder sogar Jahrzehnte in Beziehungen, bei denen einer ständig um den anderen kreist und die ganze Beziehungsarbeit übernimmt, während der andere in Passivität, Sucht, Affären oder Lebensuntüchtigkeit verharrt. Auf den ersten Blick ist es schwer zu verstehen, warum jemand sich darauf einlässt, doch es gibt in der Regel gute Gründe dafür, wie man zum Beispiel an Ralf und Katharina sehen kann. Ralf ist ein sympathischer, tüchtiger und etwas schüchterner Industriemechaniker, und als er die 43-jährige Katharina über Freunde kennenlernte, fühlte er sich sofort zu ihr hingezogen. Schon nach wenigen Wochen bemerkte er, dass sie ein starkes Alkoholproblem hatte, doch das hielt ihn nicht davon ab, die Beziehung zu verfestigen. Im Gegenteil: Ralf fühlte sich gebraucht, und er sprang ein. Er brachte Katharinas Söhne zum Fußball, steuerte sein Geld zum Familienunterhalt bei und erledigte einen Großteil der Hausarbeit, weil Katharina schlecht organisiert ist. Wenn Katharina es mit dem Trinken übertrieben hatte und nicht zur Arbeit gehen konnte, erfand er Krankheiten und unterstützte sie, damit sie nicht ihren Job verlor. Doch je aktiver Ralf wurde, desto passiver und launischer wurde Katharina. Sie beschimpfte ihn und machte ihm Vorwürfe (unter anderem bemängelte sie, dass er sich nicht kümmere und wie ein weiteres Kind sei). Dies ist ein klares Beispiel für das Schicksal der allzu Netten: Je mehr sie tun, je weniger Gegenleistung sie fordern und je weniger klare Grenzen sie ziehen, desto mehr sinkt ihr Wert in den Augen ihrer Partner. Denn diese ziehen den Schluss: Wer sich so behandeln lässt, kann ja nicht viel wert sein.

Ralf macht, zumindest von außen betrachtet, in seiner Beziehung ein gigantisches Minus-Geschäft: Er tut viel und bekommt dafür sehr wenig zurück. Warum lässt er sich darauf ein? Wenn wir einen Blick auf seine Familiengeschichte werfen, wird es plausibel.

Ralf kommt nämlich aus einer Familie, die vom Alkohol geschädigt war. Sein Vater trank, die Mutter war völlig überfordert damit, die Kinder alleine großzuziehen, den Lebensunterhalt zu verdienen und ständig aufzupassen, dass ihr Mann keinen Schaden anrichtete. Ralf war der älteste von drei Geschwistern und übernahm viel zu viel Verantwortung für die anderen. Wenn sein Vater betrunken herumschrie, brachte er seine kleinen Schwestern bei den Nachbarn in Sicherheit, tröstete seine Mutter und sprang im Haushalt ein. Schon mit neun Jahren konnte er kochen, putzen und einkaufen. Dieses Verhaltensmuster prägte Ralf: Er lernte, dass er seine eigenen Gefühle zurückstellen muss. In seiner Familie hatte er keine Zeit, sie wahrzunehmen, und zudem niemanden, der ihm half, zu verstehen und zu benennen, was er fühlte. Noch heute tappt Ralf oft im Dunkeln, was seine Gefühlswelt betrifft. Für seine eigene Wut, seinen Ärger und seine Enttäuschung ist er so gut wie blind. Verlustangst allerdings kann er wahrnehmen. Schon als Kind hatte er oft panische Angst, verlassen zu werden, wenn seine Mutter ihn alleine ließ, um in den Kneipen nach ihrem Mann zu suchen. Des Öfteren kam sein Vater dann betrunken nach Hause und pöbelte herum. Ralf war ihm schutzlos ausgeliefert, und er starb fast vor Angst. Nicht ein einziges Mal hat er sich getraut, seinem Vater die Meinung zu sagen oder seiner Mutter zu erzählen, wie es ihm geht. Es ist verständlich, dass ein Kind wie Ralf, das mit so wenig Lob und Zuwendung aufwächst, kein gutes Selbstwertgefühl entwickeln kann und als Erwachsener dazu neigt, sich selbst hintanzustellen und zu überfordern. Katharina ist ein passender Gegenpart für ihn, denn an ihrer Seite kann er seine gewohnte Rolle wieder einnehmen. Hätte er eine andere Partnerin (stellen wir uns als Gedankenexperiment vor, er wäre mit Tamara, der Klavierlehrerin und Exfreundin von David zusammen), würde ihn das extrem verunsichern. Er bekäme Lob und Dank, würde umsorgt werden und wäre auch als Mann und Liebhaber gefragt. Ralf vermeidet es unbewusst, eine Beziehung auf »Augenhöhe« zu führen, denn er hat Angst, dem nicht gewachsen zu sein. In der Helfer-(und Opfer!)-Rolle fühlt er sich sicherer, und er geht davon aus, dass eine Frau, die ihn so braucht wie Katharina, ihn nicht verlassen wird.

Die Geschichten von Madeleine, Ralf, Katharina und Steffi zeigen, dass die Beziehungspersönlichkeit und die Lebensgeschichte maßgeblich bestimmen, wie gut es um unsere eigene Achse bestellt ist.

Wie ist es denn bei Ihnen? Was für Erfahrungen haben Sie mit Ihrer eigenen Achse in Liebesbeziehungen gemacht? Die folgenden Fragen können Ihnen helfen, sich mit dem Thema auseinanderzusetzen:

Fragen: Wie gut stehen Sie auf eigenen Beinen?

- Wie gehen Sie mit Schwierigkeiten um: Lösen Sie Probleme überwiegend selbst und kennen Sie den Satz: »Das schaffe ich alleine?« Oder warten Sie eher ab, bis Ihr

Partner Ihnen hilft oder zumindest mit Ihnen über Ihre Probleme redet? Hat sich schon einmal ein Partner bei Ihnen beschwert (oder sich getrennt), weil er sich von Ihren Problemen belastet fühlte? Wurde Ihnen auch schon einmal vorgeworfen, dass Sie sich nicht genug um Ihre eigenen Probleme kümmern? In welchen Bereichen Ihres Lebens fühlen Sie sich besonders bedürftig und wo handeln Sie auch so? Wie fühlen Sie sich, wenn Sie meinen, etwas von Ihrem Partner zu brauchen? Was passiert dann in Ihrer Beziehung? An welche Konstellationen aus Ihrer Kindheit fühlen Sie sich erinnert?

- In welchem Bereich möchten Sie beginnen, etwas für sich selbst zu tun, um mehr in Ihrer eigenen Achse zu stehen? Was wäre der erste konkrete Schritt dazu?

Fragen: Wie stark bewegen Sie sich in der Achse Ihres Partners?

- Waren Sie schon einmal oder mehrmals mit jemandem zusammen, der sehr große Probleme hatte? Wie hat sich das angefühlt? Welche Rolle haben Sie in der Beziehung übernommen und wie fühlten Sie sich?
- Fühlen Sie sich stark von Menschen angezogen, die auf fatale Weise mit ihrem Leben nicht zurechtkommen? Wenn ja, was glauben Sie, sind die Ursachen dafür? Wie war es in Ihrer Kindheit: Mussten Sie mehr Verantwortung übernehmen, als es Ihrem Alter entsprach – und warum?
- Wie ist Ihr Bild von Beziehungen: Ist es die Pflicht eines Partners, dem anderen in jeder schwierigen Lage beizustehen? Spielt es dabei eine Rolle, ob die Probleme Schicksalsschläge sind oder selbst verschuldet? Darf man selbst entscheiden, ob, wie viel und wie man hilft? Können Sie sich gut abgrenzen, wenn es Ihnen zu viel wird mit dem Helfen? Sind die Aufgaben bei Ihnen im

Haushalt gerecht verteilt oder übernehmen Sie überproportional viel?
- *Was ist Ihr Fazit:* Sind Sie selbst gut in Ihrer Achse? Und achten Sie darauf, dass Sie sich durch Ihren Partner nicht aus der Achse bringen lassen?

Tipps zum Verbessern der eigenen Achse

Es ist eine lebenslange Aufgabe, ein gutes Gespür für die eigene Achse zu entwickeln. Das können Sie zum Beispiel tun, indem Sie sich aufrichten und die Tanzhaltung einnehmen. Schließen Sie die Augen und atmen Sie frei und tief durch. Stellen sie sich dann vor, dass Sie alles, was Sie tun, aus dieser aufrechten und freien Haltung heraus tun. Auch Ihrem Partner begegnen Sie nur aus dieser aufrechten und majestätischen Haltung heraus!

Technik 2: Gehen Sie über Null

Kommen wir jetzt zum nächsten Geheimnis des Tangos, das sich mit der Achsen-Technik wunderbar ergänzt und Ihnen verrät, wie Sie noch mehr Stabilität bekommen. Bitte schauen Sie sich den Film noch einmal an und achten Sie auf die Füße der Tänzerin.

 Kommen Sie mit diesem Link in »mein Kino«: *www.kreuz-verlag.de/tanz_der_liebe*

Sie werden sehen, dass die Tänzerin bei jedem Schritt einen Fuß dicht am anderen vorbeiführt, sodass ihre Füße für einen kurzen Moment geschlossen sind. Das nennt man »Über Null gehen«. Die Alternative wäre, mit weit geöffneten Beinen wie ein Cowboy zu laufen, was sicher viel weniger elegant wäre. Doch der wahre Sinn des Nullschritts geht weit über die Eleganz hinaus: Er gibt der Tänzerin (und dem Tänzer) Stabilität und Halt. Er ermöglicht es, immer wieder das Gleichgewicht zu finden und dadurch in seine eigene Achse zu kommen.

Der Nullschritt in der Liebe

Was hat der Nullschritt mit der Liebe zu tun? Sehr viel. Die Grundlage einer gelingenden Liebesbeziehung ist es, dass man lernt, immer wieder den Kontakt zu sich selbst zu suchen und sich in alltäglichen oder schwierigen Situationen beizustehen. Das ist nötig, denn in der Liebe gilt die Maxime des Psychologen und Psychotherapeuten Fritz Perls: »Ich bin ich und du bist du.«[27] Unser Partner ist ein unabhängiger Mensch mit seiner eigenen Wahrnehmung und seinen eigenen Gefühlen und Interessen, die zum Teil völlig von unserer Sichtweise abweichen. Das führt dazu, dass er sein eigenes Leben lebt und nicht in allen Situationen an unserer Seite sein kann oder will. Es ist sehr wahrscheinlich, dass unser Partner Dinge tut, die uns verletzen oder durch die wir uns alleingelassen fühlen. Grundsätzlich, aber gerade auch in solchen kritischen Situationen ist es unglaublich wichtig und hilfreich, dass Sie bei sich selbst bleiben können und den Nullschritt beherrschen.

Ich möchte Ihnen einige Beispiele für kritische Situationen nennen und auch sagen, was der Nullschritt konkret bedeuten würde:

Ihr neuer Verehrer meldet sich einige Tage lang nicht. Kennen Sie diese Situation aus eigener Erfahrung? Ich habe in meiner Praxis viele Menschen, überwiegend Frauen, erlebt, die fassungslos waren, weil Sie sich nicht erklären konnten, weshalb der Mensch, der sich aktiv um sie bemüht, lustige SMS geschrieben und sie möglicherweise auch zärtlich geküsst hatte, sich plötzlich nicht mehr meldete. Oder wenn, dann eine unverbindliche und blöde SMS im Sinne von »Wie geht's dir so? Habe gerade viel um die Ohren« schickte, bevor er wieder abtauchte. Wie kann man mit einer solchen Situation umgehen? Die meisten Menschen, die ich erlebt habe, wurden nervös, unsicher und verzweifelt. Sie starrten ständig auf ihr Handy und überlegten, wie sie selbst aktiv werden könnten, ohne aufdringlich zu wirken. Und natürlich hielten sie sich den Samstagabend frei, für alle Fälle.

Hier könnte der Nullschritt helfen. Sarah mit ihrer unabhängigen Art beherrscht ihn perfekt. Sie durchschaut schnell, was Sache ist (er ist unverbindlich und spielt das langweilige Katz-und-Maus-Spiel), und reagiert dann entsprechend. Sie legt ihr Handy weg oder blockiert sogar seine Nummer, damit sie sich nicht länger irritieren lässt. Dann macht Sarah das, was sie immer macht: Sie trifft sich mit Freunden, geht in ihre Lieblingsbar mit italienischer Live-Musik und kümmert sich um ihr eigenes Leben. Denn eines ist ihr klar: Ein Typ, der sich so verhält, ist garantiert keine Bereicherung für sie.

Noch eine Situation, in der Sie den Nullschritt brauchen: Sie haben Streit mit Ihrem Partner. Verhalten Sie sich wie Steffi heute – oder eher wie Steffi früher? Steffi hat den Nullschritt seit Längerem begriffen. Als es anfing, zwischen ihr und Martin zu kriseln, hat sie anfänglich oft versucht, mit ihm zu reden. Sie folgte ihm in sein Arbeitszimmer, wo er sich hinter dem Computer verschanzt hatte und einsilbig antwortete. Sie fragte ihn, was los ist, und machte Vorschläge, was sie gemeinsam unternehmen könnten. Doch er reagierte kaum. Damals fühlte Steffi sich zurückgewiesen. Sie war verzweifelt, und der Abend war für sie gelaufen. Nach solchen Szenen wusste sie nichts mit sich anzufangen, und sie lag entweder weinend im Bett oder sah sich eine schwachsinnige Serie im Fernsehen an. Doch irgendwann sagte sie sich, dass es so nicht weitergehen konnte, und ohne dass sie den Begriff Nullschritt kannte, nutzte sie ihn. Sie tat etwas sehr Starkes: Sie schimpfte innerlich auf Martin, doch nach einer Weile sagte sie sich, dass sie ihn nicht ändern würde. Sie schnallte die Picknickdecke auf ihr Rad und brach alleine zu einer längeren Radtour auf. Die ersten Male dauerte es ein paar Stunden, bis ihre Wut und Enttäuschung auf Martin verflogen waren, doch mit der Zeit ging es immer schneller. Sie fühlte sich oft schon befreit, wenn sie ihr Rad aus dem Schuppen holte.

Noch eine weitere Situation, in der der Nullschritt das Beste ist, was Sie für sich und Ihren Partner tun können: Sie sind gerade unzufrieden mit Ihrem Leben und mit Ihrer Beziehung.
– Katharina, Ralfs alkoholabhängige Partnerin, beherrscht den Nullschritt fatalerweise nicht. Wenn sie, wie so oft, unzufrieden mit ihrem Leben und mit ihrer Beziehung ist, schreit sie Ralf an und beschimpft ihn. Dabei spielen irrationale Motive mit hinein: Katharina möchte ausloten, wie weit sie gehen kann. Insgeheim wünscht sie sich, dass Ralf ihr mal sein Stopp-Schild zeigt: »Bis hierhin und keinen Schritt weiter.« Doch Ralf geht in Deckung, denn er fühlt sich an seinen randalierenden Vater erinnert und bekommt es mit der Angst zu tun. Dadurch, dass Katharina in Ralf keinen starken Gegenpart findet, eskaliert ihr Ausbruch. Sie hat nie gelernt, sich selbst zu beruhigen, und sie bräuchte es, dass Ralf sie in den Arm nimmt und festhält. Doch er hat das Zimmer längst verlassen und sich in Sicherheit gebracht. Katharina steigert sich immer weiter in ihren Gefühlsausbruch hinein, sie schreit und weint, schluchzt und trommelt mit den Fäusten gegen die Wand, betrinkt sich, bis sie kaum noch etwas spürt, und rennt dann kopflos auf die Straße.

Wir können an diesen Situationen sehen, wie unterschiedlich das Leben und eine Partnerschaft durch den Nullschritt werden können. *Ohne* Nullschritt ist man davon abhängig, dass der Partner etwas tut: Dass er sich meldet, einem Bestätigung gibt, einen in den Arm nimmt und tröstet oder einen Konflikt klärt. *Mit* Nullschritt ist man nicht mehr abhängig vom Partner. Man kann sich selbst so unterstützen, wie einen ein sehr guter Freund unterstützen würde, und sich liebevoll fragen, was los ist, und sich dann selbst zuhören, sich trösten und Mut machen. Wenn Sie den Nullschritt beherrschen, können Sie sich ablenken, um auf andere Gedanken zu kommen, und sich selbst Tipps geben, wie Sie mit dieser Situation umgehen können.

Wer das alles kann, hat einen starken Trumpf im Ärmel! Und wenn Sie ihn ausspielen, gewinnen sowohl Sie als auch Ihre Beziehung. Wenn Sie sich wirklich so gut beistehen wie ein guter Freund, dann profitiert auch Ihr Partner davon, denn Sie sind stärker und selbstständiger, erwarten weniger von außen und können sich selbst beruhigen. Wenn Sie sich um sich kümmern und nicht sofort Dampf bei Ihrem Partner ablassen, entgiften Sie die Beziehung ungemein. Stellen wir uns das einmal aus der anderen Perspektive vor: Ihr Partner ist verärgert über etwas, das Sie getan haben. Wenn er den Nullschritt nicht beherrscht, wird er Sie sofort mit seinem Ärger konfrontieren (»Was fällt dir eigentlich ein?!«), Sie werden sich verteidigen (»In was für einem Ton redest du eigentlich mit mir?«) und den Rest des hitzigen Streits kann man sich vorstellen. Wenn Ihr Partner allerdings erst einmal in die Nullposition geht (also vielleicht durch den Wald joggt oder sich vor dem Fernseher beruhigt), kann er danach freundlicher und besonnener mit Ihnen sprechen, und die Chance ist viel größer, dass sie einander zuhören und den Streit beilegen können.

Der Nullschritt ist zweifellos eine wichtige Sache, doch wie lernt man ihn? Oder anders gefragt: Wie findet man genug Halt in sich selbst?

Wie lernt man, sich selbst ein guter Freund zu sein?

Sarah hatte das Glück, dass sie sich früh mit sich selbst angefreundet hat. Sie war damals 20 und war für ein Jahr als Aupair-Mädchen in Texas. Mit ihrer Gastfamilie hatte sie nicht gerade einen Glücksgriff gemacht: Sie lebten mitten in der Pampa, 20 Autominuten von den Nachbarn entfernt, und waren darüber hinaus sehr verschroben. In der nächsten Kleinstadt »lag der Hund begraben«, und Sarah, die gerne viele Menschen um sich hatte, fand keinen Anschluss. Die ersten drei Monate waren die Hölle für sie, sie war verzweifelt, klagte ihrer Mutter am Telefon ihr Leid und tröstete sich mit regelrechten Fernseh-Schokolade-und-Bier-Marathons. Mit jedem Kilo mehr auf den Rippen sank ihre Stimmung weiter unter den Nullpunkt. Doch eines Tages schnappte sie sich aus einer spontanen Eingebung heraus den Hund der Familie und rannte mit ihm über die Felder. Als sie einen Hügel erreicht hatte, schwor sie sich auf dem Tiefpunkt ihrer Verzweiflung ähnlich wie ihre Heldin Scarlett O`Hara in »Vom Winde verweht«, dass sie sich nicht kleinkriegen lassen würde, nicht von Texas, nicht von ihrer Gastfamilie und auch von nichts anderem. Ihre erste Idee war es, einen Fotokurs zu machen, und es stellte sich heraus, dass sie Talent hatte. Schon wenige Monate später konnte sie einige ihrer Portraits und Hochzeitsfotos verkaufen und von dem Erlös durch die USA reisen. In New York und San Francisco gefiel es ihr viel besser als in Texas, und dort lernte sie auch ein paar interessante Menschen kennen und freundete sich mit ihnen an. Ihre tiefste Freundschaft aber war die mit sich selbst. In den Jahren nach ihrem Texas-Aufenthalt ist Sarah immer besser darin geworden, auf ihre innere Stimme zu hören und darauf zu achten, dass diese Stimme nur liebevoll und konstruktiv ist. Ganz oft lobt Sarah sich für ihren Mut und ihre Ideen, macht sich Komplimente für ihr fröhliches Lächeln und rät sich, wie sie ihr Leben weiterhin so bunt und kreativ leben kann. Heute hat Sarah eine Arbeit, die sie liebt, Freunde, die witzig und klug sind, und eine schöne Wohnung. Eine feste Beziehung hat sie nicht, aber das ist zweitrangig. Single sein kann sie hervorragend, und wenn sie ehrlich ist, hat sie keine rechte Lust, sich fest zu binden.

Sarah hat mittlerweile überhaupt keine Angst mehr, alleine zu sein. Im Gegenteil: Sie sorgt dafür, dass sie viel Zeit alleine verbringt, um den Zugang zu sich selbst zu behalten.

Tipps und Übungen: So lernen Sie den Nullschritt

- Zuerst erstellen Sie bitte eine kurze Chronik Ihres Lebens: Wann und wie lange waren Sie schon einmal Single – und wie ging es Ihnen damit? Waren Sie glücklich – oder haben Sie nur danach Ausschau gehalten, dass Sie wieder einen neuen Partner oder zumindest eine Affäre finden? Was hat Ihnen ohne Partner besonders gefehlt (Gesellschaft, ein Gesprächspartner, Sex, Körperkontakt, Unterstützung im Alltag …?)
- Nehmen Sie sich genug Zeit, um die Freundschaft mit sich selbst zu pflegen? Wie würden Sie den Kontakt zu sich selbst beschreiben? Was machen Sie, wenn Sie alleine sind? Sind Sie ständig am Wirbeln oder haken Punkte auf Ihrer To-do-Liste ab? Lassen Sie sich gehen (Chips vor dem Fernseher, unaufgeräumte Wohnung etc.)? Läuft ständig der Fernseher oder das Radio oder sind Sie ständig dabei, zu chatten, skypen oder zu telefonieren? Wenn ja, haben Sie eine Idee, warum Sie das tun? Beschäftigen Sie sich gerne mit Dingen, die Ihnen wichtig sind? Erlauben Sie sich, Musik, Bücher, die Natur oder gutes Essen zu genießen?
- Wie stellen Sie sich Zeit vor, die Sie alleine verbringen, wenn es ideal läuft? Wie würden Sie sich dann fühlen (entspannt, beschwingt, kreativ, ruhig)? Und was unternehmen Sie, was Ihnen wirklich wichtig ist (schreiben,

ein Instrument spielen, malen, in der Natur unterwegs sein...)? Was möchten Sie demnächst alleine erleben und genießen (einen Ausflug ans Meer machen, alleine ins Kino gehen ...)

- Wenn Sie bereits gut alleine sein können, probieren Sie einmal den Nullschritt aus. Das bedeutet: Wenn es Schwierigkeiten mit Ihrem Partner gibt, verbringen Sie erst einmal eine Weile (von ein paar Minuten bis hin zu ein paar Tagen, je nach Situation) alleine und sorgen Sie mit aller Kraft dafür, dass es Ihnen gut geht. Schreiben Sie Tagebuch oder unternehmen Sie etwas Schönes, trösten Sie sich selbst, wenn es nötig ist, oder unternehmen Sie etwas, das Ihnen Spaß macht. Wenn es Schwierigkeiten mit Ihrem Partner gibt: Gehen Sie immer zuerst in sich (in Kapitel 9 erfahren Sie noch genauer, wie Sie sich selbst beistehen können), und *erst wenn es Ihnen gut geht und Sie sich beruhigt haben*, gehen Sie auf Ihren Partner zu und teilen ihm liebevoll und ruhig mit, was Sie bewegt hat. Wiederholen Sie das immer, wenn Sie enttäuscht, unzufrieden oder verletzt sind. Sie können auch ruhig eine Mail an ihn oder sie schreiben, wenn Sie in Ruhe etwas darlegen wollen. Sie werden feststellen, dass die Suche nach Halt in sich selbst die Konflikte in Ihrer Partnerschaft entschärft und Abhängigkeiten reduziert.

- *Ein heißer Tipp, wenn Ihnen das Alleinsein schwerfällt*: Wenn Sie bisher noch nie in Ihrem Leben für eine längere Zeit Single (beziehungsweise in einer Fernbeziehung) *und* glücklich gewesen sind, dann nutzen Sie die nächste Gelegenheit, um mal ein »Sabbatical« einzulegen und sich eine bewusste Auszeit von mindestens einem Jahr ohne Partner und ohne Ausschauhalten nach einem Partner zu gönnen. In dieser Zeit können Sie ungestört und ganz in Ruhe eine Liebschaft mit sich selbst eingehen, bei der Sie sich selbst besser kennenlernen und sich glücklich machen können.

- Wenn Sie wirklich Halt in sich finden wollen, ist Meditation der Königsweg dafür. Die hohe Kunst der Meditation ist es, ein paar Pausen in das Hamsterrad der eigenen Gedanken zu bringen und zur Stille vorzudringen, die tief in uns allen ist. Je öfter wir die Meditation praktizieren, desto einfacher finden wir Zugang zu dieser Stille und können erfahren, welche Kraft in ihr liegt. Wenn wir regelmäßig meditieren, erlangen wir mehr Gelassenheit und können Krisen im wahrsten Sinne des Wortes »aussitzen«, ohne zu handeln. Wenn Sie Meditation lernen möchten, würde ich zunächst das Buch »Achtsamkeit und Meditation im täglichen Leben« von Jon Kabat-Zinn empfehlen. Es gibt jedoch auch Meditationskurse in vielen Kirchengemeinden, Yogazentren, Volkshochschulen und buddhistischen Zentren.

Technik 3: Auf die Umarmung kommt es an

Möglicherweise haben Sie durch die erste und zweite Technik im »Tanz der Liebe« den Eindruck gewonnen, dass es in einer Liebesbeziehung vor allem darum geht, bei sich zu bleiben und gut auf sich selbst zu achten. Doch natürlich ist es genau so wichtig, den Kontakt zum Partner zu haben. Das sehen Sie auch in dem Film, wenn Sie einmal auf die Umarmung achten! Ich kann mich sehr lebhaft an die Umarmung der beiden Tänzer erinnern, denn sie hat mir besonders gut gefallen. Sie war zärtlich und intensiv, und gleichzeitig hatte jeder der beiden genug Raum für seine eigenen Bewegungen. Die beiden Tänzer begegnen sich in ihrem Tanz so, wie die meisten Menschen ihren Kontakt zu ihrem Partner gerne hätten: nah und gleichzeitig frei. Wie schön wäre es, wenn wir mit unserem Partner auch so umgehen könnten, nicht (nur) beim Tanzen, sondern auch im Gespräch, beim Spazierengehen oder beim Sex.

Sehen Sie sich den Film doch noch einmal an!

 Nutzen Sie wieder diesen Link und kommen Sie mit in »mein Kino«:
www.kreuz-verlag.de/tanz_der_liebe

Liebe geht durch den Körper

Viele Menschen haben den Wunsch danach, ihren Partner zu umarmen, aber je mehr Enttäuschungen, Verletzungen, Lieblosigkeiten oder Langeweile es im Laufe ihrer Beziehung zwischen ihnen gegeben hat, desto schwerer fällt das. Die Geschichte von Steffi und Martin begann, wie fast alle Liebesgeschichten, mit stundenlangem Streicheln, zärtlichen Massagen und recht gutem Sex. Doch mit den Jahren wurden die Berührungen immer weniger. Steffi und Martin hatten kaum Zeit füreinander, denn ständig forderten die Kinder Zuwendung und quengelten sich in den Vordergrund. Seit Jahren streicheln und massieren Martin und Steffi nicht mehr einander, sondern die Kinder. Außerdem war der Alltag überfordernd: Martin und Steffi kamen oft zum Umfallen erschöpft nach Hause und wollten so schnell wie möglich aufs Sofa, aber alleine zum Lesen und nicht zum Kuscheln. Das blieb nicht ohne Folgen. Als die Kinder etwas größer waren, zeigte sich, wie wenig Gemeinsamkeit Steffi und Martin noch hatten. Steffi war verzweifelt und kämpfte gegen den großen Abgrund an, den sie plötzlich sah. Sie schlug Martin öfters vor, eine Radtour zu machen, ins Café zu gehen, irgendwas. Doch Martin surfte stundenlang im Internet, schaute kaum auf. Sie fühlte sich nach diesen Versuchen kraftlos, zum ersten Mal in ihrem Leben saß sie nachmittags vor dem Fernseher. Eines Abends kam sie ins Wohnzimmer und versteifte innerlich, als

Martin die Hand nach ihrer Brust ausstreckte. Sie wäre am liebsten schreiend aus dem Zimmer gerannt, denn sie ärgerte sich, dass er einfach Sex wollte, statt sich mit ihr zu beschäftigen oder sich mit ihr auszutauschen. Schon oft hatte sie ihn gedrängt: »Wir müssen reden«, und sie meinte es wirklich ernst. Doch nie hatten sie miteinander geredet oder gar etwas geklärt.

Steffi und Martin stecken mitten in dem klassischen Konflikt, den Männer und Frauen seit schätzungsweise Zigtausenden von Jahren haben. Allseits bekannt, Inhalt unzähliger Herrenwitze und das täglich Brot aller Paartherapeuten. Und dabei tragisch für die Betroffenen. Das Problem besteht darin, dass Männer und Frauen in einem Punkt unterschiedlich ticken. Frauen, die sich emotional nicht angenommen fühlen, steht in der Regel nicht der Sinn nach Sex. Sie wollen *erst* reden, und wenn sie sich verstanden fühlen und das Problem wirklich geklärt ist, kuscheln, und erst dann, wenn das schön gewesen ist, vielleicht Sex. Eigentlich durchlaufen sie damit noch einmal die Reihenfolge des Kennenlernens: Vertrauen aufbauen, reden und dann erst Sex. Wenn das so nicht stattfindet, lässt die Frau ihre Rollläden herunter und macht körperlich dicht. Fatalerweise ist es bei Männern genau anders herum. Typischerweise will ein Mann *erst* Sex, um sich auf einer tiefen Ebene angenommen und bestätigt zu fühlen. Wenn seine Partnerin ihm signalisiert, dass sie überhaupt keine Lust auf ihn hat, empfindet er das in etwa so verstörend, wie eine Frau es empfände, wenn ihr Partner eine Woche lang kein einziges Wort mit ihr wechselt.

Die Methoden sind schlecht zu vereinbaren. Die meisten Männer hassen Problemgespräche mit ihrer Partnerin und als Folge davon machen sie dicht, sobald sich ein solches Gespräch anbahnt. Eine Frau, die bemerkt, dass ihr Mann emotional blockiert, wird in der Regel erst einmal sauer. Da ist es kein Wunder, dass Problemgespräche in der Regel nicht die gewünschte Klärung und Annäherung bringen, sondern eher ein Indikator dafür sind, dass das Paar auf eine Trennung zugaloppiert.

Halt mich fest in deinen Armen

Doch wie stoppt man diese ungute Entwicklung, bevor sie eskaliert? Oder wie kommt man aus so einer verhärteten Situation heraus? Wie findet man wieder zu einem lustvollen und liebevollen Umgang miteinander? Und zwar möglichst schnell! Nicht lange zu warten ist aus zwei Gründen wichtig: Zum einen ist es relativ unwahrscheinlich, dass ein Paar, das lange keinen Sex mehr gehabt hat, von alleine wieder damit anfängt. Und zum anderen wissen Paarforscher schon lange, wie zentral eine erfüllte Sexualität (oder zumindest körperliche Nähe) für das Wohlbefinden in einer Partnerschaft ist. Sie sagen Paaren unverblümt: »Wenn ihr die Sexualität nicht auf die Reihe kriegt, stehen die Chancen schlecht für euch.«

Insofern lohnt es sich, die innere Verbindung, die sich auch in der Sexualität spiegelt, nicht erst versiegen zu lassen, sondern sich aktiv darum zu bemühen. Doch wie? Der sehenswerte Film »Wie beim ersten Mal« zeigt eine Möglichkeit auf. Er handelt von einem in die Jahre gekommenen Paar, das sich voneinander entfremdet hat. Kay (Meryl Streep) beklagt sich, dass ihr Mann Arnold (Tommy Lee Jones) sie »nur auf Fotos« berührt, und gesteht sich ein, wie einsam sie sich in ihrer Ehe fühlt. Sie beginnt, alles daranzusetzen, ihre Ehe zu retten, und bucht eine Intensivwoche Sexualtherapie für sich und Arnold. Ihr Mann wehrt sich mit Händen und Füßen gegen diesen Plan, kommt dann aber doch widerwillig mit. In den Therapiesitzungen, die übrigens auch der modernen Sexualtherapie in Deutschland entsprechen, kommt zur Sprache, welche Gründe es dafür gab, dass das Paar sich sexuell meilenweit voneinander entfernt hat. Der Therapeut fordert die beiden auf, miteinander über ihre Wünsche und Fantasien zu sprechen und sich zu streicheln. Dabei geraten Kay und Arnold schnell an ihre körperlichen und emotionalen Grenzen, und ihre Verletzlichkeit wird sehr deutlich. Nach einem gescheiterten Annäherungsversuch verfallen beide in tiefe Verzweiflung. Als Kay unter Tränen beschließt, ihre Wünsche endgültig zu begraben, kommt Arnold in ihr Schlafzimmer und sie schlafen seit Jahren wieder zusammen.

Man muss es nicht erst so weit kommen lassen wie Arnold und Kay! Hier sind einige Fragen und Tipps, wie Sie Ihre Intimität wieder aufleben lassen können:

Fragen und Übungen zur Umarmung

- Wie viel ungeteilte Aufmerksamkeit geben Sie Ihrem Partner? Wie liebevoll begrüßen Sie einander, wenn Sie sich sehen? Die Begrüßung ist sehr wichtig, denn sie stellt die Weichen für den weiteren Verlauf der Begegnung, und eine herzliche Umarmung, liebevolle Worte oder ein aufmerksamer Blick können da viel Gutes bewirken. Wann und wie oft gibt es eine herzliche und innige Begegnung zwischen Ihnen (vergleichbar mit den beiden Tänzern, die zumindest für die Dauer des Tanzens ganz füreinander da sind)? Achten Sie einmal darauf, wie zärtlich, herzlich und offen Sie Ihrem Partner begegnen, wie viel Anerkennung, Unterstützung und Lob Sie ihm geben.
- Machen Sie sich bewusst, wie wichtig die Sexualität ist. Sie ist der emotionale »Klebstoff« in einer Beziehung. Das, was im Bett passiert (oder nicht passiert), bildet sich *auf allen anderen Ebenen* der Partnerschaft ab. Wenn ein Paar hier liebevoll aufeinander eingeht und sich gegenseitig Freude verschafft, hat dieses Paar im Alltag deutlich mehr Spaß miteinander. Sex ist also für die Stimmung unendlich viel wichtiger, als gemeinsam

Fliesen auszusuchen, über Kindererziehung zu sprechen oder mit den Nachbarn zu grillen.
- Und dann stellen Sie sich die Gretchenfrage: Räumen Sie der Sexualität gebührend Platz ein? Möglicherweise haben Sie die Einstellung verinnerlicht, dass Sex etwas ist, was sich irgendwie nicht »gehört« und was man erst dann tut, wenn alles andere erledigt ist. Wenn Sie das ändern möchten, könnten Sie Sex innerlich aufwerten und es als Liebeskunst oder »besonderes Hobby« begreifen. Bei anderen Dingen, die Ihnen wichtig sind, scheuen Sie ja auch weder Kosten noch Mühen und fahren zum Beispiel 1000 Kilometer, nur um bei herrlichem Sonnenschein und Tiefschnee die Piste hinunterzufahren, oder Sie verbringen vielleicht viele Stunden damit, Ihre Wohnung oder Ihr Auto blitzblank zu putzen … Deshalb wäre es der erste Schritt, das Motto zu ändern, sodass es nun heißt: »Lieber Shower-Poppen statt Power-Shoppen«.[28]
- In welchen Situationen sind Sie in Ihrer Beziehung besonders offen für Sex? Was könnten Sie tun, damit Sie selbst in die Stimmung kommen für Berührungen und Sex? Einen Kurzurlaub machen, erotische Literatur lesen, Liebesfilme gucken, sich entspannen, sich selbst liebevoll berühren, in Ruhe duschen und Körperpflege machen, schöne Unterwäsche tragen, Kerzen im Schlafzimmer aufstellen, Ihrem Partner schon tagsüber ein paar ein- bis zweideutige SMS schreiben …
- Überlegen Sie mal, was Sie tun müssten, damit Sie *garantiert keinen* Sex haben. Beliebte Strategien sind: Sich nicht die Zähne putzen beziehungsweise nicht genug duschen, die schlabbrige Jogginghose anziehen und sich entsprechend fühlen, abstoßende Tischmanieren haben, abends nach dem Partner ins Bett gehen und vor ihm aufstehen, gleich nach dem Aufstehen oder sofort nach dem Nachhausekommen Vorwürfe machen oder über

schwierige Themen reden. Sehr erfolgreich ist es auch, den Terminkalender so vollzupacken, dass man mit richtig schön schlechter Laune nach Hause kommt und nur noch alleine sein möchte oder seinen Frust am Partner ablässt.
- Wie ist der Sex mit ihrem Partner in guten Zeiten? Harmonieren Sie miteinander? Wenn nicht: Woran liegt es? Sprechen Sie miteinander über sexuelle Wünsche und Fantasien? Wie gut ist ihre nonverbale Kommunikation (über Gestik, Mimik, Berührungen)? Können Sie Ihrem Partner ansehen, wie es ihm geht? Beobachten Sie Ihre Beziehung mal mit etwas Distanz, als würden Sie einen Film sehen: Was können Sie aus ihrer eigenen Körpersprache und was aus der Ihres Partners herauslesen?
- *Ein heißer Tipp für Frauen:* Wenn Sie mutig sind, könnten Sie einmal den Lösungsansatz des Mannes ausprobieren und sich auf Sex einlassen, auch wenn gerade nicht alles picobello in Ihrer Beziehung geklärt ist. Damit machen Sie es sich viel leichter, denn *nach* dem Sex ist die Stimmung in der Regel viel entspannter und viele Probleme lassen sich im Handumdrehen klären oder spielen gar keine Rolle mehr. Allerdings darf der Sex auf gar keinen Fall »Gnadensex« sein, bei dem sich einer halbherzig auf Sex einlässt und hofft, dass es schnell vorbei ist!
- Wenn Sie sich weiter mit dem Thema beschäftigen wollen, wie Sie Ihre Sexualität wiederbeleben können, habe ich zwei Buchtipps für Sie:
  – Clement, Ulrich: »Guter Sex trotz Liebe. Wege aus der verkehrsberuhigten Zone«, Ullstein, 2008.
  – Schnarch, David: »Die Psychologie sexueller Leidenschaft«, Piper, 2009.

Technik 4: Beherrschen Sie Nähe *und* Distanz

Beim Tanzen variieren die beiden Tänzer öfters ihren Abstand voneinander. Meistens sind sie sehr eng umschlungen, sodass sie Wange an Wange und Brust an Brust tanzen. Dann wieder halten sie eine Handbreit Abstand voneinander, gelegentlich sogar eine Armeslänge. Es gibt, in anderen Tangos, auch Schritte, in denen die Tänzer sich ein paar Takte lang nicht berühren. Der Umgang mit der Entfernung ist bei den Tänzern flexibel – keiner von beiden ist der Part, der den anderen absichtlich auf Distanz hält, und keiner versucht, mehr Nähe herzustellen als der andere ihm gewährt. Unabhängig davon, ob sie ganz nah oder etwas entfernter voneinander tanzen, wirken beide Tänzer entspannt.

Mögen Sie sich den Film noch einmal anschauen?

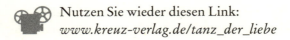
Nutzen Sie wieder diesen Link:
www.kreuz-verlag.de/tanz_der_liebe

Distanz und Nähe in der Liebe

In Liebesbeziehungen ist der Umgang mit Nähe und Distanz ein großes Thema, und mitunter erleben Paare es als ihre größte Herausforderung, das Verhältnis so einzustellen, dass beide gut damit leben können. Im Gerangel um Nähe und Distanz wird in einer Partnerschaft verhandelt, ob *er* die alljährliche Herrenreise mitmachen darf oder *sie* am Strand stundenlang in ihren Krimi abtauchen darf, anstatt sich mit ihm zu unterhalten. Es geht um die Frage, wie viele und welche Geheimnisse jeder haben darf und ob man die Badezimmertür abschließen darf. Es geht aber auch darum, wie oft man »Ich liebe dich« sagen muss, wie oft man täglich von sich hören lässt und ob man engumschlungen einschläft oder in getrennten Schlafzimmern.

All diese Fragen stehen zur Debatte, und nicht selten merken die Partner, dass der andere ganz anders empfindet als man selbst. Der eine wünscht sich sehnlichst mehr Zeit zu zweit und zählt die Stunden bis zum Wiedersehen, der andere hingegen genießt die Zeit für sich und könnte sich auch noch etwas seltener mit dem anderen treffen. Die Vorwürfe dazu hören sich so an: »Wenn du mich richtig lieben würdest, würdest du mich viel öfter sehen wollen.« Die Gegenseite erwidert: »Wenn *du* mich richtig lieben würdest, würdest du mir meine Freiheit lassen und mich nicht so bedrängen.«

Jeder Mensch hat seine eigene Vorstellung darüber, wie viel Nähe richtig ist. In meinem Buch »Der geheime Code der Liebe« wird ausführlich geschildert, wie sich das unterschiedliche Nähebedürfnis in einer Beziehung auswirkt, und es wird aufgezeigt, wie es sich in der Ursprungsfamilie und durch frühere Beziehungen entwickelt. Schauen wir uns das bei Philipp an: Er hat als Kind erlebt, dass seine Mutter ihr halbes Leben unglücklich und einsam war, weil sein Vater, im Gegensatz zu ihr, sehr gesellig war und seine Freizeit überwiegend im Schützenverein und Kirchenvorstand verbracht hat. Philipps Mutter fühlte sich in ihrem Haushalt ohne ihren Mann einsam und ungeliebt, und ihr fiel nichts ein, womit sie ihrem Leben einen Sinn hätte verleihen können. In ihrer Verzweiflung klammerte sie sich an Philipp, der quasi für seinen Vater einsprang und bei Schinkenbroten und Würfelspielen den Schmerz seiner Mutter linderte. Dabei lernte er, dass eine Zweierbeziehung immer ein wenig klebrig ist und einem wenig Raum lässt. Mit seinen späteren Freundinnen wollte Philipp, so wie er es von seiner Mutter kannte, ständig auf Tuchfühlung sein und war ihnen gegenüber vereinnahmend.

Doch natürlich werden wir nicht nur von unseren Eltern geprägt, sondern auch unsere Erfahrungen in vergangenen Beziehungen hinterlassen Spuren. Philipp hat sich bei der abweisenden Dörthe die Finger verbrannt und konnte sich nur dadurch retten, dass er letztendlich Halt in sich selbst gefunden hat. Wie wir bereits wissen, ist er seitdem sehr vorsichtig und kann sich nicht vorstellen, in absehbarer Zeit wieder eine Frau an sich heranzulassen, weil er sich dann verletzlich macht.

Von Kopf bis Fuß auf Nähe eingestellt

Das Nähebedürfnis ist eines der Merkmale der Beziehungspersönlichkeit, das stark von der Paardynamik abhängt, also von der Art und Weise, wie wir mit unserem Partner und er mit uns umgeht. Hier gilt das Gleiche wie beim Goldpreis oder Aktienhandel: Angebot und Nachfrage bestimmen den Markt. Wenn ein Partner mehr Nähe auf den Markt trägt, als ihm vom Partner abgenommen wird, verliert seine Nähe an Wert wie überreife Bananen oder Schokoladenweihnachtsmänner im Februar.

David wollte viel mehr Nähe als Tamara. Sie fehlte ihm, wenn er mit seiner Tochter zusammen war. Zu zweit mit ihr fühlte er sich unvollständig, und er sehnte sich nach einer kleinen Familie. Er hätte gerne für Tamara gekocht und zu dritt mit seinem Kind gegessen und danach einen Film geguckt. Doch seine Tochter war anstrengend: Ständig forderte sie Aufmerksamkeit ein, und wenn ihr diese verweigert wurde, zerstörte sie Dinge. Sie machte dabei auch vor der Beziehung von Tamara und David nicht halt und versuchte, die beiden zu entzweien, wo es nur ging. Für Tamara war es sehr anstrengend, Zeit mit Davids Tochter zu verbringen. Sie nutzte Davids »Papa-Wochenenden« zunehmend dazu, ihren eigenen Interessen nachzugehen, und schob auch mal ihre Arbeit vor.

Das hatte nichts damit zu tun, dass sie David nicht liebte. Er war ihre große Liebe, und sein warmes Herz, sein Humor und seine Fürsorge waren sehr kostbar für sie. Grundsätzlich war sie gerne mit ihm zusammen, doch seit Jahren trug sie einen Teil von Davids Last auf ihren Schultern. Sie heiterte ihn auf, wenn er mal wieder einen Job nicht bekommen hatte. Sie machte ihm Vorschläge, wie er mit seiner Tochter umgehen konnte, und sie brachte ihn durch Spaziergänge oder lustige Filme auf andere Gedanken. Ihre optimistische, fröhliche und zupackende Art baute David immer auf, aber Tamara hatte das Gefühl, es baute sie selbst ab. Sie schöpfte wieder Kraft, wenn sie auch mal allein war oder sich mit anderen Menschen traf. David war es nicht recht, dass sie so wenig Zeit für ihn hatte. Er fühlte sich unausgefüllt und leer. Wenn sie auseinandergingen, war er enttäuscht und wollte sofort wissen, wann sie sich wieder treffen könnten.

Tamara fühlte sich eingeengt. Sie hatte gerade einen Großteil ihrer freien Zeit mit David verbracht und wollte nun alleine etwas lesen, Klavier spielen oder eine Freundin treffen. Sie hätte gerne mal ein paar Tage mit ihren Freundinnen in den Bergen verbracht (mit David war das nicht möglich, er hatte Höhenangst), aber sie hatte Angst, David gegenüber ihren Wunsch zu äußern. Sie hatte insgeheim Schuldgefühle, weil David so unglücklich wirkte und sie ihn nicht aufheitern konnte. Deshalb traf sie sich häufiger mit David, als sie eigentlich wollte, und nach einiger Zeit hegte sie einen leichten Groll gegen ihn. Sie stellte fest, dass ihr Bedürfnis nach Freiheit durch ihren Verzicht immer größer wurde, und sie ärgerte sich über David, weil er ihr nie aus ganzem Herzen »viel Spaß« wünschen konnte, wenn sie mal alleine unterwegs war. Stattdessen sagte er immer: »Ja, aber melde dich heute Abend.«

David hingegen konnte sie nicht entspannt ziehen lassen, weil er spürte, wie gerne sie wegwollte und wie befreit sie ohne ihn war. Er hatte unterschwellig Angst, dass sie nicht von alleine wiederkommen würde, wenn er nicht an ihr zog. Tamara hatte darauf eine klare Antwort: »Das ist totaler Blödsinn! Wenn ich mal einen Tag ohne dich verbringe und du nicht an mir klammerst, vermisse ich dich doch auch! Und spätestens nach drei Tagen möchte ich wieder zu dir.«

Das Reißverschlussprinzip

Es ist eher die Regel als die Ausnahme, dass zwei Menschen ein unterschiedliches Bedürfnis nach Nähe haben. Doch wie geht man damit um? Sehr hilfreich ist es, den Unterschied in den Bedürfnissen nicht zu werten, sondern mit viel Respekt, Feingefühl und Sensibilität aufeinander zu achten und die sogenannte »Reißverschlussregel« zu beherrschen: Bei einem Reißverschluss greifen die rechten und linken Zähne streng abwechselnd ineinander. Der Reißverschluss verkeilt sich, wenn nach einem rechten kein linker Zahn kommt, sondern zwei rechte aufeinanderfolgen. In einer Partnerschaft gilt das gleiche Prinzip: Erst ist die eine, dann die andere Seite dran, einen Schritt auf den anderen zu zu machen. Wenn einer, wie in unserem Beispiel David, ständig aktiv ist und sich um Nähe bemüht, entsteht eine Blockade, da der Partner, wie Tamara, sich von seinem Tempo und der Intensität überfordert fühlt. Hier hilft nur eines: Warten, bis der Partner aktiv wird. Allerdings ist es wichtig, dass Sie den Nullschritt gut geübt haben, damit das Warten kein nervöser Spießrutenlauf wird, bei dem Sie ständig auf Ihr Handy starren und hoffen, dass Sie bald erlöst werden. Katzen können wunderbar bei sich sein: Sie liegen dann genüsslich auf der Heizung oder stromern durch die Gärten der Nachbarn. Falls ihnen etwas fehlt, lassen sie sich das nicht anmerken. Bei Hunden ist es ganz anders gelagert: Wenn Herrchen im Supermarkt ist, sind sie verzweifelt, jaulen oder laufen nervös im Kreis, und wenn Herrchen wiederkommt, springen sie freudig an ihm hoch und können sich erst dann entspannen. Ihr Partner wird ein untrügliches Gespür dafür haben, ob Sie sich wie eine Katze oder wie ein Hund benehmen, und das wirkt sich auch auf die Machtverhältnisse in Ihrer Beziehung aus. So hart es klingt: Die nackte Wahrheit ist, dass die Katze immer am längeren Hebel sitzt.

Wenn Sie merken, dass Ihr Partner in Ruhe gelassen werden möchte, sollten Sie ihm freiwillig den Raum geben, den er braucht. Sie werden feststellen, dass ihr Partner schneller und lieber zu Ihnen zurückkommt, wenn Sie ihn loslassen. Machen Sie sich klar, dass Sie durch Ihre Bemühungen, Nähe herzustellen, die Lage nur verschlimmern. Schreiben Sie nicht die dritte SMS, wenn Ihr Partner sich nicht zurückmeldet. Gehen Sie dann lieber in die Nullposition und seien Sie bei sich. Sie können versuchen, ruhig zu beobachten, wann Ihr Partner von sich aus auf Sie zukommt.

> Tipp: In dem Buch »Ich lieb' dich nicht, wenn du mich liebst« von Dean C. Delis und Cassandra Philipps wird beschrieben, wie es sich in einer Beziehung auswirkt, wenn einer den anderen mehr liebt als der andere.

Exkurs Bindungsstörung

Ganz anders ist der Fall allerdings gelagert, wenn Ihr Partner nicht nur etwas mehr Freiraum braucht als Sie, sondern eine Bindungsstörung hat. Es gibt mehrere Arten von Bindungsstörung, aber insbesondere Menschen mit einer ängstlich-vermeidenden Bindungsstörung machen ihren Partnern schwer zu schaffen. Dörthe ist so eine »Bindungsphobikerin«. Sie hat noch nie eine längere Beziehung geführt und hält es nicht aus, jemandem dauerhaft nah zu sein. Das Paradoxe ist, dass Dörthe sich gleichzeitig sehr nach Nähe sehnt. Gelegentlich kam sie Philipp so nah, dass er von ihrer Intensität fast verglühte. Er fühlte sich ihr so verbunden und in manchen Momenten von ihr so gut verstanden, wie er das mit niemandem zuvor in seinem Leben erfahren hatte. Der Sex mit Dörthe ging ihm auch seelisch »unter die Haut«. Doch immer wenn sie sich nah waren, bekam es Dörthe mit der Angst zu tun. Einmal musste sie kurz nach dem Sex plötzlich zu einer anderen Verabredung, und mehrmals floh sie ohne ein Wort der Erklärung und meldete sich tagelang nicht. Manchmal blieb sie zwar physisch anwesend, aber sie war von einem Moment auf den anderen gefühlsmäßig in unerreichbarer Ferne. Nie teilte sie Philipp mit, was sie gerade fühlte. Philipp reagierte darauf, wie fast alle Partner von bindungsgestörten Menschen reagieren: Er wurde unsicher und richtete seine ganze Aufmerksamkeit auf Dörthe. Ständig fragte er sich, warum es nicht klappte, und rekapitulierte im Kopf, was schiefgelaufen war. Er fühlte sich zurückgewiesen und machtlos. Natürlich spielte er oft mit dem Gedanken, sich zu trennen, doch im letzten Moment kam Dörthe mit dem untrüglichen Gespür eines ängstlich-vermeidenden Menschen auf ihn zu und brachte ihn mit allen Regeln der Kunst davon ab. In meiner therapeutischen Arbeit sind mir viele Menschen begegnet, die, wie Philipp, einen Partner mit einer ängstlich-vermeidenden Bindungsstörung hatten. Ihr Leid war groß, und sie fühlten sich selbst schuldig am wechselhaften Verhalten ihres Partners. Es war für sie sehr hilfreich und entlastend, als sie erkannten, dass ihr Partner an einer Bindungsstörung litt und sich deshalb nicht auf sie einlassen konnte.

> Tipp: Wenn Sie mehr darüber wissen möchten und den Verdacht haben, dass Ihr Partner (oder Sie selbst) unter einer Bindungsstörung leidet, empfehle ich Ihnen das lesenswerte Buch »Jein! Bindungsängste erkennen und bewältigen« von Stefanie Stahl.

Kommen wir nun zum nächsten Geheimnis des Tangos. Es kann Ihnen dabei helfen, ruhig zu bleiben, wenn Ihr Partner sich etwas entfernt.

Technik 5: Entspannt tanzt man besser

Wir können die beiden Tänzer nicht anfassen. Aber wenn wir uns in ihre Körper hineinfühlen könnten, wären wir überrascht, wie leicht und gelöst sie sich anfühlen. Ihre Hände liegen leicht und locker aufeinander, es ist keinerlei Druck oder Spannung vorhanden. Die Berührung ist so sanft, als würde man ein kleines Tier hochheben. Daher kommt auch die Leichtigkeit ihrer Bewegungen, auf die Sie achten können, wenn Sie sich den Film vielleicht noch einmal ansehen.

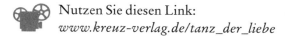 Nutzen Sie diesen Link:
www.kreuz-verlag.de/tanz_der_liebe

Entspannt lieben

In der Liebe ist es wie beim Tanzen von unermesslichem Vorteil, wenn man entspannt ist. Nur dann bekommen wir einen guten Zugang zu uns selbst und unserem Körper, und nur dann können wir auch aufmerksam mit unserem Partner umgehen. Stress macht egoistisch und einsam. Brauchen Sie Beweise? Dann erinnern Sie sich bitte einmal an eine Zeit, in der Sie sich überfordert und im Stress gefühlt haben. Auch wenn es nicht angenehm ist daran zu denken, möchte ich Sie bitten, ehrlich zu sagen, wie Sie mit Ihrem Partner damals umgegangen sind. Und wie ist es anders herum: Wie verhält sich Ihr Partner Ihnen gegenüber, wenn er oder sie unter Druck steht? Und sicher kennen Sie auch diese Momente in Ihrer Partnerschaft, in denen Sie beide gleichzeitig gestresst sind und unter Druck stehen? Wie ist in solchen Phasen die Stimmung zu Hause, und wie Ihr Umgang miteinander? Wahrscheinlich werden Sie mir zustimmen, dass Stress jeden launisch, zickig, ruppig, gehetzt, verschlossen, aggressiv, ungeduldig, egoistisch, anklagend und lustlos macht. Und als wenn das nicht genug wäre, sind wir immer dann, wenn wir schlecht geschlafen haben, uns überfordert fühlen oder uns gar am Rande eines Nervenzusammenbruchs bewegen, besonders empfindlich und anfällig für Kritik, Zurückweisungen oder Verletzungen, die uns der Partner zufügt. Es sollte uns deshalb nicht wundern, dass Stressphasen eines oder beider Partner auch in der Beziehung zu großen Turbulenzen führen: Streit, Vorwürfe, Gefühle der Einsamkeit, Tränen und Rückzug sind dann vorprogrammiert. Eine stabile Beziehung hält das sicher mal aus, wenn man danach wieder in ruhigere Gewässer kommt. Viel schlimmer ist es, wenn zwei Menschen über längere Phasen sozusagen auf der Überholspur leben oder zu viele Baustellen gleichzeitig haben: Hausbau, kleine Kinder, berufliche Belastung, Pflege von Angehörigen, eigene Krankheiten.

Für einige Menschen ist es grundsätzlich schwieriger: Sie brauchen nicht einmal externe Belastungen, um gestresst zu sein, denn sie tragen den Stress in sich, weil sie von Natur aus sehr empfindlich sind und dazu neigen, auf kleine Kränkungen, Kritik, Zurückweisungen oder Störungen in einer Partnerschaft sehr empfindlich zu reagieren. Sie weinen, fühlen sich stark verunsichert, können nachts nicht schlafen oder bekommen psychosomatische Störungen. In meinem Buch »Der geheime Code der Liebe« wird dieses Merkmal ausführlich beschrieben und es gibt auch Strategien, was man dagegen tun kann. Leider haben diese Menschen, die in ihrer Beziehungspersönlichkeit eher labil und empfindlich sind und nicht dagegen ansteuern, für das Glück in ihrer Beziehung nicht so gute Karten: In meiner »Glücksformel« die ich an 300 Paaren ausgerechnet habe, konnte man klar erkennen, dass eine hohe Empfindlichkeit den Menschen (und wahrscheinlich auch seinen Partner) in der Liebe unglücklich macht.

Entspannt ohne Partner sein

Schon bei der Partnersuche ist es spürbar, dass es sich entspannt deutlich besser flirtet. Als Sarah ihre Agentur gründete, interessierte sich über ein Jahr lang kein einziger Mann für sie. Das war für sie komplett neu, denn sie war es gewohnt, von mehreren Männern umschwärmt zu werden. Eines Tages beschwerte sie sich beim Kaffeetrinken mit ihrer Freundin Judith darüber, und sie bekam prompt ein unverblümtes Feedback.

Judith: »Seit du selbstständig bist, bist du ständig gehetzt. Als ich dich neulich im Supermarkt gesehen habe, bist du mit deinem Einkaufswagen durch die Gänge gedüst wie ein Formel-1-Fahrer auf dem Nürburgring. Glaubst du, da stellt sich dir jemand in den Weg und fragt nach deiner Telefonnummer? Und du bist ja selbst im Moment völlig blind für Männer, so kenne ich dich gar nicht. Als wir neulich im Café saßen, hast du nicht mal bemerkt, was für ein attraktiver Typ dauernd vom Nebentisch herüberguckte. Zu dir! Leider nicht zu mir, ich hätte so eine Chance nämlich nicht verpasst.«

Sarah: »Du hast ja recht! Aber das Leben ist schon ungerecht. Gerade jetzt bräuchte ich an den Wochenenden jemanden zum Anlehnen und einen, der mich mal an die frische Luft oder unter Leute bringt.«

Judith: »Ach, der Prinz soll kommen und dich retten? So läuft das aber nicht. Denk doch mal an deine Geschichte mit Jens.«

Sarah: »Ja, ja, ja, du hast ja recht. Das mit Jens und mir war wirklich purer Stress: Er hatte so viele Termine, und ich auch. Am Wochenende wollte ich eigentlich nur früh schlafen, und auch er schaute dauernd verstohlen auf seine Uhr, um zu sehen, wie lange er noch wachbleiben konnte. Himmel, und der Sex war der unmotivierteste, den ich je hatte.«

Judith (kichernd): »Das wundert mich nicht.«
Sarah: »Gruselig. Es war ja auch kein Wunder, dass es mit uns so schnell wieder vorbei war. Ich war, ehrlich gesagt, sehr erleichtert, und ich glaube, Jens auch.«
Judith: »Dann beende doch erst mal dein Projekt bei der Arbeit, und danach gehen wir das Projekt »Pirsch« an. Je schneller, desto besser. Hast du eigentlich endlich einen Termin beim Friseur?«
Sarah: »Ich hatte keine Zeit.«
Judith rollt mit den Augen und stopft sich schnell zwei Kekse in den Mund, damit sie nicht noch mehr dazu sagt.

Ulla ist da aus ganz anderem Holz geschnitzt. Sie wusste seit ihrer Jugend, wie eng Entspannung und Erfolg in der Liebe zusammenhängen. Dieses Wissen bereicherte auch ihre Familie. Frank liebte seine Arbeit, und als selbstständiger Winzer gab es immer wieder Phasen, in denen er über dem Ankauf eines neuen Weinbergs oder einer verregneten Ernte alles andere vergaß. Ulla musste ihn anrufen, damit er zum Essen kam, und sie musste ihn abends vom Schreibtisch ins Bett schubsen. Aber Frank wusste, dass es zwei Punkte gab, an denen seine Frau so unnachgiebig war wie der Kundenservice der Deutschen Bahn: Sie bestand zum einen darauf, dass Frank in den Sommerferien drei Wochen und im Frühjahr zwei Wochen mit ihr und den Kindern verreiste und dabei richtig abschaltete. Zum anderen legte Ulla Wert darauf, dass der Samstagnachmittag Frank alleine gehörte und er nach Lust und Laune Golf spielen oder in die Sauna gehen konnte. Der Sonntag aber war Familientag.

Hinweise und Tipps: Wie macht man sich locker?

Heute legen die meisten Menschen ein rasantes Tempo an den Tag. Obwohl wir mehr Freizeit haben als alle Menschen zuvor, hört man von Schülern, Eltern, Berufstätigen, Hausfrauen und sogar Rentnern unisono: »Ich bin so im Stress«, »Ich habe keine Zeit« oder »Das schaffe ich nicht«. Unsere Zeit ist heute so schnell getaktet wie nie zuvor, und unsere Lebensqualität bleibt dabei auf der Strecke: Fastfood ersetzt Mutters Kochkünste, Mister Minit repariert den Schuh schneller, als man einen Kaffee trinken könnte, beim Speed-Dating optimieren wir unsere Partnersuche und anschließend entspannen wir uns beim Power-Yoga. Wir Menschen sind für das rasante Tempo nicht gemacht, wir kommen nicht mit, das Resultat ist »Stress«, der sich körperlich (Anspannungen, Schmerzen, Herzprobleme, Verdauungsprobleme etc.) oder seelisch (Gefühl der Überforderung, Panik, Versagensängste, Gefühl, unter Strom zu stehen) äußert. Mitunter werde ich in meiner Praxis von überforderten Menschen gefragt, wie sie mit einem simplen Trick in fünf Minuten wieder entspannen und gut schlafen können. Das ist jedoch in etwa so unmöglich, als wenn ich mit täglich fünf Minuten Arbeitszeit Millionärin werden oder mit fünf Minuten täglichem Training eine Figur wie Heidi Klum bekommen wollte. Mit dem Buch »Simplify your life« von Werner Tiki Küstenmacher ist auf diesem Weg nur ein kleiner, wenn auch hilfreicher Anfang zu machen. Wenn Sie entspannt sein wollen, müssen Sie Ihr Leben entsprechend einrichten, und das erfordert Zeit, Umdenken und eine Veränderung Ihrer Werte. In meinen Therapien arbeiten wir auf verschiedenen Ebenen, von der Aufarbeitung der Kindheit über Entspannungstraining bis zur Verbesserung der Freizeitaktivitäten intensiv an diesem Thema. Ich kann Ihnen an dieser Stelle erste Impulse und Denkansätze geben, damit Sie hoffentlich beginnen, dieses wichtige Thema in Ihrem Alltag umsetzen.

- Stress wirkt sich sehr stark körperlich aus. Es verbraucht ungefähr 30 bis 40 Prozent unserer gesamten Tagesenergie, unsere Muskeln in Anspannung zu halten. Rückenschmerzen, Schulterverspannungen oder das nächtliche Zähneknirschen sind ungefähr so eine Energieverschwendung, als würden wir bei weit geöffnetem Fenster im Winter die Heizung voll aufdrehen. Deshalb geht es bei der Stressbewältigung immer auch darum, den Körper zu entspannen. Dazu sind einige Sportarten besonders geeignet: Schwimmen (weil dabei alle Muskelgruppen zum Einsatz kommen), aber auch Ausdauersportarten wie Joggen oder Radfahren zum »Dampf ablassen«. Yoga ist ideal, weil alle Muskeln des Körpers gezielt gedehnt und entspannt werden und in den Yogaübungen zudem eine gute Verbindung zwischen dem Körper und dem Geist hergestellt wird. Wenn Sie zu erschöpft sind, um Sport zu treiben, ermöglichen auch Massagen oder Saunagänge eine gute Lockerung der Muskulatur. Grundsätzlich ist es sehr hilfreich, eine Entspannungstechnik (Tai Chi, Qui Gong, Progressive Muskelentspannung oder Autogenes Training) zu erlernen.

- Die Voraussetzung für ein entspanntes Leben ist eine gute Balance zwischen Leistungsphasen und Ruhephasen. Das beinhaltet regelmäßigen und erholsamen Urlaub, arbeitsfreie Wochenenden, klassische Feierabende (also ohne E-Mails, berufliche Telefonate und Pflichten) und auch viele Stunden in der Woche, in der Sie Ihre Batterie beispielsweise durch eine der folgenden Aktivitäten wieder aufladen können: Bewegung an frischer Luft, Sport, gemeinsam mit Freunden oder der Familie essen, Lesen, Malen, Gartenarbeit, Fotografieren. Sehr entspannend ist auch das süße Nichtstun, was sich auf Italienisch gleich noch viel besser anhört: Dolce far niente.

- Wenn Sie sich ständig getrieben fühlen und schlecht entspannen können, lohnt es sich, einen Blick in Ihre Kindheit zu werfen. Sie können dabei herausfinden, welche Maßstäbe Ihre Eltern Ihnen in punkto Leistung gesetzt haben. Hat Ihre Mutter sich zum Beispiel mal genüsslich im Garten auf einer Liege ausgeruht oder einen Roman gelesen? Ging Ihr Vater mal Motorrad fahren oder Vögel beobachten, aus reinem Vergnügen? Hatten Ihre Eltern Spaß und Momente der Leichtigkeit miteinander? Oder ging es ständig um die Arbeit, um Ordnung, Reparaturen und die tägliche Agenda? Wie war das Familienleben: Gab es lange Mahlzeiten mit netten Gesprächen und viel Lachen, wurden Ausflüge unternommen, hatten Sie Hobbys, durften Sie als Kind viel mit Freunden unterwegs sein? Oder wurden Sie ständig zur Leistung angetrieben? Ließ die Atmosphäre in Ihrem Elternhaus es zu, sich zu entspannen, oder war sie insgesamt bedrohlich, zum Beispiel durch schwere oder chronische Krankheiten der Eltern oder unkontrolliertes Verhalten der Eltern (Alkoholkonsum, Gewalt).

- Können Sie in Gesellschaft auch mal ganz Sie selbst sein, oder haben Sie ständig das Gefühl, Sie müssten alle glücklich machen oder allen Bedürfnissen gerecht werden?
- Was würde Ihr Körper über Sie sagen, wenn er sprechen könnte? Wie fühlt er sich? Werden seine Bedürfnisse nach Essen, Ruhe, Bewegung, Berührung und Schlaf beachtet? Oder fühlt er sich wie ein geknechteter Ochse unter dem Joch, der auch mit Rückenschmerzen den Pflug weiterziehen muss?
- Wie sieht es mit der momentanen Problemlast in Ihrem Leben aus: Schulden, Versorgung von (kranken) Angehörigen oder tägliche Versorgung von Kindern, Konflikte, Bedrohung des Arbeitsplatzes, eigene gesundheitliche Probleme …? Wenn Sie das Gefühl haben, dass es viele Themen in Ihrem Leben gibt, die es verhindern, dass Sie zur Ruhe kommen, kann Ihnen eine Psychotherapie helfen.

Technik 6: Ein Schritt zur Zeit

Das Tanzpaar geht völlig im Moment auf. Der Tänzer hört auf die Musik und überlegt sich Schritte, die gut dazu passen. Während er seine Schritte präzise und elegant ausführt, ist er auch damit beschäftigt, seine Partnerin zu führen, damit sie genau versteht, wohin sie gehen soll. All das lässt nicht zu, dass er auch nur einen anderen Gedanken im Kopf hat. Seiner Tänzerin geht es ähnlich: Sie spürt aufmerksam, welche Figuren ihr Tänzer führt, und hört auf die Musik, um hier und da noch eine passende Verzierung einzufügen. Beide Tänzer sind in ihrem gemeinsamen Tun völlig versunken, sie befinden sich in einer Art Trance.

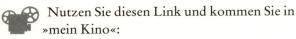 Nutzen Sie diesen Link und kommen Sie in »mein Kino«:
www.kreuz-verlag.de/tanz_der_liebe

Die Stundenblumen der Partnerschaft

In seinem Kinderbuchklassiker »Momo« entwirft Michael Ende das Bild der »Stundenblumen«. Diese werden jedem Menschen von Meister Hora, dem Herrscher über die Zeit, zugeteilt, und wer sie richtig zu nutzen weiß, erlebt, wie sie aufblühen, sich entfalten und wieder verblühen, bis die nächste aufgeht. Wer hingegen versucht, Zeit zu sparen, dem werden die Stundenblumen genommen – denn die sogenannten »grauen Herren«, Mitarbeiter der Zeitsparkasse, nehmen diese an sich und verwandeln sie in stinkende Zigarren, die sie unentwegt rauchen.

Das Bild ist nicht nur poetisch, sondern hat eine starke Aussage: Lebe im Hier und Jetzt, sei achtsam, genieße den Augenblick, carpe diem.

Im Grunde genommen brauche ich Ihnen dazu auch nicht mehr zu sagen, denn die Kunst, im Hier und Jetzt zu leben, ist tief in unserer menschlichen Natur verankert. Jedes Kind, das in aller Ruhe stehenbleibt, um einen Regenwurm aufzuheben und zu betrachten, beherrscht sie. Und wer sich als Erwachsener unentwegt daran erinnern würde, ganz im jetzigen Moment zu bleiben und sich *nicht* über die Vergangenheit zu ärgern und sich auch *nicht* um die Zukunft zu sorgen, der hätte es unermesslich leichter und schöner.

Könnte man völlig im Moment aufgehen, dann wäre der Streit mit dem Partner vor zwei Tagen *jetzt* gerade nicht wichtig, weil man *jetzt* gerade Büroarbeit macht. Man würde sich auch nicht sorgen, ob einen der Partner möglicherweise eines Tages nicht mehr liebt – weil das jetzt nicht an der Tagesordnung ist. Man würde sich erst dann damit auseinandersetzen, wenn es aktuell wäre – und keinen Augenblick früher.

Die Vorteile dieser Technik liegen auf der Hand: Wir wären frei! Zudem klingt diese Technik einfach. Der Haken ist jedoch, dass sie zwar einfach zu verstehen, aber ziemlich schwer umzusetzen ist. Probieren Sie mal aus, auch nur für eine Viertelstunde völlig im Hier und Jetzt zu sein. Wahrscheinlich werden Ihre Gedanken immer wieder umherspringen wie wilde Affen und sich an allen anderen erdenklichen Orten und zu anderen Zeiten aufhalten als dem Hier und Jetzt. Das ist zunächst erschreckend, und wenn Sie regelmäßig darauf achten, werden Sie feststellen, dass es nicht leicht ist, diese fest verankerte Gewohnheit abzulegen, mit den Gedanken ziellos umherzuschweifen. Jedoch lohnt es sich sehr, die Fähigkeit, im Moment zu sein, zu trainieren. Versuchen Sie so oft wie möglich und gerade in Krisensituationen, sich zu fragen: Was ist hier, und was ist jetzt?

Tipp: Eckhart Tolle hat ein sehr lesenswertes Buch über dieses Thema geschrieben: »Leben im Jetzt!«

Technik 7: Das Leben umarmen

*Wenn du jemanden ohne Lächeln siehst,
dann schenke ihm deines.*
Asiatisches Sprichwort

Von einem Arm zum nächsten

Im Film sieht man es nicht, aber wer sich mit der Kultur des argentinischen Tangos auskennt, weiß, dass Tangotänzer eine eingeschworene Gemeinschaft bilden. Würde man die beiden Tänzer auf einem Tanzabend beobachten, würde die Frau vielleicht mit ihren Freundinnen ein Glas Wein trinken, sich unterhalten und mit ihnen scherzen und lachen. Zwischendurch käme mal ein anderer Tänzer, der sie auffordern würde, und sie würde mit ihm einige Tangos tanzen. Und der Tänzer aus dem Film würde mit ein paar Männern an der Bar stehen oder auch mal eine seiner Lieblingstänzerinnen auffordern. Hat jemand aus der Tangoszene Geburtstag, wird das mit einem besonders schönen Ritual begangen: Das Geburtstagskind kommt in die Mitte und tanzt mit einem Partner einen Walzer. Nach einiger Zeit kommt ein anderer (Mann beziehungsweise eine andere Frau), klatscht ab und tanzt mit dem Geburtstagskind weiter, bis wieder jemand kommt und diesen ablöst. So tanzt das Geburtstagskind von einer Umarmung zur anderen in seinen Geburtstag hinein. Diese Metapher möchte ich aufgreifen und Sie dazu einladen, sich einmal anzuschauen, wer Ihre »Tanzpartner« sind und von welchem Arm zum nächsten Sie sich in Ihrem Leben bewegen. Sie erhalten hier auch Tipps, wie Sie Ihr soziales Netz so verbessern können, dass Sie sich gut aufgehoben und unterstützt fühlen.

Perfekte Freundinnen?

Freundinnen sollten einen unterstützen und einem helfen, den eigenen Weg zum Glück zu finden. Madeleine würde von ihren Freundinnen sagen, dass diese das auch tun. Ihre »Mädels« sind immer für sie da und sie kann über alles mit ihnen reden. Doch eines Tages fiel Madeleine auf, dass sie sich nach einem Treffen mit ihren Freundinnen noch bedürftiger und deprimierter fühlte, als sie es vorher gewesen war. Es kam ihr so vor, als hätten ihre Freundinnen sie heruntergezogen. Hören wir einmal Madeleine und ihren »Mädels« beim ihrem Gespräch zu, so bekommen wir einen Hinweis darauf, warum Madeleine sich so unausgefüllt fühlt: Anita, Elli, Britta und Madeleine begrüßen sich herzlich und sagen sich, wie gut sie aussehen. Doch schon nach dem ersten Stück Kuchen fällt auf, dass diese vier Frauen unzufrieden sind. Elli klagt über ihren Chef, Anita über ihr mieses Gehalt und Madeleine über ihre langen Arbeitszeiten. Die Stimmung sinkt. Dann jammern alle über ihre Problemzonen: Anita hat zwei Röllchen am Bauch, schafft es aber nicht, sich zum Fitnesstraining anzumelden, Elli leidet unter ihren Tränensäcken und Madeleine hätte gerne dickere Haare. Die Stimmung sinkt weiter. Die Frauen wechseln das Thema und kommen zu ihrem absoluten Lieblingsthema: den Männern. Elli stöhnt auf und beschwert sich über ihren langjährigen Partner. Dann erkundigt sie sich interessiert nach Madeleines letztem Date (Madeleine und Anita haben im Internet ihre Netze ausgelegt).

Madeleine: »Ich war ja vorgestern mit Jan weg. Er klang so klasse! Er hat ganz oft geschrieben, und seine Mails waren witzig und auch sehr persönlich. Wir hatten viel gemeinsam, er fährt auch gerne an die Nordsee und mag Rotwein, und außerdem hat er auch eine Tochter, die nur zwei Jahre älter ist als Carlotta. Das wäre genial. Na ja, und als ich ihn sah, habe ich erst mal geschluckt. Er sah viel älter und auch viel dicker aus als auf dem Foto ...«

Anita: »O, wie fies, das machen so viele Männer, dass die ein veraltetes Foto reinstellen. Das ist doch Betrug!«

Madeleine: »Ja, aber das war nicht das Einzige, es ging ja noch weiter. Er hatte ein Restaurant vorgeschlagen, aber das gab es gar nicht mehr. Als ich ankam, standen wir erst mal in der Kälte, und er wusste nicht mal, wo wir sonst hingehen könnten.«

Elli: »O je, der ist aber auch ein bisschen trottelig und weltfremd! So was überlegt man sich doch vorher und hat noch einen Plan B im Ärmel.«

Madeleine: »Gut, dass du das sagst, ich fand das ehrlich gesagt auch. Er war an dem Abend ganz nett, und wir haben uns gut unterhalten, aber er hat mir nicht so viele Komplimente gemacht.«

Britta: »Ach, Süße, der ist nichts für dich, vergiss ihn. Du hast jemand Besseres verdient. Wart mal ab, der kommt noch!«

Zweifellos würde Madeleine sich besser fühlen, wenn sie und ihre »Mädels« nicht auf den Richtigen warten, sondern etwas dafür tun würden, dass sie mit ihrem Leben wieder zufriedener sein können. Tamara, die Exfreundin von David, ist diesen Weg gegangen. Als nicht nur ihre Ehe, sondern auch die Beziehung mit David gescheitert war, die sie mit viel Optimismus begonnen hatte, war sie zunächst sehr deprimiert. Sie fragte sich verzweifelt, wann sie jemals den richtigen Mann finden würde. Doch nach ungefähr einem halben Jahr bemerkte sie an sich selbst etwas, das sie verwunderte und erfreute: Sie hatte immer öfter auch alleine das Gefühl, glücklich zu sein. Ihr wurde bewusst, dass ihr niemand fehlte! Außerdem verfügte sie nach der Trennung von David über viel freie Zeit, und deshalb sagte sie bei einigen Musikprojekten zu, die sie schon lange fasziniert hatten. Unter anderem begleitete sie eine lebenslustige Soul-Sängerin auf dem Klavier und zog abends mit ihr noch durch Bars und Clubs. Eine andere Freundin, passionierte Seglerin, überredete Tamara, mit ihr am Wochenende segeln zu gehen. Tamara lernte auf dem Boot interessante Frauen kennen, die ihr die schönen Seiten des Lebens vor Augen führten. Eines war neu für Tamara: Bislang waren immer Männer in ihren Unterhaltungen mit Freundinnen das Thema Nummer eins gewesen. Doch auf dem Boot redeten die Frauen, ohne dass sie sich abgesprochen hätten, über den Wind, die Natur, über Bücher, Filme und eigene Erlebnisse. Tamara tat das sehr gut, sie wurde ruhiger und kam mehr in ihrem eigenen Leben an. Doch es gab auch einige Rückschläge und Augenblicke, in denen Tamara darum kämpfen musste, dass sie sich alleine wohlfühlte: Immer wenn sie ihre glücklich verheiratete Schwester, ihren charmanten Schwager und deren süße kleine Tochter besucht, verspürt sie einen Stich im Herzen, denn auch sie hätte gerne in einer Familie gelebt. In solchen Phasen übermannt sie Weltschmerz. Ein paar Tage lang fühlt sie sich dann verloren, wenn sie alleine isst, schläft und spazieren geht. Sie tröstet sich mit Schokolade und ärgert sich über sich selbst, denn sie findet sich bereits mollig genug. Doch bald verfliegt der Weltschmerz, und Tamara findet wieder den richtigen Dreh, um ihr Leben und ihre Unabhängigkeit zu genießen.

Der platonische Harem

Auch Sarah hat lange an ihrem Freundeskreis gefeilt, denn für sie als Single sind ihre Freunde quasi ihre Familie. Sarah wohnt mit ihrer besten Freundin in einer geräumigen, schicken Altbauwohnung, und die beiden haben sonntagnachmittags ein offenes Haus. Es können alle kommen, die wollen, es gibt traditionell Pasta und danach wird gemeinsam Tatort geschaut. Sarah hat viele Freundinnen, mit denen sie die unterschiedlichsten Dinge unternehmen und vor allem viel lachen kann. Darüber hinaus hat sie einen »platonischen Harem« gegründet, wie sie selbst augenzwinkernd sagt, weil sie ständig interessante und nette Männer kennenlernt. Wenn ihre Freundinnen ungläubig fragen »Woher kennst du denn den schon wieder?«, sagt Sarah: »Der ist was für den Harem.« Aus der Theater-AG im Studium kennt sie Till, mit dem sie schon öfters auf Städtereisen war. Mit Till geht Sarah gerne ins Theater oder in etwas schräge Filme. Er ist Innenarchitekt hat ihr auch bei der Einrichtung ihrer Wohnung geholfen. Dann gibt es noch Markus, den Sarah bei einer Fahrradreise kennengelernt hat. Mit ihm kann sie recht sportliche Radtouren machen und über Gott und die Welt philosophieren. Wenn Markus eine Frau kennenlernt, diktiert Sarah ihm auch mal eine witzige oder charmante SMS an diese Frau. Im Gegenzug berät Markus sie, wenn sie mal das Verhalten eines Lovers nicht entschlüsseln kann. Meistens sagt Markus trocken: »Der macht sich nicht so viele Gedanken wie du. Bleib einfach locker.« Dieser Satz hat Sarah schon oft beruhigt. In ihrem Harem sind neben Till und Markus noch ein paar ihrer Exfreunde und ein paar verheiratete oder schwule Kollegen. Lustig ist es mit diesen Männern immer, und Sarah sagt über sich selbst, dass sie mehr positive männliche Gesellschaft und Aufmerksamkeit bekommt als jede Frau, die in einer festen Beziehung lebt.

Es gibt nur eine Spielregel für Sarahs Harem: Sie nimmt keine Männer auf, bei denen es auf einer oder beiden Seiten knistert, und sie geht mit keinem Mann aus ihrem Harem ins Bett. Früher gab es Ausnahmen, aber die endeten jedes Mal in Eifersucht, Verstrickungen, Peinlichkeiten und Missverständnissen. Deshalb ist der Harem jetzt streng platonisch, und außer etwas Spaßflirten ist nichts erlaubt.

Fragen und Tipps zu Ihrem sozialen Netz

Die folgenden Fragen können Ihnen helfen, die Maschendichte in Ihrem sozialen Netz zu erkennen und womöglich zu verbessern.

- Wie stellen Sie sich Ihr Leben in einer Partnerschaft vor? Sehen Sie sich und Ihren Liebsten überwiegend in Zweisamkeit oder schwebt Ihnen ein geselliges Leben vor, in dem jeder seine eigenen Freundschaften hat und es auch gemeinsame Freunde gibt?
- Haben Sie einen guten Kontakt zu Ihrer Ursprungsfamilie – zu Ihren Eltern, Großeltern und Geschwistern? Was haben Ihre Eltern Ihnen vorgelebt: Waren Freundschaften wichtig? Wie sieht es mit Ihren gleichgeschlechtlichen Freundschaften aus? Schreiben Sie bitte auf, wer Ihre Freunde beziehungsweise Freundinnen sind und was Sie mit jedem Einzelnen verbindet. Gibt es in Ihrem Leben einen oder mehrere Menschen, denen Sie alles über sich erzählen können und von denen Sie sich verstanden und unterstützt fühlen? Haben Sie Freunde und Freundinnen, die Ihre Lebenssituation kennen und nachvollziehen können? Haben Sie Freunde, mit denen Sie ausgehen, Spaß haben oder Hobbys teilen? Haben Sie Freunde, mit denen Sie Alltag leben können (zum Beispiel gemeinsam im Garten arbeiten, die Kinder gemeinsam betreuen, zusammen kochen, beim Umzug helfen)? Wenn Sie eine ehrliche Dankesrede an Ihre Freunde, Verwandte und die anderen Menschen um Sie herum halten würden: Was würden Sie sagen und wie geht es Ihnen dabei?
- Wann gründen Sie Ihren eigenen platonischen Harem?

Tipp: Wenn Sie Anschluss suchen, können auch Gruppen oder Vereine sehr hilfreich sein. Es gibt ein unendliches Angebot von Sportvereinen (Handball, Rudern, Tennis, Segeln, Yoga, Tanzen) über kulturelle Gruppen (Chor, Fotokurs, Malkurs) sowie Volkshochschulkurse (Sprachkurse, Kochen, Nähen etc.). Wenn Sie in einem Ihrer Interessensgebiete Menschen kennenlernen, ist die Chance sehr hoch, dass Sie Gleichgesinnte treffen und sich Freundschaften entwickeln. Wenn Sie nicht wissen, mit wem Sie verreisen, können Sie eine Gruppenreise ausprobieren. Von Clubreisen über Entdeckungsreisen oder Wanderreisen bis hin zum Tauchkurs gibt es mittlerweile ein riesiges Angebot für jeden Geldbeutel und jede Altersstufe.

Das Wichtigste in Kürze

Die sieben Techniken aus dem Tango können Ihnen ungemein helfen, in der Liebe Stabilität zu gewinnen und gelassener zu werden. Wenn Sie mit einiger Übung in der eigenen Achse bleiben, den Nullschritt anwenden oder bei einem Streit mal Ihren Sorgen ein Ende setzen und im Jetzt bleiben, ist schon sehr viel erreicht. Allerdings gibt es auch besondere Situationen in der Liebe, bei denen Sie ein noch spezielleres Handwerkszeug benötigen: Wenn Sie überlegen, ob Sie sich trennen sollen, wenn Sie gerade in der akuten Phase von Liebeskummer stecken oder wenn Sie nach einer Trennung einen neuen Weg einschlagen müssen. Das Rüstzeug für diese Situationen erhalten Sie in den folgenden Kapiteln.

Kapitel 8
Soll ich bleiben, soll ich gehen?

Pistole auf der Brust

Das Unbewusste spricht immer eine deutliche Sprache. Ralf träumte eines Nachts, dass er und Katharina im Bett lagen und fest schliefen. In seinem Traum stand plötzlich ein Einbrecher am Fußende des Bettes, richtete den Lauf seiner Pistole auf ihn und herrschte Ralf an: »Raus mit dir, sofort!!!« Verwirrt fragte Ralf den Einbrecher: »Was willst du von mir?« Der Einbrecher antwortete knapp: »Ich muss dich zwingen, denn von alleine gehst du ja nie.« Daraufhin schreckte Ralf aus seinem Traum auf. Die Worte des Einbrechers verfolgten ihn noch lange: »Von alleine gehst du ja nie.« Er hatte Recht! Ralf war klar, dass seine Beziehung zu Katharina schädlich für ihn war, und er fühlte sich oft wie ein Tier, das in einer schmiedeeisernen Klappfalle festsaß, aber das sich nur befreien konnte, wenn es dabei riskierte, dass es sich einen Arm oder ein Bein abriss.

Geht es Ihnen ähnlich? Befinden Sie sich seit Längerem in Ihrer Beziehung in einer festgefahrenen und unbefriedigenden Lage? Und verlieren Sie allmählich die Hoffnung, dass es wieder besser wird? Wenn Sie diese Fragen bejahen, ist Ihnen wahrscheinlich die zentrale Frage dieses Kapitels vertraut: »Soll ich bleiben, soll ich gehen?«

Im Folgenden werden wir uns dieser Frage annähern und sie noch weiter durchdenken, als Sie es vermutlich bisher getan haben. Sie bekommen handfeste Entscheidungskriterien, mit denen Sie prüfen können, ob es sich lohnt, durchzuhalten und für Ihre Partnerschaft zu kämpfen, und andererseits »K.O.-Kriterien«, die, sollten sie für Ihre Beziehung zutreffen, Ihnen anzeigen, dass eine Trennung ratsam ist. Außerdem erhalten Sie Empfehlungen, wie Sie eine Trennung, wenn sie nötig ist, am besten vollziehen können.

Die Ambivalenzschaukel

Aus meiner Praxis weiß ich nur zu gut, wie schwer es den meisten Menschen fällt, sich aus eigener Kraft aus einer unglücklichen Beziehung zu lösen. Es gibt so viele Gründe, die dagegen sprechen: Wer verlässt schon, um bei Ralfs Traum zu bleiben, ein warmes Bett und den vertrauten Menschen, der neben einem liegt, um sich in die kalte Nacht zu begeben und in ein ungewisses Leben zu wagen? Wer garantiert einem, dass man alleine zurechtkommen wird und sich nicht auf Dauer unglücklich, einsam oder hilflos fühlt? Wie stehen die Chancen, noch einmal einen besseren Partner zu finden? Schließlich will man ja nicht alleine bleiben oder mit allen zukünftigen Partnern sozusagen vom Regen in die Traufe kommen. Darüber hinaus verstößt eine Trennung (vor allem, wenn man verheiratet ist und Kinder hat) gegen gesellschaftliche Erwartungen, und es käme für viele Menschen einer Niederlage gleich, wenn man gegenüber seinem Umfeld bekennen müsste: »Unsere Liebe ist gescheitert.« Nicht zuletzt gibt es bei vielen Paaren handfeste Gründe, die gegen eine Trennung sprechen: Kinder, eine gemeinsame (Eigentums-)Wohnung oder ein Haus sowie finanzielle Verluste, wenn plötzlich zwei getrennte Haushalte geführt werden müssen und Scheidungs- und Unterhaltskosten anfallen. Diese Argumente sind nicht von der Hand zu weisen. Wer sich dennoch trennt, braucht eine gehörige Portion Mut.

Auf der anderen Seite sagt einem das Herz wahrscheinlich schon länger, dass es in dieser Form unmöglich weitergehen kann. In vielen Beziehungen ist erbitterter und stundenlanger Streit an der Tagesordnung, ohne dass jemals etwas geklärt würde. Die Luft ist vergiftet, die Anfeindungen gehen ans

Eingemachte, und es werden im Gefecht immer größere Geschütze aufgefahren. Diese Paare sagen von sich selbst: »Wir wissen nicht einmal, worum es bei unseren Streitereien überhaupt geht, aber wir können beim besten Willen nicht damit aufhören.« Das zermürbt!

Möglicherweise sieht Ihre Liebeskatastrophe auch anders aus: kein Streit, aber auch keine Gemeinsamkeit. Man lebt zusammen unter einem Dach, teilt Tisch und Bett, wie es so heißt, könnte aber innerlich nicht weiter voneinander entfernt sein. Man fragt sich vielleicht: »Was habe ich jemals an diesem Menschen gefunden?« Paare, denen es so geht, versuchen oft, sich zu »arrangieren«: Sie bemühen sich, die Beziehung pragmatisch zu sehen, und konzentrieren sich auf ihre Arbeit, die Kinder oder ihre Hobbys. Ihre Gefühle bleiben auf der Strecke: Sie sind resigniert und frustriert und fühlen sich wie lebendig begraben. Oft bringen Sie noch viel Kraft auf, um sich ihre Beziehung einigermaßen schönzureden.

In vielen Beziehungen hat es bereits Ansätze gegeben, die Liebe zu retten. Man hat versucht zu reden, in allen Tonlagen: freundlich, sachlich, emotional, erbittert, wütend. Es hat nichts genützt. Einer oder beide haben mit der Trennung gedroht – doch im Endeffekt blieb alles, wie es war. Man hat ein paar Gespräche beim Therapeuten geführt, doch nach einigen Sitzungen verliefen sie im Sande. Vielleicht hat es auch schon einen Seitensprung gegeben, bei dem einer der Partner in einer Außenbeziehung ein Ausstiegsszenario suchte, aber aus irgendwelchen Gründen reumütig und noch ratloser als je zuvor in den Hafen der alten Beziehung zurückkehrte.

Alle Beziehungen, die ich eben beschrieben habe, befinden sich in einem ungeklärten Stadium, denn einer oder beide sind extrem unzufrieden und leiden unter der Beziehung, aber andererseits traut sich keiner, dem Leid ein Ende zu setzen. Es ist fast so, als würden die eigenen Gedanken auf einer Schaukel sitzen, die ständig hin- und herschwingt. Auf der einen Seite denkt man »Ich halte es nicht mehr aus, ich muss hier raus«, auf der anderen Seite »Denk an die Folgen und lass es lieber sein«. Das Hin- und Herschwingen dieser Ambivalenzschaukel erfordert, wie man sich leicht vorstellen kann, einen riesigen Kraftaufwand. Es ist ungefähr so, als würden Sie täglich Ihre Möbel in die Zimmermitte schieben und abdecken, weil Sie die Wände streichen wollen – und sich dann aber zwei Stunden später vor dem ersten Pinselstrich gegen das Streichen entscheiden und die Möbel wieder zurückstellen. Doch kaum stehen sie wieder an ihrem gewohnten Platz, fängt alles wieder von vorne an. Und so ginge es täglich, wöchentlich, monatlich. Hin und her. Vor und zurück. Kein Wunder, dass man sich vorkommt, als wäre man gefangen wie ein Tier in einer Falle.

Deshalb sollte man eine Entscheidung treffen: Bleibe ich oder gehe ich? Und falls ich gehe: Wie stelle ich das am besten an? Meiner Ansicht nach ist es kein Versagen, sich zu trennen, wenn es gewichtige Gründe dafür gibt. Im Gegenteil spricht es für eine hohe Kompetenz, genauer genommen eine Trennungskompetenz, wenn man stets ein gutes Gefühl dafür hat, wann eine Beziehung nicht mehr zu retten ist, und dann die Konsequenz zieht, rechtzeitig zu gehen. Erstaunlicherweise habe ich in meiner Praxis wenige Menschen erlebt, die eine Trennung aus einer schädlichen Beziehung bereut haben. Die meisten Menschen klagten sich an, weil sie sich *viel zu spät* aus ihrer destruktiven Beziehung gelöst hatten, obwohl sie schon viel früher gewusst hatten, dass es keinen Sinn mehr hatte. In der Endphase ihrer Beziehung hatten sie noch Verletzungen eingesteckt und Schäden erlitten, die sie sehr erschöpften und die nur langsam heilten.

In meiner therapeutischen Praxis haben sich mit der Zeit einige handfeste Kriterien herauskristallisiert, an denen deutlich zu erkennen ist, dass eine Trennung wahrscheinlich auf lange Sicht besser ist. Jedoch ist jeder Einzelfall anders gelagert, deshalb sollten Sie unbedingt diese Empfehlungen gründlich reflektieren und sich gegebenenfalls professionelle Hilfe holen.

K.O.-Kriterien

Folgende Anzeichen sprechen deutlich für eine Trennung:

Psychische Störungen des Partners

- Wenn Ihr Partner unter einer psychischen Störung (zum Beispiel Depression, Manie, Psychose, Zwangsstörung, Burn-out-Syndrom oder an einer Sucht) leidet, sind Sie als Partner/in automatisch stark davon betroffen. Deshalb ist es wichtig, dass Sie sich umfangreich in Gesprächen mit Therapeuten, Angehörigengruppen oder in Fachbüchern über die Störung Ihres Partners informieren, um zu erfahren, welche Schwierigkeiten konkret auf Sie zukommen können. Eine Beziehung ist nur möglich, wenn Ihr Partner alles daransetzt, sich professionell behandeln zu lassen. Wenn Ihr Partner dazu nicht bereit ist, liegt ein langer und extrem strapaziöser Leidensweg vor Ihnen, auf dem Sie viel von der Last Ihres Partners mittragen – und wahrscheinlich irgendwann erschöpft aufgeben. Eine frühzeitige Trennung ist in diesem Fall der richtige Selbstschutz.
- Wenn Ihr Partner oder Ihre Partnerin unter einer ängstlich-vermeidenden Bindungsstörung leidet (also sich so verhält wie in unserem Beispiel Dörthe) und Sie auf Distanz hält, sich nicht an Absprachen hält, sich nicht auf eine Beziehung mit Ihnen einlässt und Sie nicht wissen lässt, woran Sie sind, sollten Sie unbedingt Stefanie Stahls Buch »Jein!« lesen und von der Beziehung Abstand nehmen.

Fehlverhalten in der Partnerschaft

- Wenn es in Ihrer Beziehung einmal oder sogar mehr als einmal körperliche Gewalt oder ernst zu nehmende Gewaltandrohungen gab, sollten Sie gehen.
- Hatte Ihr Partner mehr als eine Außenbeziehung? Ich frage explizit nach mehr als einer Außenbeziehung, weil viele Menschen einen einzigen untreuen Vorfall verzeihen kön-

nen. Entscheidend ist folgende Frage: Nimmt die Verletzung über den Betrug eine große Rolle in Ihren Gedanken ein? Heilt die Verletzung auch nach Jahren nicht ab, sondern untergräbt das Vertrauen? Haben Sie das Gefühl, dass Ihr Partner nicht richtig zu Ihnen zurückgekehrt ist? Wenn Sie diese Fragen bejahen, ist der Vertrauensverlust zu groß und es ist besser, sich zu trennen.

- Wenn Ihr Partner oder Ihre Partnerin Sie in einem oder mehreren wichtigen Bereichen des Lebens angelogen hat oder anlügt und Sie das Gefühl haben, dass Sie ihm oder ihr nicht mehr glauben können, werden Sie mit einer Trennung besser dran sein. Es sei denn, es handelte sich um eine einmalige Angelegenheit wie zum Beispiel eine Affäre, die aber jetzt beendet ist, und wenn Sie merken, dass Ihr Partner aktiv daran arbeitet, wieder Vertrauen aufzubauen.
- Demütigt Ihr Partner Sie oder wertet er Sie auch vor anderen Menschen ab? Bestraft Ihr Partner Sie hart (zum Beispiel mit Liebesentzug oder langem Schweigen), wenn Sie sich nicht so verhalten oder so fühlen, wie er oder sie es wünscht? Ist Ihr Partner extrem dominant und verfügt über Sie wie über persönliches Eigentum, indem er Ihnen zum Beispiel keine persönlichen Freiheiten einräumt wie Freunde zu treffen, alleine zu verreisen, Kurse zu besuchen? Das zeugt von mangelndem Respekt und es ist besser, sich zu trennen.

Engagement für die Beziehung
- Wenn Ihr Partner anderweitig gebunden ist, sollten Sie nicht zu lange abwarten, ob Ihr Partner sich voll und ganz für Sie entscheidet. Wenn er oder sie nach sechs Monaten noch keine konkreten Schritte in Richtung Trennung einleitet (seinem Partner von Ihrer Beziehung erzählt, eine eigene Wohnung bezieht, Sie in der Öffentlichkeit als neuen Partner präsentiert), spricht viel dafür, dass es niemals geschehen wird. Wenn es Sie stört, sollten Sie gehen.

- Wenn Ihr Partner Ihnen keinen angemessenen Platz in seinem Leben einräumt, also zum Beispiel einen Job in einer fremden Stadt annimmt, ohne Sie zu fragen, oder nur sporadisch für Sie Zeit hat, wenn alles andere wichtiger ist als Sie und Sie unter »ferner liefen« in seinem Leben eingeordnet sind, sollten Sie gehen. (Es sei denn, das macht Ihnen nichts aus.)
- Wenn Ihr Partner keine Verantwortung für die Beziehung übernimmt, also weder Geld beiträgt noch angemessen im Haushalt oder bei der Kindererziehung Aufgaben übernimmt, ist das ein klares Signal dafür, dass Ihr Partner zu einer ausgewogenen Beziehung nicht in der Lage ist.

Ihre Verbindung zueinander
- Wenn Sie Ihren Partner als Menschen nicht *mögen*, also nicht finden, dass er oder sie liebenswert, sympathisch und interessant ist, dann spricht das für eine Trennung. Lassen Sie bei dieser Frage eher Ihr Herz entscheiden als Ihren Kopf. Das gilt natürlich genauso, wenn Sie das Gefühl haben, dass Ihr Partner Sie als Mensch nicht mag und schätzt. Überlegen Sie sich, worauf Ihre Beziehung beruht: auf körperlicher Anziehung, auf finanziellen Vorteilen, auf einer Zufallsbegegnung? Wiederholen Sie negative Muster aus Ihrer Kindheit, indem Sie mit jemandem zusammen sind, den Sie nicht mögen?
- Mal Hand aufs Herz: Wenn Ihnen eine Autorität (zum Beispiel Ihr Vater, Ihre Therapeutin, wissenschaftliche Studien, Gott …) erlauben würde, sich zu trennen, und Sie von aller Schuld freisprechen würde, würden Sie es dann tun?[29]

Kriterien, die zeigen, dass Ihre Beziehung Substanz besitzt

Wenn keines der K.O.-Kriterien zutrifft, Sie sich aber trotzdem in Ihrer Beziehung nicht mehr wohlfühlen, können Sie anhand der folgenden Indizien prüfen, ob es sich lohnt, in Ihre Beziehung zu investieren:

- Wie war die Anfangszeit Ihrer Beziehung: Hatten Sie eine längere Phase von mindestens einem Jahr, in der sie sich gut verstanden haben und glücklich miteinander waren?
- Haben Sie in mindestens einem Bereich Ihres Lebens gemeinsame Vorstellungen, Ziele und Wünsche? Gibt es Situationen, in denen Sie Spaß miteinander haben?
- Mögen Sie Ihren Partner gerne berühren und finden Sie ihn oder sie körperlich attraktiv? Haben Sie guten Sex miteinander? Wenn nicht: War es mal anders zwischen Ihnen und lässt sich der jetzige Zustand verbessern (siehe Kapitel 7, S. 121)?
- Ist Ihr Partner der wichtigste Vertraute in Ihrem Leben und wie ein guter Freund beziehungsweise eine gute Freundin? Unterstützen Sie sich gegenseitig – mit Worten oder Taten, in Belangen, die für den anderen wichtig sind? Wissen Sie in der Regel, mit welchen wichtigen Themen Ihr Partner sich gerade beschäftigt?
- Können Sie meistens ganz gut miteinander Probleme lösen, ohne dass es heftigen Streit gibt?

Wenn Sie einige dieser Fragen bejahen und die oben genannten K.O.-Kriterien nicht zutreffen, wäre das ein guter Grund, um mit voller Energie in Ihre Beziehung zu investieren. Wenn Sie jedoch nichts tun, werden sich die Probleme wahrscheinlich verschärfen. Also handeln Sie und gestalten Sie Ihre Beziehung! Sie haben reelle Chancen, eine positive Entwicklung in Gang setzen zu können.

Entscheidungshilfen

Die folgende Visualisierungsübung kann Ihnen bei der Entscheidung für oder gegen Ihre Beziehung und bei einer Entscheidung zwischen zwei Menschen sehr helfen. Wichtig ist es, dass Sie Ihre Vorstellungen nicht forcieren, sondern sie einfach kommen lassen, denn dann schaltet das Unbewusste sich ein und Ihre Bilder sind viel aussagekräftiger, als wenn sie lediglich darüber nachdenken würden.

Visualisierungsübung: Reise in die Zukunft

Schließen Sie Ihre Augen und stellen Sie sich vor, Sie reisen in die Zukunft und erleben sich zunächst in einem Jahr, dann an Ihrem übernächsten Geburtstag und schließlich auch an Ihrem nächsten runden Geburtstag. Stellen Sie sich bitte einmal diesen Geburtstag vor und malen Sie sich aus, dass *Ihr Partner an Ihrer Seite geblieben ist*. Wo und mit wem feiern Sie, wie fühlen Sie sich, wie verhält sich Ihr Partner Ihnen gegenüber? Achten Sie bitte auf die Körpersprache (Ihre eigene und die Ihres Partners), den Gesichtsausdruck und die Stimmung. Schauen Sie auch aus der Sicht Ihres Partners auf sich selbst – wie sehen Sie durch seine Augen betrachtet aus? Glücklich? Verkrampft? Unsicher? Verschlossen?

Bleiben Sie in der Zukunft und stellen Sie sich Alltagssituationen, gemeinsame Mahlzeiten, eventuell die Familienplanung und Erziehung von Kindern ...

Wenn Sie fertig sind, wiederholen Sie bitte die Übung. Stellen Sie sich nun nacheinander Ihre Zukunft in einem Jahr, an Ihrem nächsten runden Geburtstag und auch in 20 Jahren vor, *wenn Sie sich getrennt haben beziehungsweise wenn sie mit dem anderen Partner zusammen sind*. Wie geht es Ihnen, wie ist Ihre Körperhaltung, welche Menschen sind in Ihrer Nähe ...?

Wer von unseren Paaren sollte sich trennen?

Schauen wir uns einmal an, wie die Entscheidung für oder gegen eine Trennung bei den uns bekannten Paaren ausfallen könnte:

Tamara und David
Hat die ambivalente Beziehung von Tamara und David noch Bestand? Dafür spricht: Die beiden lieben sich, seelisch und körperlich. Sie berühren sich zärtlich, schlafen nachts eng umschlungen und werfen sich liebevolle Blicke zu. Sie können stundenlang miteinander reden und vertrauen sich Dinge an, die kein anderer über sie weiß. David kümmert sich sehr liebevoll um Tamara, was für sie eine völlig neue Erfahrung ist, und er kann sie so zum Lachen bringen, dass sie Tränen in den Augen hat. Doch es gibt auch vieles, was gegen die Beziehung spricht: Tamara fühlt sich sehr belastet, weil David sein Leben nicht in den Griff bekommt. Er ist zunehmend depressiv und besorgt, und wenn er wieder mal zum Problemgespräch mit der Lehrerin seiner Tochter eingeladen war oder auf seinen Kontostand geschaut hat, ist seine Laune oft tagelang unter dem Nullpunkt. Für Tamara ist das sehr belastend, und das Schlimmste daran ist, dass sie das Vertrauen verloren hat, dass David seine Probleme jemals in den Griff bekommt. Am Anfang glaubte sie noch fest an ihn. Sie schleppte unzählige Ratgeber an, die sie sogar selbst las, und suchte Adressen von Therapeuten heraus, für Davids Tochter und für ihn selbst. Sie zerbrach sich den Kopf, wie er an neue Aufträge kommen oder seine Tochter besser erziehen könnte. Ihr Credo war: »Das kriegt er wieder hin.« Doch David arbeitete lange nicht so hart an seinen Problemen, wie Tamara es tat. Er redete sich seine Situation schön und verleugnete seine Probleme. Statt sich um neue Aufträge zu kümmern, reparierte er lieber sein Fahrrad oder telefonierte ausgiebig mit Freunden. Tamara hatte zunächst darauf gehofft, dass sie und David

noch ein gemeinsames Kind haben würden. Sie dachte: »Wenn es ihm wieder besser geht, packen wir das an.« Doch als sie sah, dass sein Schuldenberg ständig wuchs und die Probleme mit seiner Tochter sich von Jahr zu Jahr verschärften, begrub sie schweren Herzens ihren Kinderwunsch, und das nagt an ihr.

Tamara fing an, sich über David zu ärgern und, was noch schlimmer war, die Achtung vor ihm zu verlieren. Oftmals erwischte sie sich bei dem Gedanken: »Der ist viel zu schwach für mich.«

Tamara wollte das so nicht stehen lassen und suchte immer wieder das Gespräch mit David: Sie erzählte ihm ruhig, wie hilflos sie sich fühlte und wie groß ihre Angst war, dass David und seine Tochter sich auf einen Abgrund zu bewegten. David reagierte dann traurig und verletzt, und er zweifelte an Tamaras Liebe. Das wiederum verletzte sie, denn sie machte sich ja viele Gedanken um ihn. Weil sich nichts änderte, grenzte sie sich ab: Da ihr Davids Tochter gewaltig auf die Nerven ging, verbrachte sie die Wochenenden, an denen sie bei David war, alleine. Die Stimmung verschlechterte sich. Als David eines Tages wieder verzweifelt vor ihr stand, hörte Tamara eine innere Stimme, die sagte: »Es reicht! Bis hierhin und nicht weiter.« Sie nahm ihren Mut zusammen und sagte ihm, dass sie sich trennen wollte, da sie nicht mehr die Kraft hatte, seine Probleme auf ihren Schultern zu tragen. Ihr wurde klar, dass David sich schon lange vor der Trennung von ihr entfernt hatte – in seine Problemwelt. Die Krise schlief jede Nacht in seinem Bett, sie war das Erste, woran er morgens dachte, und das Letzte, was ihn abends beschäftigte. Tamara blieb eigentlich nichts anderes übrig, als sich abzuwenden und zu gehen.

Tamaras Gefühle nach der Trennung bestätigten ihr, dass ihre Entscheidung richtig gewesen war: Nachdem sie ein halbes Jahr gelitten hatte, weil David ihr fehlte, ging es ihr besser. Sie verspürte viel Tatendrang und Energie, packte ihr Leben an und fühlt sich, derzeit ohne Partner, zufrieden wie selten zuvor. Für David war die Trennung allerdings ein harter Schicksalsschlag: Seine Krise hat sich verschärft, er findet noch weniger Aufträge, und seine Tochter hat eine Magersucht entwickelt. Aufgrund seines hohen Leidensdrucks hat David sich endlich professionelle Hilfe gesucht. Wenn Tamara ihn zufällig trifft, ist sie erschüttert, was aus ihm geworden ist. Und wenn sie ehrlich zu sich ist, ist sie erleichtert, dass sie nicht mehr an seiner Seite ist.

Ralf und Katharina
Bei Ralf und Katharina ist der Fall ähnlich gelagert, nur viel extremer. Denn Katharina ist alkoholabhängig, und das ist keine Privatsache, sondern betrifft – wie jede Sucht – immer das ganze Familiensystem. Ursula Lambrou hat dazu ein hervorragendes Buch geschrieben: »Familienkrankheit Alkoholismus. Im Sog der Abhängigkeit«. Lambrou zeigt auf, dass die Partner und auch die Kinder psychisch stark belastet werden und eine doppelte Last tragen: Sie müssen nicht nur die ganze Verantwortung alleine tragen, sondern sind auch ständig in Sorge um den alkoholkranken Menschen. Auf Ralf trifft diese Beschreibung genau zu: Er muss die Verantwortung für das Familienleben alleine tragen, denn Katharina hat die Familie in gewissem Sinn längst verlassen. Genau das ist, wie bei jeder Sucht, der Haken: Katharina begibt sich, wie alle Suchtkranken, in eine andere Welt, wenn sie ihre Abende mit Zigaretten und der Weinflasche verbringt und sich in einen betrunkenen Zustand begibt, in dem sie keinen Kontakt mehr zu Ralf hat. Auch ihre unkontrollierbaren Stimmungsschwankungen, durch die sie Ralf in einem Augenblick grundlos beschimpft und kurz darauf bedrängt, sie zu umarmen, und in deren Folge sie ihn auch schon mehrmals vor die Tür gesetzt hat, sind Folgen des Alkoholkonsums.

Ralf fühlt sich in seiner Beziehung ohnmächtig und hilflos. Er hat das Vertrauen zu Katharina verloren. Um die Situation vermeintlich unter Kontrolle zu halten und die schlimmsten

Szenen zu verhindern, besorgt er Katharina Alkohol und lässt sie ungestört trinken, damit sie »zufrieden« ist. Kurz zusammengefasst ist die Situation folgende: Katharina ist abhängig, und Ralf ist co-abhängig.

Es gibt zwei klare Schritte für Angehörige von Suchtkranken und also auch für Ralf: Er müsste eine Gruppe für Angehörige von Alkoholkranken besuchen, um sich Hilfe zu holen. Außerdem müsste er Katharina ein Ultimatum setzen: Entweder du arbeitest an deiner Sucht, oder ich gehe.

Ralf hingegen entschied sich anders: Er nahm Katharinas Heiratsantrag an, um Tatsachen zu schaffen. Wie es ihm damit geht, können wir nur ahnen.

> Tipp: Wenn Sie oder Ihr Partner von einer Sucht betroffen sind, ist es ein unvermeidlicher Schritt, sich Hilfe zu holen. Es gibt gute Suchtkliniken und auch Selbsthilfegruppen, in denen Sie sich mit anderen Betroffenen austauschen können, und zwar sowohl in speziellen Gruppen für Abhängige als auch in Gruppen für deren Partner. Hilfreich sind die Bücher von Ursula Lambrou (siehe oben) und von Ulla Schmalz: »Das Maß ist voll. Für Angehörige von Alkoholabhängigen«.
>
> Al-Anon, die Selbsthilfegruppe für Angehörige von Alkoholikern, bietet Informationen über Familiengruppen. Zentrales Dienstbüro: Emilienstraße 4, 45128 Essen, Tel. 0201/773007, *www.al-anon.de.*
>
> Deutsche Hauptstelle für Suchtfragen e.V. (DHS): Westenwall 4, 59065 Hamm, Tel.: 02381/90150, *www.dhs.de.*

Steffi und Martin
Bei Steffi und Martin sieht es etwas anders aus. Die beiden hätten eine reelle Chance gehabt, ihre Beziehung zu verbessern, denn in den ersten Jahren hatten sie eine schöne Zeit miteinander, liebten und vertrauten sich und hatten darüber hinaus eine gemeinsame Vision: Sie wollten Kinder haben und

auf dem Land leben. In den ersten Jahren ihrer Beziehung waren sie ein großartiges Team, sie witzelten sogar im Baumarkt miteinander, gingen zusammen Kanu fahren oder ins Kino und waren gleichermaßen glücklich über ihre beiden Kinder.

Als Steffi wieder in den Beruf zurückkehrte und die ersten Verletzungen passierten, hätten die beiden etwas tun können, um den Teufelskreis zu stoppen, der danach einsetzte. Sie hätten bei einem Therapeuten offen über ihre Wünsche und Bedürfnisse sprechen und Absprachen treffen können. Sie hätten planen können, wie sie ihre Wochenenden so verbringen, dass es ihnen Spaß macht (jahrelang hatte das ja geklappt). Und sie hätten einander Anerkennung geben können für das, was sie leisteten, und dafür, wie sie sind. Doch sie unternahmen nichts und gerieten immer weiter hinein in die Negativspirale: Martin fühlte sich überfordert und machte nichts im Haushalt, Steffi nörgelte und zog sich von Martin zurück. Martin wurde bockig und verletzte Steffi, Steffi nörgelte und ging Fahrrad fahren. Martin verschanzte sich hinter dem Computer, Steffi prallte an Martin ab und wendete sich immer mehr ab, vertraute ihm keine persönlichen Dinge mehr an und so weiter. Wer über lange Zeit keine Entscheidung trifft – sei es, sich zu trennen oder sich aktiv für die Beziehung einzusetzen, trifft auch eine Entscheidung. So war die Trennung an sich eine von beiden Seiten beschlossene Sache schon lange, bevor Steffi sich entschied.

Schon fünf vor zwölf?

»Die Ehe ist vor allem ein langes Gespräch«,[30] wusste schon Nietzsche. Wir können nur mutmaßen, was passiert wäre, wenn Steffi und Martin weiter das Gespräch miteinander gesucht hätten, mit einem professionellen Therapeuten an der Seite, der ihnen einen geschützten Raum geboten und Streit unterbunden hätte. Leider ist es nun, nach fünf Jahren Leben in der Negativspirale, definitiv zu spät für eine erfolgreiche Paartherapie. Steffi und Martin haben sich so weit voneinander entfernt, dass nichts mehr zu retten ist. Sie haben es, sinnbildlich gesprochen, drei Uhr nachmittags werden lassen. Paartherapeuten plädieren dafür, dass Paare möglichst früh kommen, denn um fünf vor zwölf ist das Kind schon fast in den Brunnen gefallen. Wer kurz nach dem Auftreten einer Krise in eine verhaltensorientierte Therapie geht und bereit ist, sich für die Beziehung zu engagieren, kann oft große Verbesserungen erreichen.

Die Beziehung retten: Mögliche Schritte

Wenn Sie beschließen, dass Sie in Ihre Beziehung investieren wollen, ist es wichtig, die richtigen Wege zu kennen:

- Es ist mittlerweile wissenschaftlich gut belegt, dass einer der wichtigsten Faktoren, der über das Gelingen oder Scheitern einer Beziehung entscheidet, die Kommunikation ist. Nicht nur in Alltagssituationen, sondern auch bei Konflikten ist es entscheidend für die Qualität und Stabilität einer Beziehung, wie die Partner miteinander umgehen. Man kann zwischen positiver Kommunikation (zuhören, Verständnis äußern, nachfragen, loben, sich zuwenden) und negativer Kommunikation (schweigen, Vorwürfe machen, drohen, anklagen, unterbrechen etc.) unterscheiden. Kommunikation lässt sich durch bestimmte Trainings (zum Beispiel EPL – ein partnerschaftliches Lernprogramm) oder durch (Paar-)Therapie verbessern.
- Trauen Sie sich, mit Ihrem Partner auch an Ihrer Sexualität zu arbeiten und mit ihm oder ihr über sexuelle Wünsche und Fantasien zu sprechen (siehe dazu auch Kapitel 7, Technik »Auf die Umarmung kommt es an«).
- Investieren Sie in Ihre Beziehung und sorgen Sie dafür,

dass Sie genug Abwechslung miteinander haben. Hier sind einige Vorschläge: Fahren Sie zusammen in ein unbekanntes Land, mieten Sie ein schnelles Auto, setzen Sie sich zum ersten Mal in Ihrem Leben auf ein Pferd, machen Sie einen Tauchgang, schlafen Sie auf einer Berghütte. Wie wäre es, wenn Sie auch zu Hause mal wieder unter freiem Himmel schlafen? Lernen Sie zusammen eine Fremdsprache und verbringen Sie einige Zeit in dem entsprechenden Land. Kochen Sie mal türkisch, spanisch oder thailändisch. Veranstalten Sie eine schöne Sommerparty oder kochen Sie ganz informell mit Freunden. Legen Sie Ihre Balkon- oder Gartenbepflanzung neu an. Bauen Sie zusammen ein Möbelstück. Kaufen Sie zusammen ein neues Parfum oder kleiden Sie den anderen ganz neu ein.

- Seien Sie fair, was Finanzen und Aufgabenteilung betrifft. Eine Putzhilfe wirkt wahre Wunder. Räumen Sie ohne Theater die Geschirrspülmaschine aus und erledigen Sie die lästige Korrespondenz ebenso, wie Sie von Ihrem Partner erwarten, dass er seine Aufgaben erfüllt. Besprechen Sie miteinander, wie Sie die Aufgaben fair verteilen können, denn der Groll über eine unfaire Aufteilung zerstört mit Sicherheit Ihre Liebe.

- Aufmerksamkeiten und charmante Gesten sind das Lebenselixier jeder Beziehung. Schmuggeln Sie einen Liebesbrief in seine Aktentasche. Kochen Sie sein oder ihr Lieblingsessen. Kraulen Sie den Nacken, tragen Sie aufregende Unterwäsche, verbinden Sie dem anderen die Augen und führen ihn an einen schönen Platz. Und vor allem: ein Küsschen hier, ein Küsschen dort.

Übung: Ich sollte gehen, aber ich kann nicht!

Wenn Sie in einer destruktiven Beziehung leben und überzeugt sind, dass es besser für Sie wäre, zu gehen, Sie es aber einfach nicht schaffen, dann können Ihnen die folgenden Anregungen und Fragen helfen:

- Sie wissen bereits, dass die leidenschaftliche Liebe auf den gleichen Schaltkreisen im Gehirn läuft wie eine Sucht. Machen Sie sich klar, dass es für Sie das Beste wäre, einen »Entzug« zu machen. Dafür braucht man viel Willenskraft, denn »etwas Entzug« hilft nicht. In der Regel ist es notwendig, dass Sie für einen Zeitraum von mindestens sechs Monaten, aber so lange, bis Sie nicht mehr schwach werden, auf jeglichen Kontakt zu dem Menschen verzichten, den Sie aus Ihrem Leben haben wollen. Einzige Ausnahme: Wenn Sie gemeinsame Kinder haben, müssen Sie zumindest minimalen Kontakt halten, um organisatorische Fragen zu besprechen und sich bei den Übergaben zu sehen.

Wenn Sie wider jegliche Vernunft nicht von Ihrem Partner ablassen können, gibt es sicherlich einen Grund dafür in Ihrer Geschichte. Die folgenden Fragen können Ihnen helfen, die tieferen Ursachen für Ihr Festhalten herauszufinden:

- Was haben Ihre Eltern Ihnen zum Thema »Bleiben oder gehen« vorgelebt? Hat einer Ihrer Elternteile auch viel Leid in einer Beziehung geduldet? Gab es in Ihrer Familie den Glaubenssatz, dass man sich nicht trennen darf?
- Was für einen Nutzen ziehen Sie daraus, wenn Sie noch länger bleiben? Lernen Sie, sich abzugrenzen? Oder innerlich unabhängiger zu werden? Was kann Ihr Partner Ihnen Positives beibringen, wenn Sie bleiben?
- Was für eine Hoffnung für Ihre jetzige Beziehung hält Sie davon ab, sich zu trennen? Ist diese Hoffnung begründet? Liegt es in Ihrer Hand, etwas dafür zu tun? Warum tun Sie es nicht?
- Bekommen Sie (für sich selbst oder in Ihrem Umfeld)

viel Mitleid und Zuwendung, dass Sie so einen »schlimmen« Partner haben? Definieren Sie sich möglicherweise über die Rolle der Leidenden? Geben Sie Verantwortung für Ihr Glück an den Partner ab (»wenn er nicht so schlimm wäre, nicht das und das machen würde, wäre ich ein glücklicher Mensch!«)?
- Welcher Satz würde Ihnen Kraft geben, zu gehen? Schreiben Sie ihn auf, und sorgen Sie dafür, dass Sie ihn ständig wiederholen.

Das Wichtigste in Kürze

Wenn Sie sich in einer ungeklärten Beziehung befinden und sich täglich fragen, ob Sie bleiben oder gehen sollen, wird es Ihnen helfen, zuerst anhand der genannten Kriterien zu entscheiden, ob die Substanz Ihrer Beziehung noch wertvoll und erhaltenswert ist. Trifft darüber hinaus keines der beschrieben K.O.-Kriterien zu, sollten Sie versuchen, mit aller Kraft in die Renovierung Ihrer Liebe zu investieren: mit vielen liebevollen Aufmerksamkeiten, langen Gesprächen, Zuwendung und möglicherweise mit einer unterstützenden Paartherapie. Lassen Sie nichts unversucht, damit zwischen Ihnen wieder ein frischer, warmer Wind wehen kann. Denn eines ist gewiss: Auch wenn Sie meinen, dass Sie sich durch das lange Ausharren nicht entscheiden, kommt das auch einer Entscheidung gleich, so wie jedes Haus, das man nicht renoviert, irgendwann vom Zahn der Zeit in eine Ruine verwandelt wird.

Kapitel 9
Ein Ende mit Anstand

Möglicherweise sind Sie beim Lesen und Durcharbeiten der letzten Seiten zu dem Ergebnis gekommen, dass Ihre Beziehung nicht mehr zu retten ist. Das ist eine Erkenntnis, die Ihnen wahrscheinlich Angst macht, denn oft hängt viel mehr daran als »nur« der Partner. Ihr Zuhause, Ihre finanzielle Sicherheit und, was noch wichtiger ist, das Wohlbefinden Ihrer Kinder stehen auf dem Spiel.

Eine Trennung hat Folgen, und viele davon sind unangenehm. In diesem Kapitel gebe ich Ihnen wichtige Leitlinien, wie Sie sich bei der Trennung verhalten können, und vor allem Hinweise, wie Sie Ihre Kinder so gut wie möglich durch die Trennungsphase bringen. Denn das »Wie« spielt bei Trennungen eine genauso wichtige Rolle wie das »Warum«.

Professionelle Unterstützung

Es mag zunächst befremdlich klingen: Doch auch in der Endphase einer Beziehung, wenn Sie sich schon entschieden haben, getrennte Wege zu gehen, kann Ihnen eine *Paartherapie* wertvolle Hilfe leisten – insbesondere, wenn es gemeinsame Kinder gibt. Es geht dann nicht mehr darum, die Beziehung zu retten, sondern darum, gemeinsam aufzuräumen. Vielleicht ist ein Partner noch nicht so weit wie der andere und braucht Hilfe, um im geschützten Raum der Therapie zu verstehen, warum es zu einer Trennung kommt. Meine Erfahrung hat mir allerdings gezeigt, dass oftmals auch einer der beiden Partner nicht bereit ist, zu einem Paartherapeuten zu gehen. Dafür gibt es vielfältige und ernst zu nehmende Gründe: Angst vor Streit mit dem Partner in der Sitzung, die Befürchtung, schmerzhafte Gefühle an die Oberfläche zu holen, schlechte Erfahrungen mit Therapeuten oder ein negatives (Vor-)Urteil über Therapeuten und deren Gesprächsmethoden. Wenn Ihr Partner Bedenken hat, eine Paartherapie zu machen, können Sie zunächst eine gute Therapeutin suchen, die wahrscheinlich auch Ihrem Partner gefallen würde, und Ihren Partner dann bitten, einmal zu einem Gespräch mitzukommen. Sie können ihm sagen, dass er nach dem Gespräch entscheiden kann, ob er weitermachen möchte. Durch diese Vorgehensweise wird die Hürde viel kleiner.

Wenn Sie Ihren Partner zu einer Therapie motivieren konnten, kann eine Therapie Ihnen vieles erleichtern. Sie können zunächst Ihre Trennungsentscheidung überprüfen: Ich habe mit einigen Menschen gearbeitet, die (oftmals wegen einer Außenbeziehung) ihre Ehe überstürzt beendet haben und sich noch Jahre nach der Trennung mit Zweifeln und Schuldgefühlen an der Richtigkeit Ihrer Entscheidung herumschlagen. Haben Sie und/oder Ihr Partner sich jedoch klar für die Trennung entschieden, können Sie in dem geschützten Rahmen der Therapie noch einmal einen Blick auf die guten und die schlechten Seiten ihrer Beziehung werfen und möglicherweise einige Verletzungen beiseiteräumen. Dies kann Sie und Ihren Partner darin unterstützen, innerlich Abstand zu gewinnen und abzuschließen. Wer seinen Eigenanteil am Misslingen der Beziehung nicht erkannt und bearbeitet hat, läuft zudem Gefahr, das gleiche Muster mit dem nächsten Partner zu wiederholen, wie es auch genauer in meinem Buch »Der geheime Code der Liebe« aufgezeigt wird.

In der Trennung steht Ihnen die Therapeutin auch unterstützend und beratend zur Seite, damit Sie möglichst schonend und verantwortungsvoll auseinandergehen können. Sie hilft, Lösungen für praktische Fragen zu finden, zum Beispiel: Kann man Weihnachten noch gemeinsam feiern? Wann soll er oder sie ausziehen? Wie und wann sagt man es den Kindern? Eine Paartherapie ist sehr hilfreich, um solche auch hochgradig emotionalen Fragen zu klären.

Bei einer Trennung geht es aber nicht nur um zerbrochene Gefühle und geplatzte Träume, sondern auch um konkrete materielle und organisatorische Aspekte: Wer übernimmt Schulden? Wie hoch ist der Ehegattenunterhalt? Wie wird der Kindesunterhalt berechnet? Was geschieht mit dem gemeinsamen Haus – und wie gleicht man es aus, wenn einer das Haus behalten darf? Weiterhin geht es darum, wo die Kinder wohnen, wie viele Tage im Monat und in den Ferien der andere Elternteil die Kinder übernimmt und welche zusätzlichen Aufgaben jeder Elternteil hat (Fahrdienste, Hausaufgabenhilfe, Sonderausgaben …). Wer behält den Bauernschrank, und wer hat Anrecht auf den alten VW-Käfer, den beide so lieben?

Wenn Sie feststellen, dass Sie mit Ihrem Partner kein »vernünftiges« Gespräch zu zweit führen können, oder wenn Ihre Lösungsvorschläge sehr weit auseinanderliegen, kann eine *Mediation* Ihnen helfen.

Mediatoren sind speziell ausgebildete Psychologen oder Juristen, die Sie dabei unterstützen, gemeinsam über strittige Fragen zu sprechen und zu einvernehmlichen Lösungen zu kommen. Diese Lösungen werden dann in einer Trennungsfolgenvereinbarung schriftlich festgehalten und müssen abschließend noch von individuellen Rechtsanwälten geprüft werden. Die Mediation birgt gegenüber einem Rechtsstreit mit zwei Anwälten große Vorteile: Sie ist viel kostengünstiger, und die Themen und Unstimmigkeiten können direkt miteinander besprochen werden. Hier sind zwei Beispiele für gelungene Einigungen: Er verzichtet auf die gemeinsame Mietwohnung, damit seine Frau mit den Kindern dort leben kann, dafür tritt sie ihm den Schrebergarten ab. Oder: Der Vater möchte die Kinder jedes Wochenende sehen, die Mutter hingegen möchte, dass die Kinder nur jedes zweite Wochenende zum Vater gehen. Sie einigen sich darauf, dass der Vater die Kinder jedes zweite Wochenende von Donnerstagabend bis Montagfrüh hat sowie drei Ferienwochen mit ihnen verbringt.

Es ist sehr wichtig, dass Sie sich genügend Zeit nehmen, um Lösungen zu finden, die zumindest gangbare Kompromisse, im Idealfall aber für beide Seiten zufriedenstellende Lösungen sind. Treffen Sie auch unter dem Druck der Trennung und der Mediationskosten keine überstürzten Entscheidungen. Bedenken Sie, dass sich jede Entscheidung, die Sie jetzt treffen, auf lange Zeit auf die Beziehung zwischen Ihnen und Ihrem Expartner und damit auch auf den Seelenfrieden Ihrer Kinder auswirkt. Wenn Sie Ihrer Exfrau und Ihren Kindern aufgrund geschickter Zahlenmanipulationen zu wenig Unterhalt zahlen, werden Ihre Kinder ihre Belastung, ihren Ärger und ihre Hilflosigkeit zu spüren bekommen. Wenn Sie Ihrem Exmann die Kinder weitestgehend entziehen, weil Sie selbst ihn nicht mehr ertragen können, sind die Leidtragenden vor allem die Kinder. Das Fazit ist also: Sie können nur gewinnen, wenn Sie an einem Strang ziehen.

Scheidungskinder – unglückliche Kinder?

Kommen wir nun zu dem, was den meisten Paaren besonders am Herzen liegt: die Kinder. Die meisten Eltern, die sich trennen, sorgen sich darum, was für Schäden ihre Kinder durch die Trennung davontragen werden. Als Steffi ihrer Freundin erzählte, dass sie sich von Martin trennen werde, sagte diese: »Wie kannst du deinen Kindern das antun? Die bekommen doch für immer einen Beziehungsknacks.« Steffi war erschrocken und bekam sofort ein schlechtes Gewissen, das ihr noch lange zu schaffen machte. Wie steht es aber wirklich um die Langzeitfolgen von Kindern, deren Eltern sich haben scheiden lassen? Gilt da der Satz: Besser, die Eltern lassen sich scheiden, als dass sie jahrelang die Konflikte ihrer Eltern ertragen müssen? Oder bekommen Scheidungskinder unweigerlich einen »Knacks«, erleben sie durch die Trennung ihrer Eltern einen Vertrauensverlust, der sie als Erwachsene in ihren Beziehungen begleitet? In einer groß angelegten österreichischen Studie über Familienforschung (Vera Nowak, Österreichisches Intitut für Familienforschung) kann man erkennen, dass die Wahrscheinlichkeit für eine Scheidung bei Scheidungskindern höher ist (34 Prozent) als bei Kindern nicht getrennter Eltern (22 Prozent). Und auch weitaus weniger Scheidungskinder als Kinder nicht getrennter Eltern erreichten eine Beziehungsdauer von mehr als fünf Jahren oder länger in ihrer ersten Partnerschaft. Man kann das so auslegen, dass Scheidungskinder gelernt haben, dass man sich aus unbefriedigenden Beziehungen lösen kann. Man kann ebenso daraus lesen, dass Scheidungskinder unbefriedigendere Beziehungen führen und das Vertrauen in lang anhaltende, unverbrüchliche Beziehungen verloren haben. Wichtiger als die Statistik ist jedoch die Betrachtung des Einzelfalls. Eine Freundin von mir, bezeichnenderweise Paartherapeutin, hatte vor ihrer eigenen Hochzeit wochenlang die Sorge, dass sich ihre getrennten Eltern, die sich auf diesem Fest nach Jahrzehnten wiedertrafen, in einen lauten Streit verwickeln und ihr diesen Tag ruinieren und sie vor allen Gästen blamieren würden. Das weist darauf hin, dass das Trennungsdrama dieser Eltern negative Spuren im Leben der Tochter hinterlassen hat. Solche Einzelschicksale können sicher viele Scheidungskinder berichten. Es gibt aber ebenso Erfahrungen, dass Eltern sich tatsächlich gütlich trennen und anschließend zum Beispiel ein Elternteil eine langjährige glückliche Beziehung führt. Das Erleben und die Handlungen im konkreten einzelnen Fall entscheiden jeweils, wie unbeschadet Kinder die Trennung ihrer Eltern überstehen und ob sie das Vertrauen in die Möglichkeit einer glücklichen Bindung nicht verlieren.

In jedem Fall ist eine Trennung der Eltern ein einschneidendes Ereignis im Lebenslauf der Kinder, das eine große Anpassungsleistung erfordert. Wenn es handfeste Gründe für eine Trennung der Eltern gibt, bleibt einem nur eines übrig: sich so umsichtig und friedlich zu trennen wie möglich. Für das Wohl der Kinder spielt es nicht nur eine Rolle, *ob* die Eltern sich trennen, sondern *wie* sie sich trennen. Kinder interessieren sich dabei, wie Erwachsene auch, vor allem für ihre eigenen Belange. Sie wollen wissen, was sich nach einer Trennung für sie ändert, was sie verlieren und was sie behalten.

Empfehlungen

- Es ist sehr wichtig, die *Elternebene* strikt von der *Paarebene* zu trennen. Die *Elternebene* betrifft die Verantwortung, Aufgabenteilung, Erziehung und den Umgang mit dem Kind. Es geht hier um Elternabende, Geburtstagsgeschenke, Zahnspangen und Fernsehzeiten. Auf dieser Ebene müssen beide Elternteile im optimalen Fall viele Jahre gut für ihr Kind zusammenwirken. Die *Paarebene*, also Gefühle der Liebe, Eifersucht auf neue Partner, Verletzungen, Schuldzuweisungen gegenüber dem Expartner, entsteht aus der gemeinsamen Beziehungsgeschichte und wirkt auch nach der Trennung oft noch im Verborgenen.
- Es ist sehr wichtig, ungelöste Konflikte auf der gescheiterten Paarebene *nicht* auf der Elternebene auszufechten. Ein Negativbeispiel ist ein Vater, der demonstrativ ein Single-Leben führt (mit Cabrio, vielen Kurzreisen und wechselnden jüngeren Freundinnen) und der Mutter seiner Kinder die Mithilfe bei der Kinderbetreuung auch in Notsituationen verweigert. Oder eine verlassene Frau, die kein gutes Haar an der neuen Freundin ihres Exmannes lässt, weil sie gekränkt ist, dass ihr Mann sie verlassen hat. Aus meiner therapeutischen Arbeit weiß ich, wie schwer es ist, sich zu beherrschen, wenn man starke Wut auf seinen Expartner empfindet oder furchtbar gekränkt über dessen Verhalten ist. Es ist nur allzu menschlich, dass es Momente gibt, in denen man sich schwer beherrschen kann und Fehler macht, also zum Beispiel den

Expartner vor den Kindern beschimpft oder schlecht über ihn redet. Wenn Sie merken, dass Ihre Wut so stark ist, dass es Ihnen nicht gelingt, friedlich und respektvoll mit Ihrem Expartner umzugehen, dann wäre es extrem wichtig, dass Sie sich in einer Therapie oder in Gesprächen mit Freunden abseits von den Ohren ihrer Kinder ein Ventil für Ihre Gefühle schaffen. Auch in Kapitel 10 auf Seite 196 gibt es Hinweise, wie Sie sich mit Ihrer Wut auseinandersetzen können. Viele meiner Patienten benötigen einen Raum und Beistand von mir, um Ihre Verletzungen und ihre Wut zu verarbeiten, und die Sitzungen sind auch der richtige Rahmen dafür. Bitte bedenken Sie immer, so schwer es auch ist, dass vor allem Ihre Kinder darunter leiden, wenn Sie sich mit Ihrem Expartner streiten. Und wenn Sie einen Fehler gemacht haben und ausgerastet sind, versuchen Sie, es das nächste Mal besser zu machen.

- Das wichtigste Anliegen von Kindern ist in der Regel, dass sie ungehinderten und unkomplizierten Kontakt zu *beiden* Elternteilen haben können. Das ist am einfachsten zu ermöglichen, wenn Mutter und Vater nahe beieinander wohnen, sodass die Kinder bei beiden Elternteilen ihr vertrautes Umfeld haben und auch ihre Freunde sehen können.
- Kinder möchten, dass ihre Eltern sich vertragen und friedlich miteinander umgehen. Deshalb ist es unerlässlich, dass Sie auf der Elternebene gut zusammenwirken und friedlich über die Belange der Kinder sprechen können. Viele getrennt lebende Eltern sind vorbildlich, indem sie gemeinsam Elternabende und Sommerfeste der Schulklasse besuchen, Kindergeburtstage gemeinsam ausrichten und gelegentlich oder regelmäßig zusammen essen. Sie gewähren sich ab und zu Zugang zur Wohnung des anderen (damit zum Beispiel der Vater die Kinder im Haus der Mutter besuchen darf oder die Mutter

sich mit dem Vater in dessen Wohnung unterhält, wenn sie die Kinder zu ihm bringt). Der friedliche Kontakt der Eltern ist für die Kinder eine wichtige emotionale Brücke, denn sonst befinden sie sich in zwei völlig getrennten Welten, in der der Mutter und in der des Vaters. Sie haben dann Loyalitätskonflikte und müssen Geheimnisse bewahren, was sie unter große Anspannung setzt. Das können Eltern vermeiden, indem sie die natürlichen Bedürfnisse der Kinder nach Vertrautheit mit und Offenheit gegenüber beiden Eltern vor die eigenen Belange stellen.

- Auf keinen Fall möchten Kinder als Handgranate im Scheidungskrieg ihrer Eltern geworfen werden oder Partei ergreifen müssen. Es ist für Kinder äußerst belastend, wenn ein Elternteil schlecht über den anderen spricht oder ihm die Schuld zuweist. Schwierig ist es auch, wenn die Eltern sich vor den Kindern erbittert streiten oder sich vollständig aus dem Weg gehen, sodass die Kinder nicht über den anderen Elternteil sprechen dürfen oder am Zaun der Mutter beziehungsweise des Vaters abgestellt werden und die Schritte bis zur Haustür alleine gehen müssen. Solche Konstellationen müssen Sie mit allen Mitteln verhindern.

- Kinder sind in der Regel sehr mitfühlend, und sie wünschen sich, dass es beiden Eltern gut geht. Sie brauchen eine stabile Umgebung und Eltern, die sich nach einer Übergangszeit wieder gut in ihrem Leben eingerichtet haben. Dabei ist für das Kind entscheidend, dass jeder Elternteil ein offenes Ohr für die kindlichen Belange hat.

- Kinder möchten in der Regel, dass ihr Umfeld vertraut bleibt und sich möglichst wenig ändert. Am besten ist es, wenn sie in ihrem Zuhause bleiben, ihre Schule weiter besuchen und sich so langsam an die Trennung der Eltern gewöhnen können. Kinder sind überfordert, wenn sie direkt nach der Trennung der Eltern in eine andere Stadt oder einen anderen Stadtteil verpflanzt werden, den neuen Partner der Mutter oder die neue Partnerin des Vaters treffen (samt deren Kindern) oder gar mit ihnen zusammenziehen, die Schule wechseln müssen oder wenn ihnen mehrmals hintereinander ein Umzug zugemutet wird. Optimal sind kleine Schritte im Schneckentempo, damit alle die Bodenhaftung bewahren können.

Tipp: Holen Sie sich unbedingt Hilfe bei Paartherapeuten, Mediatoren oder dem Jugendamt. Auch kirchliche Erziehungsberatungsstellen oder Pro Familie können Ihnen helfen. Folgende Literatur kann Ihnen im Falle einer Trennung ebenfalls weiterhelfen:
- Largo, Remo H. und Czernin, Monika: »Glückliche Scheidungskinder: Trennungen und wie Kinder damit fertig werden«, Wien, 2011.
- Richter, Veronika: »Rückenwind für Scheidungskinder: Ein Ratgeber für verantwortungsbewusste Eltern«, München, 2004.

Das Wichtigste in Kürze

Wenn Sie sich für eine Trennung entschieden haben, können Ihnen eine Paartherapie bei der emotionalen Verabschiedung von Ihrem Partner und eine Mediation bei der Klärung der organisatorischen und rechtlichen Fragen helfen. Nehmen Sie sich unbedingt Zeit, um Lösungen zu erarbeiten, die für alle Beteiligten geeignet sind: für Sie selbst, für Ihren Expartner und vor allem für die Kinder. Trennen Sie die Paarebene von der Elternebene, damit Sie auf der Elternebene mit Ihrem Expartner weiter zusammenarbeiten können. Nur so kommen Ihre Kinder möglichst unbeschadet durch die Trennung.

Kapitel 10
SOS-Soforthilfe bei einer Trennung

In diesem Kapitel geht es darum, wie Sie die emotionalen und körperlichen Folgen von Liebeskummer möglichst gut überstehen und Ihre Wunden gut versorgen und heilen können. Wenn Sie selbst gerade mitten in der Akutphase des Liebeskummers stecken oder jemandem helfen möchten, der dies zurzeit erlebt, dann wird dieses Kapitel Ihnen einige Anregungen geben, wie man in einem solchen Fall »Erste Hilfe« leistet.

Der erste Schock

Madeleine zittert am ganzen Körper, und ihr ist schwindelig. Sebastian hat eben am Telefon mit ihr Schluss gemacht, und seine Phrasen hallen in ihrem Kopf nach: »Nimm es nicht persönlich.« Und: »Ich muss jetzt erst mal alleine sein.« Seine Stimme klang so, als ob er den Text auswendig gelernt hatte, als er verkündete, dass er nach längerem Nachdenken keine Zukunft mit ihr sehe. Es gebe da einige ungelöste Blockaden bei ihm, aus seiner Vergangenheit, die ihn immer wieder einholten. Er müsse das erst bearbeiten, vorher könne er sich nicht in eine Beziehung stürzen. Und dann sei da noch etwas: Es mache ihn skeptisch, dass die Stimmung zwischen ihnen manchmal so angespannt sei. Die Phase der ersten Verliebtheit stelle er sich unbeschwerter und lockerer vor. Zum Schluss sagte er: »Sei nicht traurig oder sauer, du bist eine tolle Frau, und ich hoffe, wir sehen uns wieder, irgendwann, wir können ja Freunde bleiben.«

Seit einigen Monaten hatte Madeleine befürchtet, dass dieser Moment kommen würde. Denn wenn sie ehrlich zu sich war, waren eigentlich nur die ersten vier Monate mit Sebastian intensiv und glücklich gewesen. Viele Jahre lang hatte sie sich keinem Mann so nah gefühlt wie ihm, und Sebastian ging es genauso. Mehrmals hatte er sie lange angesehen und ihr dann gesagt, dass er sich zum ersten Mal in seinem Leben vorstellen könne, Kinder zu haben. Welche Hoffnungen er damit bei Madeleine entfachte, ahnte er nicht. Doch kaum war sie innerlich ganz bei Sebastian angekommen, entfernte er sich. Seine SMS wurden seltener, seine Stimme klang kühler, und wenn sie sich trafen, war er in Gedanken manchmal ganz woanders. Madeleine richtete stets ihre gesamte Aufmerksamkeit auf Sebastian, um wahrzunehmen, wie nah er bei ihr war. Das war so anstrengend, dass sie nach den Treffen oft enttäuscht in Tränen ausbrach und Stunde um Stunde darüber nachgrübelte, was schiefgelaufen war. Sie zermürbte ihr Gehirn, um zu erkennen, welchen Fehler sie gemacht hatte, aber ihr fiel nichts auf. Sie verkrampfte sich. Insgeheim sehnte sie sich nach einem Beweis seiner Zuneigung, doch der blieb aus. In einigen Phasen beschloss sie, sich nicht bei ihm zu melden, getreu der alten Devise »Willst du was gelten, so mach dich selten« – doch was sie auch tat oder nicht tat, es half nichts. Und jetzt hatte er sich von ihr getrennt, und das mit einer Leichtfertigkeit, die ihr Selbstwertgefühl zutiefst verletzte.

Den Grund, den er ihr genannt hatte, konnte sie nicht nachvollziehen. Was meinte er eigentlich mit Blockaden und warum konnte er sich nicht bemühen, sie zu lösen? Sie hatte doch Verständnis für ihn und hätte ihm Zeit gelassen. Und warum hatte er aufgehört, für sie beide zu kämpfen, so wie er es am Anfang getan hatte? Was war passiert?

Madeleine fühlte sich wie im freien Fall. Ihre schlechte Verfassung sah man ihr schon einige Tage später deutlich an. Während normalerweise ihre Haut strahlte und ihre Haare glänzten, so war sie jetzt blass und unter ihren Augen lagen tiefe Schatten. Die Haare wirkten stumpf und waren zu einem unordentlichen Zopf gebunden, und sie trug eine verfilzte graue Strickjacke, die aussah wie aus der Kleiderkammer vom Roten Kreuz (eigentlich war sie eine Frau, die ein Händchen für Mode hatte). Auf die Frage, wie es ihr geht, strömten die Tränen, und der Haufen zerknüllter Taschentücher wuchs schnell zu einem stattlichen Berg heran. »Ich komme klar und ich schaffe alles«, sagt sie unter Schluchzen. »Aber ich fühle mich im Grunde meines Herzens so einsam und verloren wie ein Kind, das man auf dem Rastplatz vergessen hat.«

Madeleine leidet nicht nur an der Trennung von Sebastian. Auch der Tod ihrer Mutter, als Madeleine 34 war, brach wieder auf und die riesige Lücke, die sie in Madeleines Leben hinterlassen hat. Und als wäre das nicht genug, kamen alle Niederlagen und alle Trennungen von ihren verflossenen Lieben wieder hoch. Das war viel mehr, als sie bewältigen konnte. Denn als ernüchternde Bilanz wird ihr klar: Sie war allein auf der Welt und würde auch alleine bleiben. Jetzt, mit 42 Jahren, war der Traum endgültig geplatzt, in einer Familie zu leben, und auch die letzte Chance auf ein zweites Kind war vertan.

In der Achterbahn der Gefühle

Wenn Sie wie Madeleine selbst gerade frisch getrennt sind, dann wissen Sie, wie sehr eine Trennung die Grundfeste des eigenen Lebens erschüttern kann. Das geht so weit, dass man sich in den schlimmsten Momenten kaum dazu in der Lage fühlt, einen Fuß vor den anderen zu setzen, so simple Dinge zu tun wie essen, schlafen oder gar zu entscheiden, ob man lieber spazieren gehen oder einen Film sehen möchte. Der Kopf ist blockiert und man kann keinen klaren Gedanken fassen, weil das Trommelfeuer der eigenen starken Gefühle einen überwältigt: Angst, herzzerreißende Sehnsucht, Wut auf sich selbst oder den Partner, Eifersucht, Einsamkeit, Trauer und Verzweiflung. Da bleibt wenig oder keine Kraft, um sich mit praktischen oder alltäglichen Folgen einer Trennung herumzuschlagen und zum Beispiel die Kinder weiter so zu betreuen, dass sie möglichst abgeschirmt werden von den eigenen Problemen. Es ist ein großer Kraftakt, seine Arbeit zu erledigen, die Wohnung zu putzen oder sich gar eine neue Wohnung zu suchen.

Direkt nach der Trennung ist die gewohnte Lebensenergie verschwunden, und die Aufgaben und Probleme stehen vor einem wie ein Berg: grau, riesig, steinhart und anscheinend unüberwindbar. Resigniert fragt man sich wieder und wieder: »Wie soll ich das bloß alles schaffen?«

Über den Berg kommen

Greifen wir die Bergmetapher auf und fragen erfahrene Bergsteiger, wie sie es schaffen, auf einen Gipfel zu kommen, der in unerreichbarer Höhe über ihnen liegt. Sie würden antworten: ganz langsam und bedacht, mit gleichmäßigen Schritten. Denn nur so kann man seine Kraft für den langen Weg bewahren und verhindern, dass man stolpert und den Abhang hinunterstürzt. Und wenn man sich im Gelände nicht auskennt, braucht man gute Karten und einen Führer, der einem den Weg zeigen kann.

Diese wertvollen Tipps aus der alpinen Welt kann man sehr gut im Falle einer Trennung anwenden. Konkret bedeuten sie Folgendes:

Lassen Sie sich Zeit

In Kapitel 5 habe ich aufgezeigt, dass akuter Liebeskummer eine komplizierte Erkrankung ist, die sowohl Körper als auch Geist und Seele befällt. Deshalb ist es wichtig, dass Sie sich jetzt Zeit nehmen, um sich Ihrer Liebeskrankheit zu widmen. Wenn Sie eine schwere Grippe oder einen komplizierten Knochenbruch haben, lassen Sie ja auch alles andere stehen und liegen und kurieren sich aus. Mit Liebeskummer ist es oft nicht möglich, wichtige Entscheidungen zu treffen oder wie gewohnt zu funktionieren. Gönnen Sie sich eine Schonzeit, in der Sie nur das Nötigste tun und auch beruflich auf Sparflamme gehen. Organisieren Sie eine Kinderbetreuung oder bitten Sie Freunde, Verwandte oder nette Nachbarn, Ihre Kinder für ein paar Stunden zu nehmen, damit Sie Zeiten haben, in denen Sie sich ganz auf sich konzentrieren können. Und wenn Sie sich nicht in der Lage fühlen zu arbeiten, lassen Sie sich für eine Weile krankschreiben und wenn es nötig ist, die Krankschreibung danach auch verlängern. Sie können zu diesem Zeitpunkt nicht wissen, wie lange eine Krankschreibung nötig ist. Denn in einer Krise gilt die Devise »One day at a time«. Mehr geht nicht.

Nur das nötigste Gepäck

Alles, sogar an sich leichtes Gepäck wie Routineaufgaben, kann nun schwer wiegen und ebenso können Ihre Gedanken Sie sehr ermüden und belasten. Wie Sie aus Kapitel 5 wissen, kommt man in einer Trennungssituation schon allein durch die hormonelle Umstellung in eine depressive Stimmungslage. Das wiederum begünstigt es, sich grundsätzlich mit den traurigen, misslungenen oder düsteren Kapiteln des Lebens zu beschäftigen. Gerne zweifelt man in solchen Momenten daran, dass man jemals wieder glücklich wird oder irgendwann einen guten neuen Partner findet. Man malt sich die Zukunft in düsteren Farben aus und macht sich Sorgen, was für schlimme Dinge noch geschehen können, und mitunter produziert ein fantasievolles Gehirn Horrorszenarien, gegen die sich ein Katastrophenfilm harmlos ausnimmt. Die gedankliche Belastung und die realen Anpassungsleistungen begünstigen es oft, ein Burn-out-Syndrom zu entwickeln.

Hilfreich ist es, Ihre Gedanken (zum Beispiel: »Sollte ich die Stadt wechseln und in die Nähe meiner Eltern ziehen?«, »Kündigt mir mein Arbeitgeber, wenn ich lange krank bin?«) mit ein wenig Abstand zu betrachten und sich zu fragen: »Sind diese Probleme realistisch? Und sind sie wirklich *heute* an der Tagesordnung?« Wenn Sie diese Frage mit Nein beantworten, dann halten Sie sich innerlich ein Stopp-Schild vor und sagen Sie sich: »Mit diesen Dingen kann ich mich jetzt nicht auch noch befassen, ich habe genug Probleme. Ich kümmere mich darum, wenn es dran ist. Kommt Zeit, kommt Rat.« Dabei ist die Technik 6 »Ein Schritt zur Zeit« aus dem Kapitel über die Geheimnisse des Tangos hilfreich.

Rast machen

Sehr wichtig ist es, dass Sie immer wieder versuchen, die Pause-Taste zu drücken und sich aktiv von Ihrem Problem abzulenken.

Manchmal ist ein alltägliches Gespräch hilfreicher als ein ständiges Vertiefen und Wiederholen der Probleme. Ich erinnere mich daran, als ein schlimmer Trauerfall in meiner Familie passiert war. Eine liebe Freundin von mir begleitete mich wenige Tage nach dem Verlust in einen äußerst witzigen Kinofilm, in dem ich nichts anderes tun konnte als aus vollem Herzen zu lachen. Anschließend redeten wir über nette, aber komplett banale Themen, und als wir auseinandergingen, war ich deutlich entspannter als vorher. Meine Freundin hat mir an dem Tag viel besser geholfen, als wenn Sie mich noch einmal auf meine Trauer angesprochen hätte, die ja sowieso mein Leben bestimmte. Natürlich ist das kein Patentrezept und in einigen Momenten sind Gespräche über die Probleme das einzig Wahre. Doch die Mischung macht es. Signalisieren Sie Ihrem Umfeld, was Sie gerade brauchen, und bitten Sie gut meinende Freunde, Sie nicht ständig auf Ihre Problematik anzusprechen.

Ablenkung ist nicht zu unterschätzen, da das strapazierte Gehirn Pausen braucht, um sich nicht wie eine unendlich lange Schraube immer tiefer in die Probleme hineinzuwinden. Überlegen Sie also, wie Sie sich erfolgreich ablenken können, und machen Sie eine Liste mit Aktivitäten, die Ihnen helfen, Abstand zu bekommen. Empfehlenswert ist es, eine lustige oder spannende Serie mit »Suchtfaktor« auf DVD zu schauen. Aber auch trockene und emotionslose Arbeiten wie zum Beispiel Akten abheften, Fachliteratur lesen, gebrauchte Kleidung zum Verkauf anbieten, ein kompliziertes Rezept nachkochen oder aufräumen machen den Kopf wieder frei.

Seien Sie froh über jede Stunde, die Sie es schaffen, sich anderen Dingen zu widmen. Wie Sie wissen, ist es bei dem niedrigen Serotoninpegel nicht einfach, die Gedanken von der Trennung zu lösen, da diese hartnäckig wie bei Zwangskranken um den Expartner oder die Beziehung kreisen. Zeigen Sie Ihren Gedanken, wer das Sagen hat, und versuchen Sie, Ihnen das Kreisen zu verbieten oder es zumindest zu unterbrechen.

Unterstützen Sie sich mit Medikamenten

Wenn Ihre Gedanken sich mehrere Wochen oder Monate um Ihre zerbrochene Beziehung drehen und Sie dabei verzweifelt, hoffnungslos, mutlos und depressiv werden, können Ihnen zwei Dinge helfen: eine gute Psychotherapie, die Ihnen hilft, die Trennung zu verarbeiten. Und – am besten in Kombination mit einer Therapie – ein Antidepressivum. Hier gibt es zwei Varianten: Sie können ein *starkes Johanniskrautpräparat* rezeptfrei in Ihrer Apotheke bekommen oder sich von Ihrem Hausarzt ein *klassisches Antidepressivum* verschreiben lassen, in der Regel eines aus der Gruppe der selektiven Serotoninwiederaufnahmehemmer. Wenn Sie eines dieser Präparate nehmen, hört das Gedankenkreisen auf und Sie bekommen mehr Abstand zu Ihren Problemen. Außerdem hilft ein Antidepressivum Ihnen beim Ein- und Durchschlafen. Sie müssen keine Angst haben, dass ein Antidepressivum abhängig macht oder Ihre Persönlichkeit verändert – das ist nicht der Fall. Sprechen Sie am besten mit Ihrem Arzt über Wirkungen und mögliche Nebenwirkungen und beachten Sie, dass Sie das Medikament regelmäßig nehmen müssen und es einige Tage dauert, bis Sie die Wirkung spüren. Lassen Sie sich dann, wenn Sie das Medikament absetzen wollen, ebenfalls von Ihrem Arzt dabei begleiten, dies ganz allmählich zu tun.

Den Körper versorgen

Die negativen Gefühle in der Trennungsphase machen sich immer auch körperlich bemerkbar. Unser ganzes System ist in Alarmbereitschaft, wenn eine sichere Bindung bedroht ist. Wir können kaum schlafen, wir sind schreckhaft und nervös wie nach zehn Tassen Kaffee, unser Magen ist wie zugeschnürt. Wir können nicht zur Ruhe kommen, und das leuchtet ein: Wenn unsere Vorfahren in der Steinzeit bedroht waren, dann wurde als Stressreaktion des Körpers extrem viel Energie bereitgestellt, die ihnen fast übernatürliche Kräfte verliehen hat, um ihre Haut zu retten. Sei es durch Kampf, sei es durch Flucht. Und so funktionieren Menschen und Tiere auch heute noch. Da so uralte körperliche Prozesse ablaufen, ist es sehr wichtig, den Körper direkt anzusprechen, um wieder zur Ruhe zu finden. Doch wie redet man mit dem Körper? Die folgenden Maßnahmen bringen Ihnen Hilfe.

Den Schlaf fördern
Wenn Sie schlecht oder sogar gar nicht geschlafen haben, sind Sie am nächsten Tag deutlich nervöser und instabiler als nach einer guten Nachtruhe. Weil Sie nervös sind, können Sie wahrscheinlich in der nächsten Nacht wieder schlecht schlafen – und so entsteht ein Teufelskreis. Um diesen zu unterbrechen, ist es empfehlenswert, dass Sie sich ein *starkes Hopfen- oder Baldrianpräparat* aus der Apotheke besorgen, für das übrigens keine Nebenwirkungen bekannt sind. Sollte das nicht wirken, können Sie sich für eine kurze Weile ein *Schlafmittel* verschreiben lassen oder ein *rezeptfreies Schlafmittel* aus der Apotheke holen. Diese Präparate machen bei regelmäßiger Einnahme abhängig und haben einige Nebenwirkungen, über die Ihr Arzt Sie informiert. Da Schlafentzug jedoch in der Regel viel gefährlicher ist als ein sporadisches Einnehmen eines Schlafmittels, ist es absolut legitim, diese Präparate mit ärztlicher Absprache für eine begrenzte Dauer zu nehmen. Oft reicht es auch, als Initialzündung in der ersten Nacht ein Schlafmittel zu nehmen und dann auf Baldrian umzusteigen oder es ganz ohne Medikament zu probieren und nur nach ganz unruhigen Tagen vorbeugend wieder eine Schlaftablette zu nehmen.

Wichtig ist in jedem Fall die sogenannte Schlafhygiene, also alle Maßnahmen, die guten Schlaf fördern. Gehen Sie zu Ihrer optimalen Zeit ins Bett und gönnen Sie sich schon einige Stunden vor dem Schlafengehen Ruhe. Vermeiden Sie aufputschenden Sport, schweres Essen, Alkohol sowie belastende Gedanken (versuchen Sie, sich abzulenken!) oder Gespräche am Abend, wie auch den stundenlangen Streit mit dem Expartner, der einem noch nachts im Kopf herumspukt.

Essen, das Körper und Seele stärkt
Neben dem Schlaf ist auch eine gesunde und regelmäßige Ernährung sehr wichtig, um sich zu stärken. Nehmen Sie

sich beim Essen Zeit, denn hektisches Essen vermittelt Ihrem Körper die Botschaft, dass Sie auf der Flucht sind, woraufhin er die Nahrungsaufnahme verweigert. Wenn Sie vor Kummer kaum etwas essen können, essen Sie in lieber Gesellschaft und versuchen Sie es mit vielen kleinen Mahlzeiten und mit Speisen, auf die Sie Appetit haben. Empfehlenswert sind Nahrungsmittel, die man nicht kauen muss, wie zum Beispiel Quarkspeisen. Aber Sie sollten nicht zu viel oder zu süß essen.

Vorsicht ist mit Alkohol und Nikotin geboten, denn unzählige Suchterkrankungen haben Ihren Ursprung in Trennungsphasen. Denken Sie immer daran, dass Nikotin und Alkohol höchstens kurzfristig dazu beitragen, dass Sie sich entspannen und Ihre Situation vergessen können. Schon nach kurzer Zeit schwächen das Rauchen und das Trinken Sie, und Sie stehen auch noch verkatert und entkräftet vor Ihren Problemen. Falls Sie in Trennungssituationen Suchtverhalten entwickeln oder es sich verstärkt, sollten Sie sich unbedingt professionelle Hilfe bei einer Suchtberatung oder einer Psychotherapeutin holen.

Kommen Sie in Bewegung
Wahrscheinlich fühlt sich kurz nach der Trennung Ihr Körper schrecklich an. Ihre Muskeln sind zum Zerreißen angespannt, und vielleicht haben Sie sogar Rücken- oder Kopfschmerzen. Stellen Sie sich jetzt mal für einen Augenblick vor, dass Sie jemanden hätten, bei dem Sie sich fallen lassen können und der Sie am ganzen Körper sanft berührt, sodass Sie sich schon nach einer halben Stunde erfrischt, entspannt und gelöst fühlen. – Das tut gut, aber: Natürlich gibt es in Ihrem Leben keinen Menschen, der Sie jederzeit massiert. Wer hat das schon? Doch ich habe eine andere Lösung, die noch viel besser ist. Probieren Sie es mal mit Schwimmen! Schon nach einer halben Stunde schnellem Schwimmen sind Sie tiefenentspannt, wach und erfrischt.

Natürlich finden sich zahlreiche Argumente, die dagegensprechen: Das Wasser ist nass und in der Tat manchmal kühl, der Chlorgeruch ist nicht besonders lecker. Überall spritzen und lärmen Kinder. Außerdem sieht man mit Badekappe und Schwimmbrille bescheuert aus. Trotzdem rate ich Ihnen, es zumindest einmal auszuprobieren. Denn Schwimmen ist ein Sport, der fast alle Muskelgruppen trainiert, also auch den Rücken, während sich die meisten Sportarten auf die Beinmuskeln beschränken. Wenn Ihnen Schwimmen partout nicht liegt, können Sie auch einen anderen Ausdauersport machen. Hauptsache, Sie kommen in Bewegung, denn das ist das beste Antidepressivum. Beim Sport werden Glückshormone ausgeschüttet, und wenn Sie unter freiem Himmel aktiv werden, hellt das Tageslicht Ihre Stimmung auf. Laufen Sie sich beim Joggen den Kummer von der Seele oder fahren Sie mit Ihrem Fahrrad durch schöne Landschaften. Tanzen Sie wild zu lauter Musik oder probieren Sie Fitnesstraining aus.

Lassen Sie sich berühren

Wir Menschen brauchen Berührung, so wie wir auch Luft zum Atmen und Wasser zum Trinken brauchen. Ohne Berührung sterben wir zwar nicht unmittelbar, aber wir verkümmern langsam emotional und körperlich. Leider ist in unserer Gesellschaft Berührung nicht unbedingt an der Tagesordnung. Wer ein fremdes Kind auf der Straße streichelt oder gar küsst, so wie wir es von Südländern kennen, bekommt schnell Ärger mit dessen Eltern. Eine Umarmung unter Freunden darf maximal 2,5 Sekunden dauern, sonst wird es als zu intim und irgendwie peinlich empfunden. Und wenn wir in der Diskothek tanzen, bleibt in der Regel jeder für sich. In unserer Gesellschaft werden Berührungen zwischen Erwachsenen überwiegend dann akzeptiert, wenn sie eine sexuelle Komponente haben: Nur unter diesem Vorzeichen darf man anfassen und streicheln, küssen und nackte Haut spüren. Doch so kurz nach einer Trennung ist eine sexuelle Berührung sicher nicht das Richtige oder mit zu vielen komplizierten Verwicklungen verbunden (dazu kommen wir gleich noch).

Fragen wir uns lieber, welche anderen Möglichkeiten es gibt, um in den Genuss von Berührungen zu kommen. Wie oft werden Sie eigentlich berührt, gestreichelt oder umarmt? Wenig? Nie? Das ist sehr bedauerlich, denn sanfte Berührungen fördern das Wohlbefinden und vermitteln Geborgenheit und ein Gefühl der Sicherheit wie nichts anderes auf der Welt. Der Schlüssel dazu liegt beim Oxytocin, das wir schon kennen und von dem wir wissen, dass es ein Gefühl der Bindung auslöst und Ängste abbaut. Leider gibt es Oxytocin nicht als Pille im Supermarkt oder in der Apotheke. Wir müssen uns also etwas anderes ausdenken, um unsere Eigenproduktion an Oxytocin anzukurbeln. Tieren fällt das leicht: Wildsau, Murmeltier und Feldhamster kuscheln, Bienen schmiegen sich zu »Wintertrauben« zusammen und Zaunkönige bilden »Schlafgemeinschaften«. Meine Katze schläft nachts auf dem Kopfkissen meines Sohnes und holt sich ihre Streicheleinheiten zur Not auch mal von Fremden. Ich bin fest davon überzeugt, dass auch beim Menschen Oxytocin ausgeschüttet wird, wenn er ein Tier streichelt. Wenn Sie kein Tier haben, könnten Sie ja darüber nachdenken, sich einen Hund oder eine Katze zuzulegen oder zumindest mal ein Tier von Freunden streicheln.

Wenn Sie gerne und oft schwimmen oder meine Anregung mit dem Schwimmen ausprobiert haben, dann wissen Sie bereits, wie wohltuend auch die Berührung des Wassers auf Ihrer Haut ist. Eine andere Empfehlung ist es, sich regelmäßig massieren zu lassen, wenn Sie mehr Berührungen brauchen. Die sanften Berührungen am ganzen Körper sind wohltuend und entspannend, und natürlich wird dabei auch Oxytocin ausgeschüttet. Wenn Ihr Arzt Ihnen keine Massagen verschreibt, wünschen Sie sich einen Gutschein von Freunden oder gönnen Sie sich regelmäßig selbst Massagen. Das Geld ist wirklich gut investiert.

Was aber noch mehr Spaß macht als eine Massage, ist das Tanzen – vielleicht können Sie Ihre Tanzkenntnisse aus Schülertagen wieder aktivieren oder einen Tanzkurs machen? Denn wenn Ihnen Ihr Tanzpartner seinen Arm um die Hüfte legt, fühlen Sie sich sofort geborgen.

Nehmen Sie Haltung an

Wenn wir vom Tanzen sprechen, ist der Gedankensprung zur Körperhaltung nicht weit. Tanzen hat den Vorteil, dass man sich aufrichtet und die Wirbelsäule streckt. Leider ist nach einer Trennung die Körperhaltung in der Regel nicht die Beste, oft hängen die Schultern herab und die Wirbelsäule biegt sich durch. Dazu kommt, dass viele Menschen, die Liebeskummer haben, wenig Interesse für ihr Aussehen aufbringen. Ein Blick auf die traurige Person, die man im Spiegel sieht, macht dann alles nur noch schlimmer. Versuchen Sie dagegen anzugehen, indem Sie sich auch in diesen schlechten Zeiten pflegen. Vielleicht können Sie sich gerade jetzt ein schönes Duschgel oder eine gut duftende Körperlotion gönnen und Ihre Lieblingskleidung anziehen, die bequem ist und gut aussieht. Noch wichtiger aber ist es, eine gerade, aufrechte Körperhaltung einzunehmen. Stehen Sie fest auf beiden Füßen, am besten in flachen Schuhen. Richten Sie immer wieder Ihre Wirbelsäule gerade auf, nehmen Sie Ihre Schultern leicht nach hinten und heben Sie Ihren Kopf. Und lächeln Sie, auch wenn Ihnen nicht danach zumute ist. Denn durch ein Lächeln werden Nerven aktiviert, die gute Stimmung zaubern. Und wenn Sie in der Öffentlichkeit lächeln, bekommen Sie bestimmt auch eine nette Reaktion zurück. Und noch etwas: Atmen Sie tief in den Bauch. Das beruhigt und massiert die inneren Organe und bringt Sie in einen entspannten, positiven Zustand.

Geben Sie sich Struktur

Ihr Partner ist gegangen, und plötzlich haben Sie unendlich viel freie Zeit. Abende und Wochenenden liegen vor Ihnen, an denen Ihr Partner nicht nach Hause kommen wird. Auch den geplanten Urlaub zu zweit, auf den Sie sich schon gefreut haben, müssen Sie stornieren. Möglicherweise fragen Sie sich, wie Sie diese ganze freie Zeit jemals füllen können, denn alles scheint erst einmal leer und sinnlos zu sein.

Auch hier gelten die beiden Sätze: »One day at a time« und »Keep calm and carry on«. Sie müssen nicht die Freizeit der nächsten 20 Jahre füllen, sondern erst einmal nur die freie Zeit heute, und wenn Sie ganz vorausschauend sind, dann an den nächsten paar Tagen. Am einfachsten gelingt das, wenn Sie einen Aktivitätenplan erstellen, der festlegt, wann Sie aufstehen, Sport treiben, arbeiten, den Haushalt erledigen oder Freunde treffen. Versuchen Sie, insbesondere die Wochenenden in ein neues Gleichgewicht zu bringen. Achten Sie unbedingt darauf, dass Sie weder von Freitag bis Sonntag zu Hause in Ihrem Kummer schmoren noch von einer Verabredung zur nächsten eilen, um nicht alleine zu sein.

Sehen Sie die Wochenenden erst einmal als einen Versuch an, eine neue Struktur für sich zu schaffen, und ziehen Sie anschließend eine kleine Bilanz, was Ihnen gefallen hat. Wenn Ihnen etwas nicht gelingt, können Sie versuchen, es beim nächsten Wochenende besser zu machen.

In guter Gesellschaft aufgehoben

Nach einer Trennung fällt es den meisten Menschen sehr schwer, auf sich selbst gestellt zu sein und viel Zeit alleine zu verbringen. Deshalb ist es wichtig, in der ersten Zeit nach der Trennung mit vertrauten Menschen zusammen zu sein und in einer stabilen Umgebung wieder etwas Sicherheit zu finden. Nur: An wen kann man sich wenden? Die eigene Wohnung ist oft verbrannte Erde, weil einen alles an den Partner erinnert – oder er dort womöglich noch lebt. In diesem Fall wäre es hilfreich, dass Sie und Ihr Partner sich für eine Weile aus dem Weg zu gehen, um Diskussionen, Streit, verletzten Rückzug oder andere negative Szenarien oder Gefühle zu vermeiden.

Wohin können Sie in der Trennungszeit gehen? Wer seine eigenen Bedürfnisse gut kennt, weiß meistens genau, was für ein Ort einem in so einer Situation guttut. Eine Malerin zum Beispiel hat sich nach einer sehr schmerzhaften Trennung von ihrem langjährigen Lebenspartner ein einfaches Zimmer in einem bretonischen Dorf gemietet und ist monatelang mit ihrem Hund am Meer spazieren gegangen und hat sich ihren Kummer von der Seele gemalt. In dieser Phase hatte sie kaum Kontakt zu anderen Menschen. Das Alleinsein, die raue Witterung und das Tosen der Wellen haben ihr geholfen, allmählich wieder zu sich zu finden. Diese Lösung ist jedoch sehr speziell. Die meisten Menschen brauchen in einer Krise keine Isolation, sondern jemanden an der Seite, mit dem sie reden und ihre Gedanken ordnen können, der mit ihnen gemeinsam kocht und isst, ihnen Mut macht und auch immer mal wieder von den Problemen ablenkt. Überaus kostbar ist es, wenn man in der Nähe einen vertrauten Ort hat, an dem man sich sehr wohlfühlt. Vielleicht können Sie sich dort für ein paar Tage eine Ferienwohnung oder ein Zimmer mieten, wohin Sie Freunde einladen können. Oder besuchen Sie eine Freundin. Wenn Sie wegen der Kinder oder aus finanziellen Gründen in Ihren eigenen vier Wänden bleiben müssen, dann können Sie sich in der Akutphase auch in Ihrem gewohnten Umfeld unterstützen lassen: Erstellen Sie sich für die erste Zeit einen Plan, wer Ihnen am Wochenende oder an manchen Abenden Gesellschaft leistet. Holen Sie sich Hilfe bei Ihren Freunden und sagen Sie ihnen möglichst präzise, wie es Ihnen geht und was Sie brauchen (zum Beispiel ein gemeinsames Essen am Wochenende, einen Spaziergang, jemand, der in der schlimmsten Zeit bei Ihnen übernachtet, Hilfe bei der Kinderbetreuung). Entwickeln Sie selbst ein Gespür dafür, wer Ihnen guttut und wer Sie eher belastet, sei es durch Ratschläge, Verständnislosigkeit oder durch Verteufelung Ihres Expartners.

Nehmen Sie sich Zeit für Ihre Gefühle

Der Vergleich, dass nach einer Trennung die eigenen Gefühle Achterbahn fahren, ist schon unzählige Male gezogen worden, wahrscheinlich, weil er so zutreffend ist. Man stürzt in die Abgründe von rasender Wut und unermesslicher Trauer, fährt kurz darauf in die Hochgefühle, in denen man sich befreit und zuversichtlich fühlt, um kurz darauf mit stockendem Atem in den Looping aus Angst und Eifersucht einzufahren. Wie geht man am besten mit diesen Gefühlsschwankungen um? Wichtig ist, sich immer wieder in Erinnerung zu rufen, dass Gefühle vergänglich sind. Sie kommen und gehen. Das Beste, was Sie tun können, ist, sich Zeit zu nehmen, um Ihren Gefühlen Aufmerksamkeit zu schenken. Doch das fällt vielen Menschen nicht so leicht. Wer in seiner Ursprungsfamilie gelernt hat, dass man »nicht komisch« werden, »sich nicht so anstellen« soll, dass »Indianer keinen Schmerz kennen« oder dass »das doch alles nicht so schlimm ist«, hat die Botschaft so aufgenommen: Deine Gefühle interessieren mich nicht. Sieh zu, dass du sie so schnell wie möglich wieder in den Griff kriegst und wieder funktionierst.

Das ist gefährlich, denn Gefühle, die man unverarbeitet unter den Teppich kehrt, sorgen für innere Anspannung und Blockaden. Es ist so, als müsste man ständig Energie aufwenden, um die Tür zu der Abstellkammer mit den Gespenstern der eigenen Gefühle zuzuhalten. Genau diese Energie fehlt, um weiterzuleben und weiterzulieben.

Deshalb ist die wichtigste Voraussetzung, um sich selbst ein guter Freund oder eine gute Freundin zu sein, dass man bereit ist, sich selbst Zeit und Raum für die eigenen Gefühle zu nehmen, sich liebevolle Aufmerksamkeit zu schenken und sich geduldig zuzuhören.

Übung: Mein Zufluchtsort

Probieren Sie einmal aus, sich einen innerlichen Zufluchtsraum einzurichten. Dabei können Sie sich einen Raum vorstellen, an dem Sie sich besonders wohlfühlen (eine gemütliche Berghütte mit rot-weiß karierter Bettwäsche und Hirschgeweihen an der Wand, ein modernes Studio direkt am Meer, Omas Küche …). Es spielt keine Rolle, ob dieser Raum real existiert oder nicht. Stellen Sie sich dann einen Menschen vor, der dort ist und immer Zeit für Sie hat. Gut ist es, wenn es sich dabei nicht um eine reale Person handelt, mit der es ja auch reale Konflikte geben kann, sondern um eine ewig währende Vorstellung. Beispiele sind: eine Zwillingsschwester, die Sie in- und auswendig kennt und alles für Sie täte. Oder eine reifere Version Ihrer selbst, Sie in 30 Jahren, die gelassen geworden ist. Es kann auch die verstorbene Oma sein oder eine Person wie Jesus oder Buddha. Hauptsache ist, dass Sie das Gefühl haben, bei dieser Person gut aufgehoben zu sein.

Üben Sie immer wieder, auch wenn es Ihnen vielleicht etwas seltsam vorkommt, Zuflucht zu diesem Raum und dieser Person zu nehmen. Diese Person hat ein weites Repertoire an Trostmöglichkeiten und Rat zur Verfügung: still dasitzen wie ein Buddha und liebevoll da sein, Sie in den Arm nehmen oder Ihnen schweigend einen Tee geben, ein kluges Gespräch führen oder Musik aufzulegen, die Ihnen guttut.

Wenn wieder einmal ein rasendes Gefühl im Anmarsch ist, können Sie in diesen visualisierten Raum gehen und sich liebevoll diesem Gefühl stellen. Halten Sie inne, machen Sie es sich gemütlich. Wickeln Sie sich in eine Decke ein und legen sich eine Hand auf das Brustbein oder den Bauch. Bauen Sie dann die Bereitschaft in sich auf, sich diesem Gefühl zu stellen, weil es ein Teil von Ihnen selbst ist.

Nehmen Sie genau wahr, wo in Ihrem Körper das unangenehme Gefühl angesiedelt ist und wie es sich präzise anfühlt (zum Beispiel ein drückendes Gefühl im Unterbauch oder ein zugeschnürter Hals).

Legen Sie dann Ihre Hand ganz sanft auf die Stelle, die betroffen ist, und atmen Sie bewusst dahin. Wenn es Ihnen zu schwer wird, diese Gefühle alleine durchzustehen, lassen Sie Ihre inneren Helfer (Ihre Zwillingsschwester, Ihre Oma, Buddha) näher herantreten und etwas zu Ihnen sagen, dass Sie weiterbringt.

Wenn Sie Ihre Gefühle eine Weile beobachtet haben, seien Sie neugierig, wie Sie sich verändern. In der Regel werden Gefühle erst einmal stärker und präsenter, wenn man sich ihnen zuwendet, und klingen dann ab.

Gefühle erkennen, Gefühle benennen

Wenn Sie gerne schreiben, legen Sie sich ein Tagebuch zu und schreiben Sie sich von der Seele, wie Sie sich fühlen. Wenn Sie ein spiritueller Mensch sind, können Sie im Gebet um Linderung Ihres Schmerzes bitten.

Ist Ihr vorrangiges Gefühl *Traurigkeit*, dann widmen Sie sich ganz diesem Gefühl, wenn es die Situation zulässt. Dabei können Sie sich die alten Fotos aus den gemeinsamen Zeiten noch einmal anschauen oder Musik hören, die Sie beide verbindet. Sie können die alten Briefe oder Mails noch einmal lesen und sich ganz der Trauer über Ihren Verlust zuwenden. Lassen Sie dabei Ihren Tränen freien Lauf und versuchen Sie, vollkommen bei sich zu sein, während Sie weinen. Kritisieren Sie sich nicht oder schimpfen Sie sich auch nicht als albern oder schwach aus. Dies ist auch nicht der richtige Rahmen, um sich Selbstvorwürfe oder Schuldgefühle zu machen. Bleiben Sie lieber selbst ganz ruhig, offen und verständnisvoll für den ganzen Schmerz, den Sie haben. Je besser und umfassender Sie über Ihren Verlust trauern, desto einfacher können Sie irgendwann damit abschließen und sind bereit für etwas Neues. Verdrängte Trauer blockiert sehr viel Kraft und nimmt viel Lebensenergie

Wenn Sie *wütend* sind, hilft Ihnen bestimmt Bewegung. Am besten laufen Sie sich Ihre Wut von der Seele oder treten mit aller Kraft auf einen Fußball ein oder zerteilen das Wasser beim Kraulen.

Sie werden feststellen, dass alle starken Gefühle vergehen, wenn Sie sich ihnen widmen und durch sie hindurchgehen. Irgendwann hört die Traurigkeit auf, genau wie die Wut, die Sehnsucht, die Einsamkeit.

In dieser schwierigen Lebensphase können Sie besonders gut lernen, sich um Ihre Gefühle zu kümmern und sie zu versorgen, gerade weil sie so gewaltig sind und versorgt werden müssen.

Beobachten Sie dabei, welche Gefühle es sind, die Ihnen besonders schwer zu schaffen machen.

Fühlen Sie sich besonders einsam beim Einschlafen ohne Ihren Partner? Dann kümmern Sie sich um diese Gefühle. Legen Sie sich ins Bett und nehmen Sie genau wahr, wie es sich anfühlt, ohne Ihren Partner im Bett zu liegen. Und fragen Sie sich: Was kann ich tun, das mir hilft? Vielleicht hilft es Ihnen, wenn Sie es sich selbst besonders gemütlich machen mit einer Wärmflasche oder wenn Sie noch etwas im Bett lesen oder über Ihre Gefühle sprechen, gerne auch mit sich selbst oder beim Schreiben.

Schauen Sie dann genau hin und sagen Sie, was Sie in diesem Moment brauchen: zum Beispiel jemanden, der Sie in den Arm nimmt und Ihnen sagt, dass er Sie liebt oder dass alles gut wird. Vielleicht ist es für eine Weile nötig, dass Ihr Teddy aus Kindertagen wieder in Ihrem Bett einzieht, um Sie zu trösten. Das macht er sicher gerne, schließlich kennt er Sie schon so lange. Kuscheln Sie sich in eine weiche Decke und nehmen Sie sich dann selbst in den Arm, streicheln sich über die Wange und sagen sich, dass Sie selbst immer da sind und sich niemals im Stich lassen, egal, wie schlecht Sie sich gerade fühlen.

Wahrscheinlich werden es immer die gleichen negativen Gefühle sein, die kommen. Je öfter Sie sich damit auseinandersetzen, wenn Sie sich gerade einsam, leer, ungeliebt, traurig oder wütend fühlen, desto einfacher wird es. Sie werden einen Umgang damit finden, so wie man auch einen Umgang mit körperlichen Symptomen wie Fieber oder einer blutenden Wunde gefunden hat und diese selbstverständlich versorgt.

Wenn Sie sich jetzt gut um sich kümmern, liegt in Ihrer Krise ein riesiges Entwicklungspotenzial, das Ihnen ermöglicht, stabiler, unabhängiger und glücklicher als je zuvor in Ihrem Leben zu stehen.

Eine Trennung ist erst einmal brutal, aber sie zeigt auch genau auf, wie gut wir alleine in unserer Achse stehen und wo wir abhängig von anderen sind. Wenn Sie diese Möglichkeit aufgreifen, das zu entwickeln, was Ihnen fehlt, werden Sie mit hoher Wahrscheinlichkeit auch in Ihrer nächsten Partnerschaft besser klarkommen.

Spielen Sie Ihre Trümpfe aus

Vor Ihnen liegt ein anspruchsvoller Weg. Deshalb ist es wichtig, dass Sie sich klar werden, was für Stärken Sie im Gepäck haben, um diesen Weg zu meistern. Manchmal unterschätzt man sich maßlos vor lauter Angst. Ich erinnere mich noch daran, wie ich fünf Jahre alt war und schwimmen gelernt habe. Ich hatte einen bunt gestreiften Schwimmring, und meine Mutter hatte ohne mein Wissen allmählich immer mehr Luft aus diesem Ring gelassen. Irgendwann fragte sie mich, ob ich nicht einmal probieren wolle, ohne diesen Ring zu schwimmen. Ich sagte im Ton tiefster Überzeugung: »Aber dann gehe ich doch unter.« Sie zeigte mir, dass der Ring eigentlich nur noch eine luftleere Hülle war. Ich war skeptisch. Doch dann fasste ich Mut und machte in dem Wissen, dass der Ring luftlos war, die ersten Schwimmzüge. Als ich die erste Bahn geschafft hatte, warf ich den Ring in hohem Bogen aus dem Schwimmbecken – und mir wurde klar, dass ich wirklich längst schwimmen konnte, ohne dass ich es bemerkt hatte.

Bei einer Trennung verliert man leicht seine eigenen Fähigkeiten aus den Augen. Deshalb ist es eine gute Sache, sich einmal bewusst zu machen, was man alles kann oder hat.

> Übung: Die Trümpfe in meiner Hand
>
> Es gibt so viele Ressourcen, die einem helfen können, schwierige Situationen zu meistern. Was haben Sie? Humor? Gutes Aussehen oder eine positive Wirkung auf andere Menschen? Analytische Fähigkeiten? Einen unerschütterlicher Glauben an eine höhere Macht, die alles zum Guten wendet? Die Fähigkeit, zu entspannen? Ein gutes soziales Netz? Selbstgenügsamkeit? Die Kunst, eine Trennung hinzunehmen und eine Beziehung abzuschließen? Gute soziale Kompetenzen, um auf neue Menschen zuzugehen? Hobbys?

Schreiben Sie es bitte auf:

___

___

___

Schreiben Sie bitte auch auf, welche Menschen für Sie da sind:

___

___

___

Welcher materielle Besitz (ein gemütliches Zuhause, ein schöner Garten, finanzielle Polster) hilft Ihnen, sich wohlzufühlen?

___

___

___

Der Nächste, bitte?

Kommen wir nun zu einem weiteren Thema, das wahrscheinlich in den Köpfen der meisten frisch getrennten Menschen herumspukt: Kann man nicht diesen ganzen Schmerz umgehen oder abkürzen, indem man sich so schnell wie möglich einen neuen Partner sucht und sich dort tröstet? Oder wenigstens eine klitzekleine Affäre?

Kein Mensch leidet gerne freiwillig, und die Suche nach Trost ist nachvollziehbar. Ein Witwer meldete sich zwei Wochen nach dem Tod seiner Frau bei einer Partnerbörse im

Internet an und fand sechs Wochen später eine neue Lebenspartnerin. Er ist gewiss kein Einzelfall. So verlockend es ist, nicht alleine zu sein, und so schön das Selbstwertgefühl durch ein paar Streicheleinheiten gestärkt wird, so gefährlich ist das Konstrukt auch. Denn eine neue Liebschaft nimmt einem die Motivation, sich wirklich mit der alten Beziehung auseinanderzusetzen und herauszufinden, was der eigene Anteil am Scheitern war. Auch wenn der oder die »Neue« zunächst ganz anders daherkommt als der Expartner, so sieht man sich nach einer Weile in der neuen Beziehung mit den gleichen Problemen und Verhaltensmustern konfrontiert wie vorher. Dazu kommt, dass man durch die Verletzungen der alten Beziehung an einigen Punkten extrem empfindlich geworden ist. Das bekommt der neue Partner oft zu spüren und wundert sich dann über die Heftigkeit, mit der er angegriffen wird, nur weil er zum Beispiel sich nicht gemeldet hat oder eine Entscheidung getroffen hat, ohne zu fragen. »Du klingst wie mein Ex« ist bestimmt keine Äußerung, die eine neue Beziehung bereichert. Wenn die Scherben der alten Beziehung noch nicht weggeräumt sind, kann sich auch die neue Liebe an ihnen schneiden. Stellen Sie sich vor, ein Freund lädt Sie zum Essen ein und setzt Sie dann an einen Tisch, auf dem noch die schmutzigen Teller vom Frühstück stehen. Das würden Sie wahrscheinlich als verstörend oder unhöflich empfinden. Entsprechend irritierend ist es für die beiden neuen Partner, wenn die Expartner noch nicht aus den Köpfen vertrieben sind, immer wieder für Unruhe oder Trauer sorgen oder man sich gefühlsmäßig noch nicht auf etwas Neues einlassen kann.

Es gibt noch zwei weitere gravierende Gründe, die dagegensprechen, sich sofort »Ersatz« zu suchen: Stellen Sie sich vor, auch die neue Beziehung scheitert oder verletzt Sie. Dann haben Sie, so verwundet wie Sie sind, gleich zwei Trennungen auf einmal zu verkraften und von zwei Seiten fliegen Ihnen Ihre Gefühle um die Ohren.

Der für Ihr Leben bedeutsamste Grund ist es aber, dass Sie nach einer Trennung die große Chance haben, ihre Achse zu stabilisieren, den Nullschritt zu üben und sich selbst ein guter Freund zu sein. Wenn Sie sofort nach einem anderen Partner suchen, bringen Sie sich um diese Chance, und Sie sind auch in Ihrer nächsten Beziehung in einer Art Abhängigkeit.

Das Wichtigste in Kürze

Die emotionalen, sozialen und körperlichen Blessuren nach einer Trennung sitzen tief – und sie wollen versorgt werden. Kümmern Sie sich um Ihre Gefühle, hören Sie sich selbst zu, geben Sie sich Raum. Und sorgen Sie dafür, dass Sie (vielleicht mithilfe von Medikamenten) wieder schlafen und regelmäßig essen. Bewegung, Berührung und soziale Kontakte helfen Ihnen auch dabei, bald wieder ein freies und stabiles Leben führen zu können.

Kapitel 11
Der Umgang mit meinem Expartner

Der Charakter einer Frau zeigt sich nicht, wo die Liebe beginnt, sondern wo sie endet.
Rosa Luxemburg

Jetzt ist es an der Zeit, sich mit der Frage zu beschäftigen, die nach der Trennung wohl jeden umtreibt: Wie gehe ich mit meinem Expartner um? Das Thema kann sehr unterschiedliche Gesichter haben, doch für jede Situation gibt es einige handfeste Spielregeln. Diese möchte ich Ihnen in diesem Kapitel aufzeigen und Ihnen zudem einige Denkanstöße geben, damit Sie mehr Stabilität im Umgang mit Ihrem Expartner gewinnen.

Situation 1. Ich möchte meinen Expartner um jeden Preis zurück: Was muss ich tun?

Wenn Sie von Ihrem Expartner verlassen wurden, ob aus heiterem Himmel oder nach einer längeren Krise, dann liegt es leider nicht in *Ihrer* Hand, die Beziehung wiederherzustellen. Ihr Expartner wollte, aus welchen Gründen auch immer, die Distanz zu Ihnen und hat sich deshalb für die Trennung entschieden. Schauen wir uns an, was passieren würde, wenn Sie mit aller Kraft um die Beziehung kämpfen würden. In diesem Fall würden Sie Ihrem Expartner täglich Ihre Liebe beteuern, ihm endlose gefühlvolle Briefe schreiben und ihm Blumen oder Geschenke schicken. Diese Verhaltensweisen sind verständlich (bedrohte Liebe facht die Leidenschaft an), aber sie würden dabei die Reißverschlussregel missachten, die auch und gerade hier gilt. Ihr Expartner würde dadurch, dass Sie sich mehrmals hintereinander melden, weiter in die Distanz, wenn nicht sogar in die Flucht getrieben. Er oder sie wäre je nach Typ freundlich-distanziert, kühl-distanziert oder würde sich schlichtweg nicht mehr melden. Wenn Sie nun die zweite Tangostrategie missachten und aus *Ihrer* Achse fallen und sich in *seine* Achse begeben, würden Sie es so empfinden, als könnten Sie ohne ihn oder sie keinen Schritt mehr vor den anderen setzen. Das fühlt sich auch sicherlich direkt nach der Trennung genau so an, ist aber nicht der Fall. Sie haben viele Jahre ohne Ihren Expartner gelebt und können mit Sicherheit auch ohne ihn ein glückliches Leben führen. Wenn Sie zu Ihrem Expartner gehen und ihm zeigen, wie schlecht es Ihnen geht, und ihn bitten, dass er oder sie die Beziehung mit Ihnen fortsetzt, verlieren Sie den Respekt vor sich selbst, und Ihr Expartner tut es mit hoher Wahrscheinlichkeit auch. In aller Regel führt das dazu, dass Ihr Expartner sich erdrückt und mit Schuldgefühlen belastet fühlt. Er versucht, sich von diesen unangenehmen Gefühlen zu befreien, indem er ärgerlich wird oder sich noch weiter zurückzieht.

Tipp: Wenn Sie noch ungeklärte Dinge mit Ihrem Expartner haben, hilft es immens, ihm oder ihr zu schreiben. Sie dürfen so viele Briefe an ihn oder sie schreiben, wie sie wollen. Je nach Lust und Laune können Sie ihn um Liebe anflehen, ihm Vorwürfe machen, ihn wüst beschimpfen und ihm Ihre Liebe beteuern. Lassen Sie alles raus, was Sie zu sagen haben. Nur eines dürfen Sie nicht: diese Briefe abschicken! Machen Sie mit diesen Briefen, was Sie wollen. Ihrer Fantasie sind keine Grenzen gesetzt. Binden Sie sie an eine Rakete und jagen Sie sie in die Luft, verbrennen Sie sie, tun Sie sie in eine Flaschenpost und werfen Sie sie in die Elbe, den Rhein oder den Bodensee. Oder heben Sie sie eine Weile auf.

Schauen wir uns jetzt an, wie man in dieser Situation alle drei Regeln anwenden könnte, auf die es nach einer Trennung ankommt: aufrecht in der eigenen Achse bleiben (oder sich zumindest darum bemühen), den Nullschritt machen und die Reißverschlussregel anwenden. Wie wirkt sich das auf Sie selbst aus, und wie empfindet Ihr Expartner das?

Als Erstes würden Sie sich direkt nach der Trennung in Ruhe und mit viel Liebe um Ihre eigene Achse kümmern: Sie würden Ihre Verletzungen versorgen, wieder essen und schlafen und Ihre Freunde um Unterstützung bitten, so wie in Kapitel 10 beschrieben. Dabei wäre es sehr hilfreich, den Nullschritt anzuwenden und den Kontakt zu Ihrem Expartner auf das Notwendigste zu beschränken, denn er ist von allen Menschen auf dieser Welt der Letzte, der Ihnen in diesem Moment helfen kann. Bleiben Sie so lange bei sich, bis sie wieder Glanz in den Augen haben und wieder lachen können. Indem Sie sich selbst in Sicherheit bringen und Abstand von Ihrem Partner halten, geben Sie ihm oder ihr Raum, um zu spüren, wie viel Sie ihm noch bedeuten. Wenn Sie ihn zurückgewinnen möchten, ist es am wahrscheinlichsten, dass er aus der Distanz heraus Sehnsucht hat und wieder auf Sie zukommt. Bewahren Sie unbedingt Ihre Würde, das ist wichtig für Ihren Expartner, aber vor allem für Sie selbst: Lassen Sie unter keinen Umständen zu, dass Ihr Expartner mit Ihnen spielt (zum Beispiel Sie trifft, wenn er oder sie Sex braucht, sich einsam fühlt oder mal wieder die alte Vertrautheit spüren möchte). Sie können deutlich sagen, dass Sie für so etwas nicht zur Verfügung stehen. Das erzeugt Respekt und Sie erhöhen Ihre Selbstachtung.

Situation 2. Ich habe meinen Partner verlassen – und habe Zweifel an dieser Entscheidung

Auch wenn Sie die Entscheidung getroffen haben, sich zu trennen, ist es sehr wahrscheinlich, dass Sie sich mit dieser Entscheidung nicht immer wohlfühlen. Es wird bestimmt

Momente geben, in denen Sie alles dafür geben würden, um ihn oder sie noch einmal zu sehen. Möglicherweise vermissen Sie nach einer Weile einige der liebenswerten Eigenschaften Ihres Expartners oder die Geborgenheit, die Sie miteinander empfanden. Vielleicht haben Sie auch die Hoffnung, dass ein Neuanfang möglich ist – und ein Teil von Ihnen wünscht sich das auch. Ihr Expartner wäre sicher dazu bereit, denn Sie wissen, wie sehr er oder sie Sie noch liebt.

Auch wenn Sie so fühlen, ist dennoch äußerste Vorsicht geboten, sich Ihrem Expartner in schwachen Momenten anzunähern. Denn Sie machen ihm oder ihr Hoffnungen. Mir sind einige Fälle bekannt, in denen ein verlassener Mensch nach der Trennung am Boden zerstört war und nur mit großem Kraftaufwand wieder einen Schritt vor den anderen setzen konnte. Als dann der geliebte Mensch wieder auf ihn zukam, flammten große Hoffnungen auf einen Neubeginn auf. In vielen Fällen war es jedoch falscher Alarm: Die Annäherung war halbherzig, oder der Expartner suchte eher einen freundschaftlichen Kontakt (»Ich möchte dich als Mensch nicht verlieren«). Wenn es dann erneut zu einer Trennung oder zu Komplikationen kam, war die Enttäuschung riesig und der erneut Verlassene hatte das Gefühl, ihm würde endgültig der Boden unter den Füßen weggezogen.

> Tipp: Es klingt möglicherweise brutal, aber das ist es nicht. Auch wenn Sie wissen, dass Ihr Expartner mehr leidet als Sie, und es Ihnen das Herz bricht, das mit anzusehen: Halten Sie Abstand. Sie sind unter allen Menschen auf der Welt der Letzte, der Ihrem Expartner helfen kann, von Ihnen loszukommen. Nähern Sie sich nur Ihrem Expartner wieder an, wenn die Wunden verheilt sind (das kann mitunter Jahre dauern) oder wenn Sie absolut sicher sind, dass Sie einen Neuanfang wagen wollen.

Situation 3. Ich komme einfach nicht von diesem Menschen los: Was kann ich tun?

Wollen Sie eine harte Wahrheit hören? Ich sage es Ihnen rundheraus: Es ist unglaublich schwer, von jemandem loszukommen, den man liebt. Selbst wenn man längst weiß, was zu tun ist, heißt das noch lange nicht, dass die Umsetzung so einfach klappt.

Philipp musste schwere Kämpfe mit sich ausfechten, bis er sich trennen konnte. Dabei wusste er »vom Kopf her« genau so gut wie alle seine Freunde, dass seine Leidenschaft für Dörthe ihn unglücklich machte. Einmal beschrieb er seine Gefühle so: »Sie ist wie die Loreley, die auf dem Felsen sitzt, ihr goldenes Haar bürstet und dabei wunderschön singt. Ich bin der doofe Schiffer, der völlig gebannt zu ihr emporschaut und dabei an dem Felsen zerschellt. Und ich ärgere mich darüber, weil ich es sogar noch genau weiß.« Philipp ist überdurchschnittlich intelligent, doch seine Intelligenz half ihm in dieser Situation wenig, denn bei der Liebe spielen andere Faktoren eine Rolle. Wie wir bereits wissen, werden bei leidenschaftlicher Liebe die gleichen Schaltkreise im Nervensystem aktiv, die auch bei einer Sucht beteiligt sind. Also hilft in der Liebe nur das, was erfahrene Suchttherapeuten seit einigen Jahrzehnten predigen: Es hilft nur ein »kalter Entzug« und danach lebenslange Abstinenz. Bei Alkoholabhängigen lautet die Devise: keinen Tropfen mehr. Bei Philipp musste es heißen: »Keine Dörthe mehr.«

Jede Begegnung mit Dörthe quälte Philipp und brachte seine Selbstkontrolle ins Wanken. Erst als er völlig am Boden war, verstand er das, und da endlich handelte er konsequent. Er schrieb Dörthe einen Brief, in dem er ihr schilderte, wie er sich fühlte, und ihr sagte, dass sie nie wirklich ein Paar waren, sondern Gegner. Er verbot ihr, zu ihm Kontakt aufzunehmen. Dann blockierte er ihre Nummer und sorgte dafür, dass ihn Briefe und SMS von ihr nicht mehr erreichten. Danach ging es ihm wie einem Drogensüchtigen auf Entzug: Manchmal war die Sehnsucht so groß, dass er fast schwach geworden wäre und an Dörthes Tür geklingelt hätte. Doch er hatte für diesen Fall vorgesorgt und einen Brief an sich selbst geschrieben, den er dann hervorholen konnte. »Lieber Philipp«, stand da, »du hast es verdient, dass man dich wirklich liebt. Keiner darf mit deinen Gefühlen spielen. Denk immer daran, wie schlecht du dich gefühlt hast, und dann bleib stark. Irgendwann geht es vorbei.«

Es dauerte sechs Monate, bis die heftigsten Gefühle überstanden waren. Philipp musste in seinen schlimmsten Momenten auf alle seine Ressourcen zurückgreifen, um nicht rückfällig zu werden. Er rief Freunde an, schrieb Tagebuch, ging joggen, und einige Male hat er nachts sogar die Telefonseelsorge angerufen, um sich seinen Kummer von der Seele zu reden. Wenn er es geschafft hatte, sich zu kontrollieren, fühlte er sich gestärkt und seine Selbstachtung wuchs wieder. Philipp will auf keinen Fall rückfällig werden, obwohl Dörthe ihm immer noch im Kopf herumspukt. Deshalb trifft er Vorkehrungen und meidet die Straße, in der sie wohnt, und den Park, in dem sie oft spazieren geht. Einmal hat er sie von Weitem gesehen und schnell die Straßenseite gewechselt, während sein Herz wie wild klopfte.

Ein Jahr nach der Trennung entschädigte sich Philipp für sein Leid und belohnte sich für seine Selbstdisziplin: Er fuhr drei Monate nach Australien und erfüllt sich damit einen Lebenstraum.

Situation 4. Ich brauche einen richtigen Abschied: Doch wie geht das, wenn der andere nicht bereit ist?

Eine Trennung ist sehr schwer zu vollziehen, wenn es keinen oder zumindest keinen würdigen Abschied gegeben hat. Stellen Sie sich vor, Sie sitzen mit einem guten Freund zusammen, und plötzlich geht er ohne ein Wort der Erklärung weg und verschwindet auf Nimmerwiedersehen. Sie würden eine Weile warten, weil Sie davon ausgehen, dass er gleich wiederkäme, dann würden Sie ihn suchen gehen, und wenn Sie ihn nicht finden, verzweifelt nach einer Erklärung für sein Verschwinden suchen. Es würde Jahre dauern, bis Sie über diese Situation hinwegkämen. Wenn ihr Freund hingegen seine Trennung ankündigen würde (ich ziehe bald nach Spanien) und sich mit einer Abschiedsparty in aller Form verabschieden würde, wäre es viel einfacher. Sie wären sicher traurig, aber Sie würden damit klar kommen.

Tamara hat selbst erfahren, wie wichtig ein »richtiger« Abschied ist. Ihre erste große Liebe war ohne ein Wort des Abschieds untergetaucht, und Tamara brauchte 20 Jahre, bis sie darüber hinwegkam. Mit 19 Jahren hatte Tamara in Israel in einem Kibbuz gearbeitet und sich mit Haut und Haaren in einen schönen Israeli verliebt. Seine Familie wehrte sich vehement gegen diese Beziehung: Die Großeltern waren im Holocaust umgekommen und Deutsche waren in den Augen seiner Eltern einfach kein Umgang für ihn. Dennoch setzte der junge Israeli seinen Eltern gegenüber durch, dass er einige Monate lang mit Tamara durch Israel reiste. Diese Monate waren die intensivste und schönste Erfahrung, die Tamara bis dahin gemacht hatte. Doch irgendwann begann ihr Studium in Deutschland und sie musste nach Hause fliegen. Als die beiden sich am Flughafen verabschiedeten, waren sie traurig, aber sie versprachen sich, dass sie sich in wenigen Wochen wiedersehen würden. Ihre letzten Worte waren: »Bis bald.« – »Ja, bis bald.«

Schon wenige Wochen später wurden seine Briefe kühler und distanzierter. Sie hatten nichts mehr mit der intensiven und herzlichen Verbindung zu tun, die sie beide erlebt hatten. Tamara war verzweifelt und bat ihn in ihren Briefen um eine Erklärung. Daraufhin kamen die Briefe zurück mit der Anmerkung: »Empfänger unbekannt«. Diese Geschichte verfolgte Tamara 20 Jahre lang, sie träumte nachts oft von ihrem

Liebhaber, suchte ihn im Internet und versuchte zu verstehen, was geschehen war. Sie liebte in dieser Zeit zwar andere Männer, aber dieser Israeli besetzte nach wie vor den Thron in ihrem Herzen. Mittlerweile war ihr längst klar, dass sie mit ihm nicht leben konnte und wollte. Doch sie hatte ihn sehr geliebt, und sie wollte sich gebührend verabschieden. Ein Glas Wein mit ihm trinken, mit ihm über ihre Liebe reden, von ihm erfahren, warum er sich nicht mehr gemeldet hatte, und ihn in den Arm nehmen. Das war ihr sehnlichster Wunsch, fast 20 Jahre lang.

Leider bekam sie nie die Möglichkeit, das in der Realität zu tun. Doch eine Hypnose half ihr letztendlich, das zu erleben, was nie stattgefunden hatte. Tamara ließ sich in Trance versetzen und ging dann bis zu dem Moment zurück, an dem sie sich von ihrem israelischen Freund getrennt hatte, am Flughafen. Dann geschah etwas Neues: Tamara sollte ihn fragen, wann sie sich wiedersehen würden. Er sagte: »Nie, ich verliere sonst meine Familie.« Tamara sollte mit diesem Wissen in das Flugzeug steigen. »Das kann ich nicht«, sagte sie unter Tränen. Doch unter Hypnose ist Zeit ein dehnbarer Begriff, und man kann Dinge in der Vorstellung tun, die sonst nicht möglich sind. »Tamara, das Flugzeug wartet«, sagte die Frau, die sie hypnotisierte. »Nimm dir alle Zeit, die du brauchst.« In Trance ging Tamara mit ihrem Freund auf eine Wiese und legte sich mit ihm unter einen Olivenbaum. Ihr Freund erklärte ihr ausführlich, warum er sie nicht wiedersehen konnte, und beteuerte ihr liebevoll, dass sie sein Leben lang einen ganz besonderen Platz in seinem Herzen haben werde. Sie hielten sich schluchzend in den Armen. Für Tamara war es unendlich wichtig, dass sie diesen Moment gemeinsam erleben konnten, in dem sie getrennt wurden. Irgendwann beruhigten sie sich, tranken das lang ersehnte Glas Wein und wünschten einander ein glückliches Leben. Dann erst konnte Tamara in ihr Flugzeug steigen. Tamara merkte, wie ihr durch diesen »richtigen« Abschied eine große Last von der Seele fiel.

Gut aufgeräumt

Wir alle kennen aus unserer Wohnung das Prinzip, dass wir nur wegräumen können, was gut sortiert ist. Leere Koffer kommen auf den Dachboden, die Winterkleidung in den Keller, aber was sollen wir bloß mit der Kiste machen, von der wir nicht einmal genau wissen, was sich darin befindet – oder in der sich ein merkwürdiges Gemisch aus alten Skijacken, vergilbten Briefen und Küchenutensilien tummelt? Für so eine Kiste gibt es keinen guten Platz, sie steht nur im Weg und belastet uns.

Bei der Kiste ist das Prozedere einfach: Man öffnet sie, schaut sich noch einmal alles in Ruhe an und sortiert dann, was man entsorgt und was man aufhebt. Das Gleiche gilt für eine Liebesbeziehung, auch wenn die Liebe gegangen ist, müssen wir aufräumen. In erster Linie geht es jedoch dabei um innere Dinge wie Gefühle, Erinnerungen und Erfahrungen. Wir müssen die Beziehung noch einmal ganz in Ruhe auf uns wirken lassen und uns fragen: Was war gut, was war schlecht? Was habe ich falsch gemacht, und was lerne ich daraus? Was würde ich jetzt anders machen, wenn ich mit meiner jetzigen Erfahrung in der gleichen Situation wäre?

Versuchen Sie, dabei möglichst differenziert zu sein. Wenn Sie Ihren Expartner nur verteufeln und die ganze Beziehung als Fehler ansehen, werfen Sie auch auf sich selbst ein schlechtes Licht. Schließlich haben Sie sich Ihren Partner ausgesucht und waren freiwillig mit ihm zusammen. Und wenn Sie vor einem potenziellen neuen Partner Ihren alten Partner schlecht machen, kann er sich gleich ausmalen, wie Sie möglicherweise über ihn sprechen werden. Also seien Sie vorsichtig, was Sie sagen und denken. Insbesondere, wenn Sie sich mit Freunden über Ihre Beziehung unterhalten, sollten Sie klar unterscheiden, ob es gemeinsame Freunde sind oder Ihre eigenen Vertrauten. Gemeinsame Freunde fühlen sich schnell peinlich berührt, wenn sie negative interne Dinge erfahren. Sie fühlen sich gezwungen, Partei zu ergreifen, obwohl sie möglicherweise beide Partner noch gerne mögen. Nicht selten wenden sie sich dann von beiden Partnern des getrennten Paares ab, weil ihnen der Umgang zu kompliziert wird.

Eine viel bessere Adresse für die Klärung und Aufarbeitung der Beziehung ist Ihr Expartner selbst. Es ist sehr schön, wenn Sie miteinander Trennungsgespräche führen können, in denen Sie einander sagen, was noch gesagt werden muss. Sie können zum Beispiel Ihrem Expartner sagen, was Ihnen gefallen hat und wofür Sie ihm dankbar sind. Wenn es noch nicht klar ist, können Sie auch ehrlich darüber sprechen, warum einer von Ihnen die Beziehung beenden möchte. Je respektvoller und ehrlicher diese Gespräche verlaufen, desto größer ist die Chance, dass sie (nach einer Pause) auf einer freundschaftlichen Ebene wieder Kontakt haben können. Wenn Ihr Expartner nicht zu Gesprächen bereit ist, können Sie Briefe schreiben, die allerdings dann, wie schon gesagt, in den Kamin kommen.

Wenn Sie (durch gemeinsame Kinder oder die Arbeit) noch Kontakt zu Ihrem Expartner haben (müssen), ist es besonders wichtig, dass Sie sich auch seine oder ihre positiven Seiten ins Gedächtnis rufen. Steffi kann, insbesondere in der Erleichterung darüber, dass sie mit Martin nicht mehr zusammen sein muss, ihren Kindern erzählen, dass sie Martin für einen wunderbaren Vater hält und dass man sich immer auf ihn verlassen kann. Das tut den Kindern gut. Im Gegenzug erzählt Martin, wie geschickt Steffi in handwerklichen Dingen ist, wie lecker ihre Lasagne schmeckt und dass er sie jetzt so gerne mag wie eine Freundin oder eine Schwester.

Was von der Liebe bleibt

Liebe hinterlässt ihre Spuren, nicht nur Gefühle, sondern auch materielle, sichtbare und anfassbare Dinge. Im Wohnzimmer steht noch immer das Aquarium, das er angeschafft hat, und im Badezimmer verbleiben ihre Schminkutensilien und ihr sensationelles Parfum. Im Regal hockt der Bär, den er auf dem Jahrmarkt für sie geschossen hat, als sie frisch verliebt waren. Und der Ehering hat am Finger nichts mehr zu suchen, aber ist zum Wegwerfen zu schade. Was soll man also mit all diesen Dingen tun, wenn man nicht mehr zusammen ist?

Wenn diese Sachen Sie stören und immer wieder Gefühle aufwühlen, gibt es ein einfaches Rezept: Am besten sammeln Sie alle Gegenstände ein, die Sie an Ihren Partner erinnern, und packen sie in eine Kiste. Die Kiste kommt erst einmal in den Keller. Nach ein paar Monaten können Sie entscheiden, was Sie davon behalten wollen. Eine meiner Freundinnen hat nach ihrer Scheidung ein Kissen behalten, das mit »Slopentied« bedruckt war, dem plattdeutschen Wort für Schlafenszeit. Als ihr Mann ihr es geschenkt hatte, bedeutete das Wort für die beiden: »Ich geh ins Bett, kommst du mit?« Eine andere Freundin hat ihren Ehering einschmelzen lassen und daraus ein neues Schmuckstück gemacht. Sie wollte sich selbst damit zeigen, dass nichts völlig vergeht, aber einiges eine neue Form braucht.

In Zagreb gibt es ein Museum, das die Reliquien von zerbrochenen Lieben ausstellt. Dort findet man unter anderem das Handy eines Mannes, das er seiner Verflossenen schenkte, damit sie ihn nicht mehr anrufen konnte, und das Hochzeitskleid einer enttäuschten Frau sowie die Axt, mit der ein wütender Mann das gesamte Mobiliar seiner Freundin kurz und klein schlug.

Der Hölle Rache kocht in meinem Herzen

Wo wir schon bei der Axt sind, können wir auch gleich die Frage klären, ob man nicht seinen Rachegelüsten nachgeben sollte und dem Expartner heimzahlen kann, was er einem angetan hat. Man könnte doch seinen geliebten Cabrio während seines Urlaubs auf einen Parkplatz fahren, das Verdeck offen lassen, die Sitze aufschneiden und Blumensaat sowie Erde hineintun – dann findet er nach seinem Urlaub ein wunderbares Biotop vor. Oder man könnte eine Affäre mit ihrer besten Freundin oder ihrer Schwester beginnen, das würde sie sicher kränken. Rache ist süß!

Auch wenn es für Sie befremdlich klingt, was Sie da gerade gelesen haben, so sind diese Beispiele noch vergleichsweise harmlos. Ich habe selbst einmal im Hamburger Umland vor den Ruinen eines wunderschönen Fachwerkhauses gestanden, in dessen liebevoll eingerichtetem Restaurant ich noch ein paar Wochen zuvor essen war. Jetzt war das Haus bis auf die Mauern abgebrannt, denn der Mann, der es mit seiner Frau betrieben hatte, hat aus Eifersucht Feuer gelegt und so sein Lebenswerk ruiniert. Zum Glück war es »nur« das Haus: Es gibt immer wieder Schlagzeilen in der Zeitung, wie Familienväter (seltener Mütter) ihre Frau und Kinder töten und sich anschließend selbst das Leben nehmen.

Das alles sind extreme Beispiele, aber sie verdeutlichen, was für negative Folgen Rache haben kann. Leicht tut man Dinge, die anderen schaden, kriminell sind oder das eigene Ansehen ruinieren. Wenn Sie den Eindruck haben, dass Sie Ihre Impulse nicht mehr unter Kontrolle haben, gibt es nur einen Weg: Halten Sie Abstand von Ihrem Expartner und suchen Sie sich schnellstmöglich professionelle Hilfe.

Wenn Sie sich rächen wollen, gibt es nur eine Form, die erlaubt ist, und sie ist mit Abstand die allerbeste: Sorgen Sie dafür, dass Sie selbst wieder glücklich werden (und zwar ohne ihn oder sie). Wenn Sie das erreicht haben, können Sie gerne dafür sorgen, dass Ihr Expartner Sie eines Tages (mehr oder weniger zufällig) auf der Straße sieht und Sie dabei strahlend und unwiderstehlich aussehen.

Dem Expartner begegnen – aber wie?

Wenn es gute Gründe dafür gibt, dass Sie mit Ihrem Verflossenen weiterhin Kontakt haben müssen, dann machen Sie es sich und dem anderen einfach. Verhalten Sie sich so würdevoll wie ein englischer Gentleman oder wie eine Lady. Je höflicher, freundlicher und respektvoller Sie sind, desto einfacher wird der Umgang.

Madeleine hat einen freundschaftlichen Kontakt mit Till, dem Vater ihrer Tochter Carlotta. Till ist ein engagierter Vater und unternimmt an »seinen« Wochenenden viel mit Carlotta. Nach dem Ende ihrer zweijährigen Beziehung war es Madeleine und Till immer wichtig, einen guten Umgang miteinander zu pflegen. Madeleine beginnt ihre E-Mails an Till immer mit »Hallo Till, wie geht es dir« und beendet sie mit »Lieben Gruß, Madeleine«. Diese Regel ist simpel, aber leider wenig selbstverständlich unter getrennten Paaren. Madeleine hat gemerkt, dass die Konflikte, die sie mit Till in den letzten Jahren gehabt hatte, immer auf Carlottas Rücken ausgetragen worden waren, und davor will sie Carlotta nun schützen. Wenn es Dinge zu klären gibt, bemüht sie sich um einen sachlichen Ton oder schreibt eine E-Mail mit Lösungsvorschlägen. Madeleine hat sich immer gut mit Tills Mutter verstanden und hält bewusst Kontakt zu ihr, damit Carlotta eine Familie hat. Da Till und Carlotta sich über Freunde kennengelernt haben, sind beide mitunter auf den gleichen Partys.

Es gibt jedoch auch Situationen, in denen Madeleine sich wahnsinnig über Till ärgert. Sie atmet dann tief durch und zählt von zehn rückwärts bis null, dabei rollt sie ihre Zunge nach hinten. Sie erinnert sich immer wieder daran, dass es Gründe dafür gegeben hat, dass sie sich von Till getrennt hat, und dass diese Gründe nicht plötzlich aus der Welt sind. Dennoch ist Madeleine stolz, dass sie sich mit Till meistens gut versteht, denn in ihrem Umfeld gibt es viele Paare, die sich nach der Trennung gegenseitig schikanieren und auch unbeteiligte Dritte oder die Kinder mit hineinziehen. Und letztlich profitiert auch sie selbst von dem Frieden mit Till, denn so kann sie unbelastet in ein eigenes Leben starten.

Happy End

Die Liebe hat zwei Seiten: eine wundervolle, erhebende, stärkende, glücklich machende – und eben die Kehrseite. Der Preis, den wir oft für die glücklich machende Seite bezahlen, ist hoch. Wenn es in einer Kletterhalle so viele Unfälle gäbe wie beim Lieben, würde sie wegen zu hohem Risiko geschlossen werden.

In diesem Buch haben wir uns mit den Schattenseiten der Liebe beschäftigt und uns vor Augen gehalten, wie düster, gefährlich, schmerzhaft und frustrierend sie sein kann. Hoffentlich hilft Ihnen dieser klare Blick auf die Fallstricke der Liebe dabei, über Lösungen für sich nachzudenken und stärker zu werden. Vielleicht stecken Sie Ihre Ziele zukünftig nicht mehr so hoch und Sie können eine schöne Zeit mit dem Spatz in der Hand genießen, obwohl es sein kann, dass er vielleicht mal wieder wegflattert. Und Sie sorgen dafür, dass Sie selbst sich glücklich machen, sodass Sie auch Ihren Partner mit Ihrem Glück bereichern, anstatt zu erwarten, dass er Sie glücklich macht. Auch wenn Sie Single sind und nicht mehr sehnsüchtig warten, sondern Ihr Leben optimistisch selbst in Hand nehmen, haben Sie viel erreicht.

Sie wissen jetzt, worauf es ankommt und was Sie dafür tun können. Die Techniken, die wir dem Tango abgeschaut haben, können Sie auf Ihren guten Weg bringen.

Ich hoffe, dass dieses Buch Ihnen dabei geholfen hat, mehr Standfestigkeit zu bekommen und sich auch mal selbst zu retten, wenn es nötig ist. Lassen Sie sich nicht unterkriegen! Die Liebe ist immer ein Wagnis, und man kann nie wissen, wie sie ausgeht. Aber wenn Sie lebendig bleiben und darauf achten, dass Sie an der Liebe wachsen, haben Sie viele Trümpfe in der Hand.

Lassen Sie mich mit einem Bonmot von Oscar Wilde schließen:

> *Am Ende wird alles gut!*
> *Wenn es nicht gut wird,*
> *ist es noch nicht das Ende.*

Anmerkungen

1 Fromm, Erich: Die Kunst des Liebens. Ullstein Verlag, 1956, S. 15
2 Eibl-Eibelsfeld: Iräneus, zitiert nach: Engeln, Henning: Wie die Liebe in die Welt kam. Geo Kompakt Nr. 20, 2009, S. 55
3 Brillant dargelegt hat Helen Fisher die Entwicklung der Bindung in: Fisher, Helen: Warum wir lieben … und wie wir besser lieben können. Knaur Verlag, 2004, S. 155–161. Meine Ausführungen basieren auf dieser Darstellung.
4 De Waal, Frans, zitiert nach: Engeln, Henning: Wie die Liebe in die Welt kam. Geo Kompakt Nr. 20, 2009, S. 57
5 Fisher, Helen: Warum wir lieben … und wie wir besser lieben können. Knaur Verlag, 2004, S. 160
6 Schwarz-Schilling, Marie Luise: Die Ehe, Seitensprung der Geschichte. Dielmann-Verlag, 2004, S. 17
7 Dörrzapf, Reinhold: Ehe, Eros, Hosenteufel. Eine etwas andere Sittengeschichte. Eichborn Verlag, 1998, S. 113
8 Autor unbekannt: Der gute Ton. Vergriffen
9 Zeile aus Song von Cicero, Roger: Zieh die Schuh aus
10 Radisch, Iris: Das Preis des Glücks. In: Die Zeit, Nr. 12/2006
11 Web.de-Portal – Meldungen vom 13.12.2012
12 Hillenkamp, Sven: Das Ende der Liebe. Gefühle im Zeitalter unendlicher Freiheit. dtv, 2012, S. 36
13 Illouz, Eva: Warum Liebe weh tut. Suhrkamp Verlag, 2011, S. 174
14 Tim Bendzko, Liedtext: »Muss nur noch kurz die Welt retten«
15 Tucholsky, Kurt: Danach. In: Die Weltbühne. 1. April 1930, S. 517
16 Über Michel Mary, den Schöpfer des Begriffs AMEFI, erfahren Sie mehr unter www.michaelmary.de
17 Klusmann, Dietrich, Institut für medizinische Psychologie in Hamburg: Dieses wie alle folgenden Zitate von Dietrich Klusmann stammen aus einem persönlichen Gespräch mit ihm.
18 Musil, Robert: Der Mann ohne Eigenschaften, Rowohlt Verlag, Bd. 1, S. 112
19 Grau, Ina, zitiert nach: Zeitschrift für Psychologie, 210 (2), 87–98, Hogrefe Verlag, 2002, S. 87
20 Hüther, Gerald: Was wir sind und was wir sein könnten. Ein neurobiologischer Mutmacher. Fischer Verlag, 2011, S. 76
21 Ebenda, S. 76
22 Ebenda, S. 76
23 Fisher, Helen: Warum wir lieben … und wie wir besser lieben können. Knaur Verlag, 2004, S. 195

Lewis, Tl. Amini, F., Lannon, R.: A General Theory of Love. New York, Random House, 2000
24 Fisher, Helen: Warum wir lieben ... und wie wir besser lieben können. Knaur Verlag, 2004, S. 201
25 Ebenda, S. 200f
26 Zitat des Industriellen Henry J. Kaiser
27 Perls, Fritz: Gestaltgebet, aus Perls, Fritz: Grundlagen der Gestalt-Therapie. Pfeiffer Verlag, München 1976, S. 15
28 Aus dem Memoryspiel: »Gemischtes Doppel« von Christian Gottwalt, Metermorphosen-GmbH, 2006
29 Mira Kirshenbaum hat sich in ihrem Buch »Soll ich bleiben, soll ich gehen« ausführlich mit dieser Frage befasst. Einige Überlegungen hierzu verdanke ich ihrem sehr empfehlenswerten Buch.
30 Friedrich Nietzsche, Werke in drei Bänden (Hg. Karl Schlechta), Band I, Menschliches, Allzumenschliches, Erster Band, Nr. 406, München, Hanser Verlag, 1956, S. 651

Weiterführende Literatur

Blaffer Hrdy, Sarah: Mutter Natur. Die weibliche Seite der Evolution. Berlin Verlag, 2010.
Cawthorne, Nigel: Das Sexleben der Päpste. Die Skandalchronik des Vatikans. Benedikt Taschen Verlag, 1999.
Chu, Victor: Von der schwierigen Kunst, treu zu sein. Warum wir betrügen, was wir lieben. Kösel, 2008.
Clement, Ulrich: Guter Sex trotz Liebe. Wege aus der verkehrsberuhigten Zone. Ullstein, 2008.
Dörrzapf, Reinhold: Eros, Ehe, Hosenteufel. Eine etwas andere Sittengeschichte. dtv, 1998.
Fisher, Helen: Warum wir lieben. Die Chemie der Leidenschaft. Patmos, 2005.
Fisher, Helen: Warum wir lieben... und wie wir besser lieben können. Knaur, 2007.
Hillenkamp, Sven: Das Ende der Liebe. Gefühle im Zeitalter unendlicher Freiheit. dtv, 2012.
Hüther, Gerald: Was wir sind und was wir sein könnten. Ein neurobiologischer Mutmacher. Fischer, 2011.
Illouz, Eva: Warum Liebe weh tut. Suhrkamp, 2011.

Kabat-Zinn, Jon: Achtsamkeit und Meditation im täglichen Leben. Arbor, 2007.

Kast, Bas: Die Liebe und wie sich Leidenschaft erklärt. Fischer, 2006.

Kirschenbaum, Mira: Soll ich bleiben, soll ich gehen. Ein Beziehungs-Check. Scherz Verlag, 2008.

Lambrou, Ursula: Familienkrankheit Alkoholismus. Im Sog der Abhängigkeit. Rororo, 1990.

Largo, Remo H./Czernin, Monika: Glückliche Scheidungskinder: Trennungen und wie Kinder damit fertig werden. Piper, 2004.

Lendt, Holger/Fischbach, Lisa: Treue ist auch keine Lösung. Ein Plädoyer für mehr Freiheit in der Liebe. Pendo, 2011.

Peirano, Julia/Konrad, Sandra: Der geheime Code der Liebe. Entdecken Sie Ihr Beziehungs-Ich und finden Sie den richtigen Partner. List, 2011.

Philips, Cassandra/Delis, Dean C.: Ich lieb' dich nicht, wenn du mich liebst. Nähe und Distanz in Liebesbeziehungen. Ullstein, 2003.

Radisch, Iris: Die Schule der Frauen. Wie wir die Familie neu erfinden. DVA, 2007.

Richter, Veronika: Rückenwind für Scheidungskinder: Ein Ratgeber für verantwortungsbewusste Eltern.

Schnarch, David: Die Psychologie sexueller Leidenschaft. Piper, 2009.

Schwarz-Schilling, Marie-Luise: Die Ehe. Seitensprung der Geschichte. Axel-Dielmann Verlag, 2004.

Stahl, Stefanie: Jein!. Bindungsängste erkennen und bewältigen. Ellert & Richter Verlag, 2008.

Tolle, Eckhart: Leben im Jetzt. Lehren, Übungen und Meditationen aus: the power of now. Arkana, 2000.

Die Fülle des Lebens genießen

Katharina Ley
Tu, was dich anlächelt
Von der Qual der Wahl zur
Fülle des Lebens
200 Seiten | Gebunden
mit Schutzumschlag
ISBN 978-3-451-61070-7

Nur das tun, was uns anlächelt – das klingt gut. Katharina Ley zeigt uns, wie das gelingen kann, wie wir einen befreienden Umgang mit der Vielfalt, dem Nebeneinander von gegensätzlichen Gefühlen, Gedanken, Wünschen, dem ständigen Entscheiden und Wählen finden können: annehmen, Blockaden überwinden – und immer mehr tun, was uns anlächelt.

In allen Buchhandlungen oder unter
www.kreuz-verlag.de
Was Menschen bewegt

glücklich leben
AKADEMIE

Ihr E-Mail-Seminar

ab 9,99 EUR

Nehmen Sie Ihre Lebensgestaltung aktiv in die Hand – mit den E-Mail-Seminaren unserer Experten in den Bereichen:

- **Persönliche Entwicklung**
- **Liebe und Partnerschaft**
- **Selbstcoaching im Beruf**
- **Anti-Burnout-Training**
- **Resilienz**
- **Trauerhilfe**

Besuchen Sie uns auf Facebook unter
www.facebook.de/gluecklichlebenakademie

Und so einfach funktioniert es:

www.gluecklich-leben-akademie.de   Teilnehmen

1. Besuchen Sie unsere Homepage.

2. Wählen Sie ein Seminar unserer Experten aus und melden Sie sich an.

3. Die Seminareinheiten erhalten Sie in regelmäßigen Abständen per Mail.

4. Sie können überall und jederzeit damit arbeiten.

Kostenloser Newsletter!   www.gluecklich-leben-akademie.de/newsletter ▶